Cabala e Contra-História:
Gershom Scholem

Coleção Estudos
Dirigida por J. Guinsburg

Equipe de realização – Revisão: Eloísa Graziela Franco de Oliveira; Sobrecapa: Sérgio Kon; Produção: Ricardo W. Neves, Heda Maria Lopes e Raquel Fernandes Abranches.

David Biale

CABALA E CONTRA-HISTÓRIA: GERSHOM SCHOLEM

Tradução
J. Guinsburg

Título do original em inglês
Gershom Scholem: Kabbalah and Counter-History

Copyright © 1979 e 1982 by David Biale

Publicado por acordo com a Harvard University Press

Direitos em língua portuguesa reservados à
EDITORA PERSPECTIVA S.A.
Av. Brigadeiro Luís Antônio, 3025
01401-000 – São Paulo – SP – Brasil
Telefax: (0--11) 3885-8388
www.editoraperspectiva.com.br
2004

Sumário

Prefácio IX

Abreviaturas XI

Introdução XIII

1. De Berlim a Jerusalém 1

2. Mística 35

3. Mito 55

4. Messianismo 79

5. A Política da Historiografia 109

6. Teologia, Linguagem e História 131

Epílogo: Entre o Misticismo e a Modernidade 173

Bibliografia Selecionada 181

Índice Remissivo 191

Ele considera que é seu dever tomar a história a contrapelo.

WALTER BENJAMIN

Prefácio

Este livro é uma versão resumida e revisada da primeira edição. Suprimi três capítulos que eram, fundamentalmente, do interesse de especialistas e adicionei algum material para tornar a obra atual. A ordem dos capítulos também foi em parte reorganizada.

Este estudo foi originalmente elaborado como dissertação de doutorado da University of California em Los Angeles, sob a supervisão de Amos Funkenstein. Foi um raro privilégio trabalhar com o Prof. Funkenstein, cujas formulações precisas, sugestões originais e críticas rigorosas proporcionaram uma contribuição incalculável ao meu trabalho, sem, no entanto, restringir a minha autonomia criativa.

Paul Mendes-Flohr e Jacob Katz ajudaram-me, ambos, com referência à concepção original do estudo. O Prof. Katz leu e fez críticas ao manuscrito, ampliando a sua ajuda e encorajamento para além das observações oficiais, desde as nossas primeiras conversas. O manuscrito foi lido também, em parte ou na sua totalidade, pelos meus professores Arnold Band, Hans Rogger, Martin Jay e Robert Alter, bem como por meu colega Leon J. Goldstein.

Os meus amigos foram os melhores mestres e os mais implacáveis críticos e editores. Agradeço a Gabriel Motzkin, Michael Nutkiewicz, Jeremy Popkin, David Sorkin e Noam Zion. Leon Wieseltier fez críticas ao manuscrito durante as revisões e merece agradecimentos especiais por estabelecer o contato inicial com a Harvard University Press, para mim.

Eu me vali também das recensões publicadas da primeira edição, mesmo quando não estivesse de acordo com elas. Devo mencionar, particularmente, as resenhas de Joseph Dan, Michael Meyer, Michael Morgan e Dennis Klein. Algumas alterações nesta edição foram inspiradas nestas observações.

É um prazer agradecer às instituições que subvencionaram o projeto com apoio financeiro: a Social Science Research Council, a National Foudation for Jewish Culture e a Regents of the University of California. Gostaria também de agradecer ao Council of Graduate Schools nos Estados Unidos e ao Jewish Book Council pelos prêmios nacionais que eles conferiram à primeira edição do livro.

Finalmente, Rachel Biale contribuiu talvez na parte mais essencial desta obra. Ela foi a minha companheira intelectual e emocional desde a concepção do trabalho e leu, criticamente, cada página mais vezes do que ela poderia se lembrar. Juntos, desenvolvemos os critérios e a organização que levaram o estudo ao seu término.

David Biale

Abreviaturas

OBRAS DE SCHOLEM

Grundbegriffe	*Über einige Grundbegriffe des Judentums*. Frankfurt, 1970.
Jewish Gnosticism	*Jewish Gnosticism, Merkabah Mysticism and Talmudic Tradition*. 2ª ed., New York, 1965.
JJC	*On Jews and Judaism in Crisis*. Ed. Werner J. Dannhauser, New York, 1976.
KS	*On the Kabbala and Its Symbolism*. New York, 1969.
MI	*The Messianic Idea in Judaism and Other Essays in Jewish Spirituality*. New York, 1971.
MT	*Major Trends in Jewish Mysticism*. 3ª ed., New York, 1961.
SS	*Sabbatai Sevi.The Mystical Messias, 1626-1676*. Trad. ingl. por R. J. Werblowsky, Princeton, 1973.
Von Berlin	*Von Berlin nach Jerusalem*. Frankfurt, 1977.
Walter Benjamin	*Walter Benjamin – Die Geschichte eine Freundschaft*. Frankfurt, 1975.

REVISTAS

Korrespondenzblatt *Korrespondenzblatt des Vereines zur Grundung und Erhaltung einer Akademie für die Wissenschaft des Judentums.*

LBIY *Leo Baeck Institute Year Book.*

MGWJ *Monatsschrift für Geschichte und Wissenschaft des Judentums.*

Introdução

Martin Buber observou certa vez que "todos nós temos alunos; alguns de nós fundaram mesmo escolas; mas somente Gershom Scholem criou toda uma disciplina acadêmica". Buber estava sem dúvida certo: poucos pesquisadores, se houver algum, contribuíram no século XX mais do que Scholem para a nossa compreensão de linhas de força na história judaica que haviam sido previamente ignoradas. Por suas exaustivas investigações da história do misticismo judeu, do segundo ao oitavo séculos, Scholem nos deu acesso a um universo de idéias cuja existência quase ninguém sabia. Como professor de mística judaica na Universidade Hebraica de Jerusalém, de 1925 a 1965, ele formou uma escola de discípulos, cujo ensino e pesquisa fizeram da Cabala um domínio de investigação aceito nas universidades, tanto em Israel quanto no exterior.

Mas a importância de Scholem vai muito além de seu impacto sobre os especialistas em estudos judaicos. Seus trabalhos sobre mística e messianismo judaicos forçaram, quase por si sós, uma drástica revisão da maneira como os judeus concebiam sua história e religião. O judaísmo não pode mais ser considerado como uma religião exclusivamente racional e legalista, como os *scholars* do século XIX o viam. Scholem mostrou que no coração do judaísmo, em sua feição mais usual, latejavam poderosas forças do mito e da mística. As conclusões a que chegou permanecem controvertidas, mas uma coisa é clara: nenhuma pessoa que deseje refletir seriamente sobre a significação do judaísmo – quer historicamente quer em nosso tempo – pode ignorar a obra de Scholem. Entre os judeus assim como entre os não-judeus, Scholem é o principal porta-voz moderno do judaísmo.

É estranho pensar que um historiador universitário sem pretensões a exercer uma liderança espiritual pudesse conquistar tão larga audiência. Mas, nas mãos de um mestre, o estudo da história torna-se algo mais do que simples descoberta do passado: ilumina o modo como nós vemos a nós mesmos. A grandeza de Scholem reside precisamente na sua capacidade de combinar uma fidelidade quase fanática às fontes históricas com uma preocupação com questões mais amplas, de interesse contemporâneo. Não é também talvez surpreendente que em uma época como a nossa, em busca de sua própria identidade, um historiador laico tenha tornado acessíveis fontes que pensadores mais ortodoxos considerariam periféricas à corrente principal da tradição.

Este livro não se endereça tanto a estudantes da Cabala e estudiosos do judaísmo, aos quais a obra de Scholem já é com freqüência familiar, quanto se destina àqueles que se interessam pela filosofia scholemiana da história judaica como contribuição para o pensamento judaico moderno. Por isso, eu me preocupei menos com os numerosos artigos de Scholem sobre questões históricas e textuais específicas no domínio da Cabala e mais com as grandes linhas de seu pensamento. Tentei reconstruir o que, creio eu, são os temas principais de sua história da Cabala e as assunções historiosóficas subjacentes. Interessei-me também pela relação entre suas políticas e sua historiografia. Por fim, no último capítulo, conceituei algumas das pressuposições teológicas que, segundo acredito, motivaram Scholem como historiador.

A historiografia empreendida por Scholem deve ser entendida como um ataque sistemático aos historiadores do século XIX, ou seja, à escola histórica que surgiu na Alemanha e que se tornou conhecida como a *Wissenschaft des Judentums* (A Ciência do Judaísmo). Muito embora historiadores como Heinrich Graetz, D. S. Joel e outros tenham efetuado sérios estudos sobre a Cabala, eles consideravam o mais das vezes a mística como "não-judaica" ou como uma espécie de variante da filosofia judaica. Nenhum deles tratou a mística judaica como um objeto legítimo por direito próprio. Ao criar uma disciplina de estudo sobre a Cabala, Scholem amiúde a edificou com base nos trabalhos de seus predecessores, e eu saliento em que lugares foi esse o caso. Porém, mesmo lá onde está em dívida com os historiadores do século XIX, Scholem desvelou novos textos e, o mais importante, proporcionou avaliações inteiramente originais com respeito aos fenômenos não-racionais que estudava.

A rebelião de Scholem contra a *Wissenschaft des Judentums* foi conseqüência de uma revolta muito mais ampla contra o mundo judeu-alemão em cujo seio veio à luz em 1897. Os historiadores judeus contra os quais travou suas batalhas acadêmicas eram representantes significativos desse meio teuto-judaico por ele rejeitado. O capítulo 1 mostra como o caminho enveredado por Scholem a fim de estudar a Cabala se ligava de maneira inextricável à sua recusa da simbiose judeu-alemã e à sua adesão ao sionismo.

Em 1920, quando ainda estudante na Alemanha, Scholem planejou escrever um ensaio sobre "o suicídio do judaísmo na assim chamada *Wissenschaft von Judentum*". Adiado para um quarto de século mais tarde, o texto apareceu em 1945 sob o título "De Reflexões sobre a Ciência do Judaísmo". Muitos consideram, hoje, que esse trabalho pintou a *Wissenschaft des Judentums* sob uma luz injustamente negativa e simplificou um movimento que continha numerosas tendências diferentes. O que nos interessa aqui não é saber se esse ataque aos seus predecessores era justificado, mas como tais reflexões sobre a historiografia judaica projetam a relação de Scholem com o mundo judeu-alemão que esses historiadores representavam.

Para Scholem, os historiadores judeu-alemães do século XIX, como a maioria dos judeus alemães, estavam paralisados pela necessidade de aparecerem de forma apologética perante o mundo não-judeu. A apologética demandava que o judaísmo fosse retratado como uma crença antes familiar do que estrangeira. Em seu ensaio, Scholem refere-se a um exemplo particularmente exagerado desse gênero de argumentação: um sermão publicado por um pregador judeu do século XIX, intitulado "Nosso Patriarca Jacó – o Modelo de Conselheiro Municipal" ou, segundo o comentário desdenhoso de Scholem, "o príncipe da nação sob a máscara de pequeno-burguês". Aqui está um tema ao qual retornaremos: para Scholem, há algo de fundamentalmente antitético entre o verdadeiro judaísmo e a "cultura burguesa". O desejo exacerbado de judeus parcialmente aculturados de entrar na burguesia alemã suscitou neles uma atitude apologética que despojou o judaísmo de toda autenticidade.

A tendência apologética dos judeus alemães do século XIX levou a um racionalismo exagerado. Preocupados em ingressar no "salão" intelectual da Europa do século XIX, e conscientes de que suas portas só se lhes abririam sob princípios universalistas e racionalistas, os intelectuais judeus enfatizavam os princípios racionalistas do judaísmo e evitavam escrupulosamente mencionar o que se passava no porão. O irracionalismo e o misticismo eram varridos para debaixo do tapete, como também as tendências revolucionárias ou apocalípticas no messianismo judaico. A história social era inteiramente ignorada no anseio de retratar o judaísmo como uma religião intelectual. A Ciência do Judaísmo escreveu uma *Geistgeschichte*, uma "história do espírito" na qual o *Geist*, espírito, era predominantemente racional.

Amiúde embebidos de idéias racionalistas de progresso, muitos historiadores do século XIX acreditavam que o lado racional do judaísmo estava chegando à realização nos tempos modernos. O propósito da historiografia era o de contribuir para esse elevado objetivo purgando a história judaica de todo o irracionalismo residual. A *Wissenschaft des Judentums* queria

> remover da história judaica o seu ferrão irracional e banir o entusiasmo demoníaco por uma exagerada teologização e espiritualização. Isto era efetivamente o decisivo pecado original. Esse gigante aterrador, que é a nossa história, é submetido à prova... e essa enorme criatura, referta de poder destrutivo, composta de vitalidade, maldade e perfeição, é obrigada a contrair-se, interromper seu crescimento e declarar que não tem substância. O gigante demoníaco nada mais é do que um simples idiota que preenche os deveres de um respeitável cidadão e todo decente judeu burguês poderia sem envergonhar-se dar-lhe bom-dia nas ruas da cidade, a imaculada cidade do século XIX.

Essa passagem parece quase um manifesto nietzschiano ou uma declaração de vitalismo bergsoniano da virada do século XIX para o XX. De fato, houve críticos que atacaram Scholem por exaltar o "dionisíaco" na história judaica em detrimento do espírito "apolíneo" do século XIX. Veremos que a posição de Scholem é muito mais complicada do que se poderia presumir dessa passagem, pois ele emprega a palavra "demoníaco" em um sentido bem mais positivo do que o uso normal sugere. Como Goethe, em sua interpretação do termo *dämonisch*, Scholem concebe o irracionalismo demoníaco como uma força criativa: a destruição é necessária para a futura construção. Em oposição à idéia harmoniosa do progresso adotada pelos historiadores do século XIX, em Scholem a visão de história judaica é a de uma tormentosa dialética de forças construtivas e destrutivas. Examinaremos em particular o argumento scholemiano de que os demoníacos sabataístas do século XVII prepararam o terreno para os movimentos menos destrutivos, do século XVIII, tais como o hassidismo e o iluminismo judeu.

Em suprimindo o "irracional", os representantes da *Wissenschaft des Judentums* consideravam o judaísmo como moribundo, na medida mesma em que ignoravam os elementos que lhe ministravam vitalidade. Esse viés racionalista os conduziu a um modo não dialético de conceber a história judaica e impedia a possibilidade de vida futura para o judaísmo. A *Wissenschaft des Judentums* "tornou-se a porta-voz da burguesia [judaica] para quem os *slogans* de destruição e construção são igualmente exasperantes porque o que ela quer é acima de tudo ir dormir. Esse sono é conhecido como progresso gradual, preservação do *status quo* por meio da reforma". Para Scholem, sionista revolucionário, o complacente reformismo dos judeus alemães burgueses não continha nenhuma promessa para o futuro, e seu amor fatal pelo *status quo* infectava também os historiadores do período.

O racionalismo do século XIX levou diretamente, segundo Scholem, à tendência de "espiritualizar" o judaísmo e o congelar em rígido dogma teológico. O pecado da *Wissenschaft des Judentums* não se encontrava apenas no racionalismo unilateral, mas também no racionalismo dogmático. O judaísmo era definido por e somente por um princípio teológico, embora sua formulação pudesse variar de pensador para pensador. Scholem sustenta que esse dogmatismo revela uma incompreensão fundamental da história da teologia judaica. No entanto, a sua própria posição não culmina numa teologia monolítica, mas em um conjunto de fórmulas contraditórias. Ele mantém que a teologia judaica, abrangendo tanto o racionalismo quanto o irracionalismo demoníaco, é anarquista: não produz nenhuma fórmula autoritária ou dogma. A vitalidade mesma da tradição judaica está nesse anarquismo, uma vez que o dogma, aos olhos de Scholem, é por definição despido de vida. Scholem desafia o século XIX no próprio território da *Geistesgeschichte*, e revisa radicalmente sua concepção da natureza do *Geist* (espírito) judaico.

Scholem não lança a culpa pela errônea interpretação racionalista do judaísmo somente sobre a *Wissenschaft des Judentums*. Em seu labor de "agente funerário acadêmico" do judaísmo, a *scholarship* do século XIX foi mais um sintoma do que uma causa do *rigor mortis* geral do judaísmo de então. Scholem subentende que a historiografia se achava necessariamente condenada ao malogro na Europa do século XIX. O conflito entre o romantismo judeu e o desejo de emancipação e assimilação caracterizou toda a vida judeu-alemã. Por não estarem as nações européias preparadas para assimilar os judeus sem exigir deles que alterassem sua identidade a ponto de não serem mais reconhecidos, a historiografia judaica não teve outra escolha senão converter-se em apologética. A crítica scholemiana da *Wissenschaft des Judentums* deve ser lida em termos de uma crítica sionista à possibilidade de uma vida judaica saudável na Europa como um todo: embora a Ciência do Judaísmo haja encetado sua carreira no início do século XIX propondo-se algumas louváveis metas românticas, o contexto social impediu-a de superar as contradições mencionadas mais acima. Para Scholem, o malogro da historiografia judaica no século XIX foi apenas um aspecto da crise geral do liberalismo judaico burguês.

Scholem crê que o sionismo tornou possível uma revisão fundamental das perspectivas da historiografia judaica. Esta já não precisa servir de criada para a apologética política ou para o dogmatismo teológico. A história judaica pode ser considerada a partir "de dentro". Para Scholem, a historiografia objetiva é garantida pelo sionismo, pois este é por definição antidogmático: ele sobrepassa todas as interpretações particulares do judaísmo e constitui o único denominador comum que une todos os judeus.

Juntamente com outros sionistas radicais, Scholem argumenta que a historiografia, não menos do que outras esferas da vida judaica, necessita de "normalização" nacional para florescer. Rejeita explicitamente o ponto de vista de Chaim Nachman Bialik de que a *Wissenschaft des Judentums* poderia ter sido bem-sucedida se a sua língua fosse o hebraico. A língua, em si e por si, não seria capaz de efetuar a mudança revolucionária que se fazia necessária ao surgimento de uma nova historiografia: o sionismo precisou tomar os impulsos corretos na Ciência do Judaísmo e transplantá-los ao novo solo de Israel.

A despeito de sua crença na importância do sionismo como base de uma nova historiografia, Scholem nunca entendeu a "normalização" nacional sob a forma de um nacionalismo chauvinista. Desde jovem na Alemanha, durante a Primeira Guerra Mundial, manteve-se inalteravelmente contrário à degenerescência representada pelo nacionalismo moderno e revelou grande simpatia pelo anarquismo político. Seu sionismo sempre foi uma revolta contra as tendências autoritárias e jingoístas no nacionalismo, de que o sionismo também era presa: os judeus não devem ser "como todas as outras nações".

O ensaio de Scholem sobre a *Wissenschaft des Judentums* visava não menos seus colegas nacionalistas da Universidade Hebraica do que os pensadores do século XIX. Se a Ciência do Judaísmo degenerara em pura negação antiquária, os novos historiadores nacionalistas iam com freqüência ao extremo oposto da glorificação carente de crítica. Desejosos de restaurar o sentimento de orgulho com respeito à história judaica, amiúde recaíam nas piedosas afirmações dos ortodoxos, mas num idioma nacionalista:

> Viemos para nos rebelar, mas acabamos por continuar [no mesmo caminho]... Todas essas pragas disfarçaram-se agora em nacionalismo. Vamos da frigideira para o fogo, de mal a pior: após a vacuidade da assimilação vem outra, o excesso nacionalista. Cultivamos "sermões" e "retórica" [*melitzá*] nacionalistas na ciência, para que tomem o lugar dos sermões e da retórica religiosa. Em ambos os casos, as forças reais que operam em nosso mundo, o demoníaco genuíno, permanecem fora do quadro que criamos.

Ao cometer um erro diametralmente oposto ao da *Wissenschaft des Judentums*, os nacionalistas caíram na mesma armadilha dogmática.

Retomando a terminologia de Nietzsche em *Da Utilidade e da Inconveniência da História para a Vida – Considerações Inatuais* II –, Scholem repudia a historiografia "antiquária" tal como a "monumentalista", demandando uma historiografia "crítica", que combinaria ideais românticos e nacionalistas ao método crítico. A *Wissenschaft des Judentums* começara com um equilíbrio assim, mas devido às contradições a ela impostas pelo contexto histórico, seu lado crítico ficou fora de controle e converteu-se em pura negação e antiquarianismo. Certos nacionalistas, sugere Scholem, precipitaram-se no excesso oposto, o da pura afirmação, e também perderam o método crítico.

Contra esses dois extremos, Scholem propõe uma terceira via: uma historiografia sionista provida de um método crítico. Se a *Wissenschaft des Judentums* queria liquidar a tradição judaica, Scholem, de sua parte, promete uma *hisul ha-hisul* (liquidação da liquidação).

Essa formulação é bastante próxima da "negação da negação" hegeliana para sugerir aos leitores uma relação dialética com a que a precedeu. Não se trata aí de uma simples negação do passado, porém de sua apropriação dialética: "Nós quisemos retornar à ciência com todo o seu rigor e sem compromisso, tal como nós a encontramos nos escritos de Zunz e Steinschneider, mas quisemos dirigi-la para a construção e a afirmação". A *Wissenschaft des Judentums*, embora emaranhada em contradições paralisadoras, não obstante desenvolveu o método histórico secular que Scholem advoga: "O programa [deles] teria sido apropriado fosse ele dirigido para a construção da nação judaica".

Para Scholem, uma abordagem construtiva da história judaica envolve a recuperação do irracional:

> Os fatores que foram enfatizados e eram considerados positivos na visão de mundo da assimilação e da autojustificação requerem uma nova crítica fundamental a fim de que se possa determinar qual foi o seu papel efetivo no desenvolvimento da nação. Fatores que foram denegridos irão aparecer em uma luz diferente, mais positiva, desse ponto de vista. [...] É possível que aquilo que foi denominado degenereção seja concebido como uma revelação e uma luz, e o que parecia [aos historiadores do século XIX] alucinações impotentes seja revelado como um grande mito vivente... não a lavagem e a mumificação dos mortos, mas a descoberta de uma vida oculta, pela remoção das máscaras ofuscantes.

Eis, nesse ensaio de 1945, todo o programa de Scholem: lá onde a *Wissenschaft des Judentum* via unicamente um cadáver histórico, Scholem encontra "vida oculta". Ele aceita a avaliação do século XIX, segundo a qual, se a gente leva em conta apenas o aspecto racional da tradição judaica, o judaísmo parece de fato morto. Mas, se a gente considera a "degeneração" e as "alucinações impotentes" como igualmente legítimas no quadro do judaísmo, descobre-se vida oculta – um "grande mito vivente", que Scholem acha no gnosticismo judaico e na Cabala.

Eu chamarei de *contra-história* o método histórico de Scholem que é o desenterrar a "virtude oculta" da *Wissenschaft des Judentums*. Entendo por esse termo a crença de que a verdadeira história reside numa tradição subterrânea que precisa ser trazida à luz, quase como o pensador apocalíptico decodifica uma profecia antiga ou como Walter Benjamin falava em "tomar a história a contrapelo". A contra-história é um tipo de historiografia revisionista, mas, enquanto o revisionista propõe uma nova teoria ou descobre fatos novos, o contra-historiador transvalora velhos fatos. Ele não nega que a interpretação histórica de seus predecessores seja correta, como fazem os revisionistas, mas rejeita que ela seja completa; ele afirma a existência de uma história "dominante" ou "oficial", mas crê que a força vital reside numa tradição secreta. Para Scholem, a Cabala, uma tradição recalcada e esotérica, constitui a chave da contínua vitalidade do judaísmo. Enquanto o século XIX via o misticismo e o mito como obstáculos na estrada do progresso da história judaica, aos olhos de Scholem eles constituem as forças que a movem. Como veremos, no caso de Scholem, a decisão de estudar a Cabala não se baseava somente no fato de que esta fora ignorada por seus predecessores; ela resultava, mais ainda, de sua crença de que, no embate dialético que é a história judaica, as forças irracionais são a fonte de vitalidade.

A contra-história de Scholem baseia-se em um novo entendimento da tradição, muito diferente da idéia corrente, segundo a qual a tradição é identificada com o conservantismo. Em "Israel e a Diáspora"[1], ele escreve:

há também a vida da tradição que não consiste meramente na preservação conservadora, na constante continuação das possessões espirituais e culturais da comunidade. [...] Há domínios da tradição que estão escondidos debaixo dos escombros dos séculos e jazem lá, esperando serem descobertos e reconvertidos para o bom uso. [...] Há uma coisa que é qual uma caça ao tesouro no interior da própria tradição, que gera uma relação viva com a tradição e muito do que há de melhor na consciência judaica corrente é seu devedor, mesmo lá onde isso foi – e é – expresso fora do quadro da ortodoxia.

Aí está, pois, uma vigorosa definição da postura de Scholem. Em sua rebelião contra o mundo judeu-alemão em que nascera, procurou retornar à tradição judaica sepultada pelos pensadores racionalistas do século XIX. Mas, por não querer adotar uma posição ortodoxa, acredita haver encontrado fontes, no seio da tradição, que poderiam falar até a um judeu laico. Veremos que a obra historiográfica de Scholem apresenta uma busca persistente de um liame entre o mundo laico e o seu passado religioso. Na biografia de Scholem, essa busca começou na Alemanha, nos primeiros anos do século XX.

1. *J.J.C.*, p. 258.

1. De Berlim a Jerusalém

Gershom Scholem nasceu em Berlim em 1897. Na época, Berlim era, havia muito, o epicentro da população judaica da Alemanha, e os judeus eram aí ativos em muitas áreas da vida cultural e intelectual. Os historiadores notaram com freqüência, tal como os próprios judeus de Berlim, que havia um especial espírito judeu-berlinense, caracterizado por uma forma particularmente sardônica de humor[1]. Scholem mesmo gostava de utilizar idiotismos do dialeto berlinense (*berlinisch gesprochen*)[2].

A família de Scholem veio para Berlim no começo do século XIX, e os avós de Gershom já haviam enveredado pelo caminho da assimilação cultural. Seu pai, Arthur, um impressor que ganhava com o seu ofício o bastante para levar uma vida confortável, já estava quase inteiramente assimilado. Ele trabalhava no Dia da Expiação e observava as festas judaicas apenas de uma maneira perfunctória. Embora Arthur Scholem tivesse sofrido algum anti-semitismo, nunca se sentira verdadeiramente excluído da sociedade alemã. A família celebrava o Natal como uma festa popular nacional, completa com árvore natalina e hinos tocados no piano para o agrado dos domésticos cristãos. Scholem conta que deixou de participar dessas celebrações familiais quando,

---

1. Para uma discussão crítica do "espírito judaico-berlinense" e a bibliografia, v. Peter Gay, *Freud, Jews and Other Germans*, New York, 1978, pp. 169-188.
2. Para as memórias de infância de Scholem em Berlim, v. *Von Berlin*, pp. 23-24.

em 1911, depois de tornar-se sionista, sua mãe lhe deu um retrato de Theodor Herzl como presente de Natal[3].

A razão pela qual Scholem preferiu rejeitar o estilo de vida de seus pais e optar por uma alternativa radical levanta questões que só posso aqui abordar de maneira superficial. É interessante notar que três dos quatro filhos de Arthur Scholem tenderam, no campo político, a opções relativamente extremas. Se Erich, o caçula, seguiu as posições moderadas do pai, o filho mais velho, Reinhold, aderiu às fileiras do resolutamente nacionalista *Deutsche Volkspartei* (Partido do Povo Alemão), Werner, o terceiro, filiou-se ao Partido Social-Democrata e, mais tarde, aderiu ao Partido Comunista Alemão, ao qual representou no Reichstag como deputado, durante a República de Weimar. Gershom completou o quadro diversificado abraçando o sionismo. Ele nota, na autobiografia, que "os rumos completamente diferentes que nós, quatro irmãos, tomamos naqueles anos eram típicos do mundo da burguesia judaica e demonstram quão pouco um ambiente ostensivamente comum determina o caminho de gente jovem em cada caso individual"[4]. Na atmosfera de relativa tolerância reinante pouco antes da Primeira Guerra Mundial, todas as opções pareciam abertas aos judeus alemães, e o mundo judeu não era nem política nem culturalmente monolítico. Em face de uma comunidade judaica que não oferecia grande atração e uma sociedade alemã ainda mal à vontade com seus cidadãos judeus, os jovens judeus optavam com freqüência pelas alternativas mais radicais, em geral o socialismo ou o sionismo, mas por vezes, outrossim, o nacionalismo germânico de extrema direita.

É provável também que algo na própria família de Scholem criasse um clima de rebelião entre os filhos. Embora a personalidade dos três outros irmãos não nos seja perfeitamente conhecida, Scholem foi em sua juventude um verdadeiro *enfant terrible*. Segundo seu próprio relato, era rixento e iconoclasta. Se havia alguma fonte desses traços rebeldes de personalidade, era o seu pai, a quem descreve como distante e esquentado[5]. Suas relações com Arthur Scholem, que raramente estava em casa, parecem ter sido marcadas desde cedo por tensões pessoais, que assumiram mais tarde a forma de disputas políticas. Ele se sentia bem mais próximo de sua mãe, a cujo respeito narra um bom número de casos tocantes em *De Berlim a Jerusalém*[6].

Scholem exprimiu sua revolta contra o estilo de vida burguês de seus pais afirmando sua identidade judaica. Não está claro por que escolheu esse modo de rebelião. Como ele mesmo conta, tinha pouco contato com o judaísmo dentro de casa, e a hora obrigatória de estu-

---

3. *Idem*, pp. 20-22, 41-42; "With Gershom Scholem", *JJC*, pp. 4-7.
4. *Von Berlin*, p. 58. Ver também *JJC*, 3.
5. *Von Berlin*, pp. 14-15.
6. *Idem*, pp. 28-32.

dos religiosos na escola deixava-o indiferente. Entretanto, no verão de 1911, seu professor, Moses Barol, que de outro modo só lhe provocava fastio, mostrou à classe um exemplar da *Geschichte der Juden* (A História dos Judeus), de Graetz. Scholem, já interessado em História, começou a ler Graetz na biblioteca da comunidade judaica e sentiu-se inspirado pelo nacionalismo implícito daquele historiador do século XIX[7]. Cerca de um ano mais tarde, leu *Drei Reden über das Judentum* (Três Discursos sobre o Judaísmo), de Buber, bem como suas coletâneas de legendas hassídicas do Baal Schem e de Nakhman de Bratzlav. Os escritos de Buber exerceram impacto imediato sobre o jovem Scholem[8].

Ao contrário de outros judeus de sua geração que também foram inspirados por Buber, Scholem pôs-se a estudar as fontes tradicionais de que Buber parecia ser um representante vivo. Com a ajuda, primeiro de um seu antigo professor de religião e, depois, por si só, começou a aprender hebraico e conseguiu dominá-lo em sua forma falada anos antes de emigrar para a Palestina. O conhecimento do hebraico moderno, ainda em processo de renovação, era extremamente raro entre os judeus alemães, inclusive seus porta-vozes, como Buber, de modo que Scholem se tornou bem depressa objeto de curiosidade entre seus contemporâneos. Seu domínio do hebraico permitiu-lhe tornar-se um dos primeiros tradutores para o alemão de escritores hebraicos modernos como Sch. I. Agnon.

Em 1913, começou a estudar o Talmud numa das escolas comunitárias judaicas de Berlim, em um programa organizado por professores não remunerados. Ele foi particularmente influenciado por um deles, Isaac Bleichrode, que mais tarde se instalou em Jerusalém[9]. No mesmo ano, Scholem aderiu à *Agudat Israel*, o agrupamento ortodoxo fundado para opor-se ao sionismo. Embora não concordasse com a política anti-sionista do grupo, sentiu-se atraído pelas oportunidades que este lhe oferecia para estudar textos judaicos. Scholem parece haver alimentado, nessa época, a idéia de tornar-se ortodoxo, mas o lado ritualista do judaísmo tinha para ele, pessoalmente, pouco interesse. Abandonou o *Agudat Israel* em 1914, ainda que continuasse a estudar com vários mestres ortodoxos até partir para a Palestina em 1923[10]. Ao contrário de Ernest Simon, outro judeu alemão assimilado que se tornou sionista e emigrou para a Palestina, a redesperta identidade judaica de Scholem não o levou a tender para a observância ritual. De outro lado, não se contentou, como muitos outros jovens sionistas alemães, em expressar sua identidade unicamente por meio de um movimento

---

7. *Idem*, pp. 51-52; *JJC*, pp. 5, 17.
8. *Von Berlin*, p. 60; *Walter Benjamin*, pp. 14, 22.
9. *Von Berlin*, pp. 63-64; *JJC*, p. 9; e "Saudação a um Mestre: A Abraão Isaac Bleichrode aos Oitenta Anos" (hebraico), *Ha-Aretz*, 8 de outubro de 1947, p. 2.
10. *Von Berlin*, pp. 75-78; *JJC*, pp. 9-10.

político secular. Ainda aos dezessete anos ou tanto, já estava começando a definir sua relação idiossincrática com a tradição judaica: não satisfeito em considerar-se judeu simplesmente porque era sionista, procurou sua identidade no estudo apaixonado das fontes judaicas.

Scholem tornou-se sionista em 1911, aos quatorze anos de idade, sobretudo em conseqüência de seu novo interesse pelo judaísmo. O sionismo não era, por certo, apenas um movimento de juventude na Alemanha dessa época. O tio de Scholem, por exemplo, membro ativo da organização sionista alemã, impressor por ofício, publicava as revistas sionistas *Die Welt* e *Die Jüdische Rundschau*[11]. Mas a família de Scholem considerava esse sionista isolado uma espécie de excêntrico inofensivo, e o próprio Scholem, embora simpatizando com a insatisfação de seu tio no tocante à vida judeu-alemã, via boa parte do sionismo dos adultos somente como uma forma modificada de assimilacionismo. De fato, o sionismo teuto constituía amiúde uma reação ao anti-semitismo social da Alemanha de Guilherme II mais do que um programa político concreto. Esse "sionismo" preenchia em larga medida sua função psicológica e social logo que suscitava organizações de solidariedade judaica e associações atléticas similares aos clubes reservados a não-judeus[12].

O sionismo dos jovens era diferente, embora não haja produzido nenhuma grande onda de emigração para a Palestina antes de 1933. Eles também foram arrebatados pela "cultura da juventude" da época, que, em protesto contra a sociedade industrial e a cultura burguesa, anelava romanticamente por uma nova comunidade "orgânica" e o retorno a um mítico *Volk* (povo) harmonioso. Os jovens viam-se como uma classe separada da sociedade, uma de cujas principais expressões era o movimento da juventude do *Wandervogel* (Ave de Arribação), uma espécie de escotismo excursionista. Seus membros, organizados em grupos frouxamente estruturados em toda a Europa Central, acreditavam que a experiência comum do vaguear na natureza criaria instintivamente uma nova comunidade[13].

Numerosos judeus alemães aderiram ao *Wandervogel* nos primeiros anos do século XX[14]. Na maioria provinham de meios assimilados

---

11. *Von Berlin*, pp. 33 ss.
12. Sobre esse período do sionismo alemão, ver Jehuda Reinharz, *Fatherland or Promised Land*, Ann Arbor, 1975.
13. Ver Walter Laqueur, *Young Germany*, New York, 1962 e George Mosse, *The Crisis of German Ideology*, New York, 1964.
14. Ver especialmente George Mosse, "The Influence of the Volkish Idea on German Jewry", em *Germans and Jews*, New York, 1970, pp. 77-116. Sobre o movimento da juventude judaica na Europa Oriental, ver Elkanah Margalit, *Ha-shomer ha-Tzair*, Tel Aviv, 1971, esp. pp. 17-55, para o plano de fundo geral. Quanto à Alemanha e à Áustria, ver Haim Shatzker, *Tenuat ha-Noar ha-Yehudit*, dissert., Universidade Hebraica e Walter Gross, "Zionist Students' Movement", *LBIY* 4 (1959), 143-165.

e, conquanto sua revolta fosse dirigida contra o estilo de vida de seus pais, ela tinha pouco a ver com a questão do judaísmo. Mas, após 1912, mais ou menos, o anti-semitismo aumentou no *Wandervogel* alemão e muitos judeus sentiram-se compelidos a deixá-lo[15]. Em parte como resposta a esse crescente anti-semitismo, um grupo de judeus berlinenses criou o *Blau-Weiss* (Azul e Branco), uma versão judaica do *Wandervogel*, que se espalhou rapidamente pela Alemanha e Áustria, tornando-se o principal movimento judaico de juventude. Ainda que o *Blau-Weiss* professasse o sionismo desde o início, mesmo um exame superficial de sua revista, *Blau-Weiss Blätter* (Folhas Azuis e Brancas), revela o constante interesse em descrever excursões idílicas ao campo e virtualmente nenhuma preocupação com a ideologia sionista[16].

Scholem nunca se filiou ao *Blau-Weiss*, embora tivesse ligações com vários de seus membros e, algum tempo depois, numa das publicações do próprio movimento, submeteu-o a uma crítica feroz. Ele ingressou no *Jung-Judá* (Jovem Judá), um clube de jovens sionistas em Berlim e, durante a guerra, tornou-se o seu líder, convertendo-o em um dos mais radicais grupos de jovens sionistas da Europa Central. Muitos de seus integrantes emigraram, mais tarde, para a Palestina e participaram da fundação do *kibutz* Beit Zera, no vale do Jordão[17].

BUBER E O MOVIMENTO DA JUVENTUDE SIONISTA

O guia espiritual do movimento da juventude sionista alemã era Martin Buber, e Scholem o conheceu sem dúvida por intermédio de seus amigos do círculo sionista. Nessa época, pouco antes da Primeira Guerra Mundial, quando Scholem se tornou como que um seguidor de Buber, este já estava na casa dos trinta anos e havia sido sionista desde a virada do século. Sua idade e seu estilo ao mesmo tempo profético e enigmático faziam dele uma figura carismática. Buber intervinha como orador principal em numerosas reuniões de estudantes sionistas que ocorriam em toda a Europa Central, e sua influência se fazia sentir a leste, até na Galícia[18].

A atração exercida por Buber não se devia apenas ao seu carisma, porém, mais importante ainda era a filosofia mística sobre a qual costu-

---

15. Laqueur, *Young Germany*, pp. 74-87, e seu artigo "The German Youth Movement and the Jewish Question", *LBIY* 6, 1961, pp. 193-206.
16. Ver Shatzker, *Tenuat ha-Noar*. Para pormenores sobre a formação do *Blau-Weiss*, ver *Blau-Weiss Blätter* 1.1, maio de 1913, em especial Erich Barin, "Gleitwort". Acerca da ideologia dos primeiros tempos, ver *Blau-Weiss Blätter*, vários dos primeiros números. Mas também cf. Hans Tramer, "Blau-Weiss-Wegbereiter für Zion", *Die Jugendbewegung*, Colônia, 1963.
17. *Von Berlin*, pp. 59 ss., p. 93; *JJC*, p. 8.
18. Margalit, *Haschomer ha-Tzair*, p. 23.

mava apoiar o seu sionismo. Procurava mostrar que o judaísmo possuía seus próprios mitos autênticos capazes de serem úteis em tempos como aqueles, de intensa busca espiritual. A racionalidade ocidental, argumentava Buber, percebe o mundo como uma multiplicidade de percepções sensíveis, enquanto o judaísmo luta pela unidade do homem com o mundo[19]. Apesar de suas instituições burguesas, o judaísmo é essencialmente a antítese da civilização, uma vez que é uma verdadeira *Religiosität* (religiosidade), oposta, como tal, a uma "religião" estéril e ritualista. Buber convertia em virtude a acusação anti-semita liberal de que o judaísmo não é adequado a uma moderna sociedade ocidental: o forâneo espírito "oriental" do judaísmo fazia dele uma crença relevante para a juventude em plena revolta contra o liberalismo do século XIX e a civilização ocidental.

Buber insistia no fato de que o sionismo era menos uma solução para o anti-semitismo do que um veículo para o renascimento espiritual judaico[20]. Com a emancipação, os judeus haviam adotado crescentemente o racionalismo ocidental e estavam perdendo o seu espírito oriental. Os longos anos de exílio no Ocidente e em particular o século subseqüente à emancipação haviam cobrado o seu tributo. A questão judaica, portanto, não era a do anti-semitismo, pois "o que está em jogo é bem mais do que o destino de um povo em particular [...], o que está em jogo são questões *urmenschliche* (arqui-humanas) e universalmente humanas"[21]. O sionismo significava o retorno dos judeus não apenas à sua pátria oriental, mas também, o que contava bem mais para Buber, à sua mentalidade oriental. Pelo "ato incondicional" de retornar a Sion, os judeus poderiam escapar à sua atomizada existência no Ocidente e propor também uma alternativa para o próprio Ocidente.

O sionismo de Buber baseava-se, de início, em sua *Erlebnismystik* (mística da vivência), a qual diferia substancialmente, como Paul Flohr mostrou[22], da filosofia dialógica esposada por ele após a Primeira Guerra Mundial, embora as categorias dessa primeira doutrina preparassem o caminho para o *Ich und Du* (Eu e Tu). Buber acreditava na existência de experiências internas (*Erlebnisse*, vivências) que, do ponto de vista

---

19. "The Spirit of the Orient and Judaism", alocução pronunciada em 1912, transcrita em *On Judaism*, pp. 57-78.
20. "Was ist zu tun?" *Jüdische Bewegung*, I, Berlim, 1920, pp. 123 ss. O sionismo de Buber era fundamentalmente apolítico e espiritual. Em "Die Tempelweihe", *idem*, pp. 229-242, uma alocução a respeito de *Hanuká*, 1914. Buber observa que a libertação nacional por meio da guerra constituía apenas a manifestação externa dos feitos dos Macabeus. "Das Wesentliche ist ihm nicht der Sieg der judäischen über die syrischen Waffen, sondern die Reinigung des geschändeten Heiligtums, die durch den Sieg ermöglicht war" (p. 232). Também, em resposta a Hermann Cohen, *Jüdische Bewegung*, II, p. 64.
21. *On Judaism*, p. 23.
22. Flohr, "From Kulturmystik to Dialogue", pp. 49-107.

ontológico e epistemológico, eram diferentes das experiências proporcionadas pela *Erfahrung* (percepção sensorial). Ao passo que a percepção sensorial leva a um quadro fragmentado do mundo, as *Erlebnisse* são experiências intuitivas de unidade com o mundo e a mais alta dessas vivências é a unidade com o Absoluto. Buber tomou a noção de *Erlebnis* da epistemologia de Dilthey e da sociológica *Lebensphilosophie* (filosofia da vida), de Simmel[23]. A experiência da unidade com o Absoluto não era, entretanto, para Buber, uma categoria social, como fora para o seu mestre, Simmel, porém uma experiência individual, mística[24]. A *neue Gemeinschaft* (nova comunidade) contemplada por Buber seria fundada sobre a afinidade entre todos os indivíduos que tomassem parte dessa vivência[25]. Conquanto aqueles que compartilhassem da experiência do Absoluto não precisassem, ou não pudessem, comunicar-se um com o outro no domínio social, a *Erlebnis*, no entanto, não os impeliria menos para alguma comunidade nova e revolucionária. Essa comunidade estaria livre de todas as restrições impostas de fora e seria motivada pela compreensão interior, intuitiva entre seus membros, todos eles associados na mesma *Erlebnismystik* (mística da vivência).

A despeito das premissas não sociais do misticismo de Buber, os jovens sionistas que o seguiam sentiam-se atraídos pela idéia de uma comunidade esteada na experiência interna. Como a de Buber, a experiência deles próprios no tocante à Alemanha era menos uma reação contra o anti-semitismo do que uma desilusão com racionalismo burguês. A buberiana interpretação universal e existencial do sionismo como uma nova comunidade teve eco imediato nesses jovens judeus assimilados. Eles podiam identificar-se com a cultura da juventude em geral e suas preocupações, alegando seguir uma filosofia nacionalista na forma, porém universalista na essência. A noção buberiana de uma comunidade baseada na experiência compartilhada sem dúvida

23. *Idem, ibidem*, pp. 7 e 14. Ver também Otto Bollnow, *Die Lebensphilosophie*, Berlim, 1958, e Rudolph Weingartner, *Experience and Culture: The Philosophy of Georg Simmel*, Wesleyan, 1960.
24. O conceito buberiano de *Zwischenmenschliche*, tão importante mais tarde para a filosofia dialógica, apareceu primeiro na introdução de Buber ("Geleitwort zur Sammlung") à série de quarenta volumes *Die Gesellschaft* por ele editada (Frankfurt, 1906-1912). Porém o fundamento ontológico de *das Zwischenmenschliche* estava na *Erlebnis* (vivência) mística privada e foi portanto transmutada numa categoria associal. Ver as observações de Buber em um debate com Ernst Troeltsch, em 1910, publicadas em *Schriften der deutschen Gesellschaft für Soziologie* (Tübigen, 1911), e discutidas e citadas em Flohr, *op. cit.*, pp. 103-104. Quanto à esclarecedora discussão de Flohr sobre a transformação em "termo de ética ontológica" que Buber faz das categorias sociológicas de Simmel, ver pp. 46 ss.
25. Buber tomou o conceito de uma *neue Gemeinschaft* do círculo nietzschiano encabeçado, na virada do século XIX para o XX, pelos irmãos Hardt. Ver Flohr, pp. 58-72.

correspondia muito de perto ao ideal do *Wandervogel*: a transcendência romântica do mundo quotidiano por meio da experiência da natureza criaria o sentimento de camaradagem entre os "pássaros errantes". Buber, mais tarde, abandonou a *Erlebnismystik* em favor de uma doutrina muito mais social, a do diálogo no mundo real – mas o sionismo que ele pregou durante toda a sua vida foi sempre um veículo para alguma filosofia religiosa de caráter mais elevado. Essa relativização do sionismo era particularmente significativa para os jovens judeus que não buscavam nem o retorno ao judaísmo ortodoxo, nem a solução nacionalista para o anti-semitismo, mas uma filosofia como a do *Wandervogel*. Para muitos deles, todavia, a grande *Erlebnis* preconizada por Buber veio primeiro não por intermédio do sionismo, mas durante a Primeira Guerra Mundial.

Os historiadores há muito notaram o sentimento invasivo e libertador de pertinência a uma comunidade que as nações beligerantes experimentaram durante os primeiros dias da Primeira Guerra Mundial. Para um grande número desses moços que se precipitaram para alistar-se, como Rupert Brooke na Inglaterra, a guerra trouxe uma sensação de libertação da sufocante sonolência dos anos de pré-guerra. Nos primeiros meses do conflito, os judeus alemães também foram arrebatados por essas ondas de patriotismo extático. Embora o anti-semitismo não desaparecesse durante a guerra, numerosos judeus assimilados sentiram-se pela primeira vez plenamente aceitos pela sociedade alemã. A guerra deu-lhes a oportunidade de provar seu patriotismo e foi talvez o último e mais poderoso argumento na longa luta pela emancipação total.

Os sionistas alemães não foram exceção ao fervor geral de guerra. Como Moses Calvary, um dos líderes do *Blau-Weiss*, escreveu em 1914:

> E a *Deutschtum* (Germanidade)? Você sabe que eu tive de combater menos por minhas convicções alemãs do que pelas judaicas, que eu realmente me tornei sionista não por instintos judaicos, mas, sim, humanos. [...] Uma derrota da Alemanha não apenas destruiria nossa pátria amada, nossas possessões materiais, mas também grande parte de nosso mundo interior[26].

É de particular interesse examinar as justificativas ideológicas oferecidas pelos sionistas para essas emoções que compartiam com os outros alemães. Para alguns nacionalistas judeus, a guerra representava uma oportunidade de vingar os sofrimentos dos judeus russos[27]. O argumento era simplesmente uma versão judaica do medo e do ódio

---

26. "Feldbriefe", *Jüdische Rundschau*, 26 de novembro de 1914, p. 4.
27. Ver editorial, "Feinde ringsum", *Jüdische Rundschau*, 7 de agosto de 1914.

geral ao absolutismo russo que levou até os socialdemocratas a votarem os créditos de guerra em agosto de 1914. Certos sionistas argumentavam que a guerra dava aos judeus a chance de provar sua virilidade, qual "novos Macabeus"[28]. Os sionistas na Europa Central haviam enfatizado a "cultura física", ou o que Max Nordau chamava de "judaísmo muscular", como um meio de criar um novo homem judeu, e a guerra proporcionava aos judeus a oportunidade de pôr-se à prova.

A defesa que Buber fez da guerra é de especial interesse para nós, porque exerceu um impacto muito grande sobre a juventude judaica. Com a irrupção das hostilidades, ele mobilizou a sua filosofia mística ao serviço da guerra, escrevendo a Hans Kohn, em Praga: "Nunca o conceito de povo teve para mim tanta realidade quanto nas últimas semanas. Um sincero e grandioso sentimento também prevalece entre os judeus"[29]. Em um encontro de sionistas berlinenses, na festa *Hanuká*, em dezembro de 1914, Buber exaltou a guerra como uma experiência libertadora similar à guerra dos Macabeus[30]. Muito embora tropas judaicas pudessem estar combatendo umas contra as outras, elas se batiam, não obstante, por sua judeidade. A própria guerra não era outra coisa senão um símbolo externo da libertação mística interior que todos os judeus experimentariam tomando parte nela. Isso parecia ser a *Erlebnis* a que tanto aspirara, e os judeus eram plenos partícipes dela. Eles "aprofundariam sua *Gemeischafterlebnis* (experiência de comunidade) e a partir daí poderiam construir de novo o seu judaísmo"[31]. Scholem encontrava-se entre o público que ouviu as palavras de Buber e ficou "escandalizado"[32]. Foi provavelmente o início de sua atitude crítica em relação a Buber, que haveria de crescer no decurso da guerra.

Buber expandiu seu discurso de *Hanuká*, em abril de 1916, na primeira tiragem de seu mensário *Der Jude* (O Judeu), que se tornou o principal foro de revivescência espiritual judaica na Alemanha nos anos que se seguiram imediatamente à guerra, e no qual o próprio Scholem publicou alguns de seus primeiros artigos sobre a Cabala. No editorial intitulado "Die Losung" (A Palavra de Ordem), Buber argumentava que a guerra iria destruir a ilusão de uma sociedade atomizada e que ninguém, judeu ou não-judeu, haveria de querer retornar à sua fragmentada existência *antebellum*. A guerra provara ser a grande experiência mística da filosofia buberiana de antes da guerra: "Através

---

28. Franz Oppenheimer, "Alte und Neue Makkabäer", *Jüdische Rundschau*, 28 de agosto de 1914, e as linhas em manchete no número de 8 de agosto de 1914: "Wir trauen, dass unsere Jugend, durch die Pflege jüdischen Bewusstseins und körperliche Ausbildung in idealer Gesinnung und Mannesmut erstarkt, sich in allen kriegerischen Tagen auszeichenen wird".
29. Arquivo Buber 376/I citado e traduzido em Flohr, *op. cit.*, p. 136.
30. "Die Templeweihe", *Jüdische Bewegung*, I, pp. 229-242.
31. *Idem, ibidem*, p. 241.
32. Carta de Scholem, 31 de março de 1978.

da *Erlebnis* judaica dessa guerra, que sacudiu violentamente os judeus e os levou a sentir responsabilidade pelo destino de sua comunidade, uma nova unidade do judaísmo emergira"[33]. A guerra conduziria os judeus ao sionismo em nova comunidade, e lhes ensinaria o valor místico do nacionalismo. Mas Buber se apressou a acrescentar, no fim de seu artigo, que o sionismo não se propunha a adicionar mais uma nação beligerante ao mundo, porém a servir de força para unir as nações em paz. É significativo que Buber haja adotado, grosso modo, o mesmo argumento em favor da guerra que o anti-sionista Hermann Cohen; embora tenham durante a guerra se empenhado em debate sobre o sionismo, ambos concordavam em que o apoio judaico ao nacionalismo alemão deveria levar a um mundo pacífico[34].

O apoio dado à guerra pela mística sionista de Buber exerceu ponderável impacto nos movimentos da juventude judaica[35]. Um sequaz de Buber, Heinrich Margulies, que era membro do *Herzlring*, um grupo sionista de assalariados sem qualificação profissional, escreveu um artigo na *Jüdische Rundschau* que suscitou irada resposta de Scholem[36]. Adotando a terminologia buberiana, Margulies explicava que aqueles que permaneceram na retaguarda durante a guerra temiam não alcançar o *Neuegeburt* (renascimento) experimentado pelos soldados, mas que os civis também eram *weihen* (consagrados) pela *Heiligkeit des Kampfes* (santidade do combate). Os assimilacionistas sustentavam que a guerra tornara o sionismo supérfluo, uma vez que o anti-semitismo havia em essência desaparecido ao primeiro clarão da unidade nacional. Mas fora precisamente o sionismo que tinha preparado os judeus para a guerra ao enaltecer as virtudes da comunidade, do auto-sacrifício e do desejo de salvação do *Volk*, do povo. Em suma, os sionistas eram os melhores patriotas. O sionismo remanescera isolado antes da guerra, mas com a guerra os sionistas e os nacionalistas alemães reconheceram-se mutuamente como irmãos: "No tumulto da multidão, percebemos que nossa melodia e súbita *Gemeinschaft* (comunidade) nos engolfou. [...] Quando essa *Erlebnis* (vivência) nos foi confiada, [...] verificou-se que fomos atraídos para a

---

33. *Jüdische Bewegung*, II, p. 11.
34. A respeito da polêmica, ver a "Carta Aberta" de Buber a Cohen em *Der Jude* I (agosto de 1916), "Begriffe und Wirklichkeit", pp. 283-289; a resposta de Cohen, publicada em seus *Jüdische Schriften*, pp. 328-340; e a réplica de Buber a Cohen, "Zion, der Staat und die Menschheit", *Der Jude* 1 (agosto de 1916), pp. 425-433.
35. Sobre os movimentos juvenis sionistas e a guerra, ver Haim Shatzker, "A Atitude Judeu-alemã da Juventude Judaica Alemã no Tempo da Primeira Guerra Mundial e o Efeito da Guerra nessa Atitude" (hebraico), in *Mehkarim be-Toldot Am Yisrael ve-Eretz Yisrael*, Tel Aviv, 1972, II, pp. 187-215.
36. "Der Krieg der Zurückbleibenden", *Jüdische Rundschau*, 5 de fevereiro de 1915, pp. 46-47. Ver também Reinhold Lewin, "Der Krieg als jüdisches Erlebnis", *MGWJ* 63, 1919, pp. 1-14.

guerra não por sermos judeus, mas por sermos sionistas". Aí estava uma aplicação fiel da doutrina buberiana de que sionismo e guerra eram aliados místicos.

SCHOLEM E A GUERRA

A oposição à guerra na Alemanha, nos dois primeiros anos, foi extremamente limitada[37]. Um pequeno grupo dissidente de socialdemocratas, sob a liderança de Karl Liebknecht, Hugo Haase e Rosa Luxemburgo, rejeitou o apoio dado por seu partido à *Burgfrieden* (união sagrada) do Kaiser (imperador Guilherme II). O irmão de Scholem, Werner, que, cerca de dois anos antes se tornara socialdemocrata após breve namoro com o sionismo, identificava-se com a corrente dos radicais contrários à guerra. Quando ele retornou a Berlim, em setembro de 1914, verificou que seu irmão mais jovem também se opunha ao militarismo, e os dois passaram a freqüentar as reuniões ilegais que a minoria socialdemocrata promovia quinzenalmente num pequeno café de Neukölin[38]. Gershom ficou muito impressionado com Liebknecht, que de início votara a favor dos créditos de guerra, em agosto de 1914, mas que mudara radicalmente de posição, num dramático discurso proferido no Reichstag (parlamento alemão), no fim daquele ano[39].

A oposição de Scholem à guerra não era, entretanto, motivada por argumentos socialistas; seu envolvimento com a facção antibélica deu-se apenas por intermédio do irmão e, quando Werner foi convocado para o serviço militar em 1915, cessou de comparecer aos secretos encontros socialistas. Embora a influência de Werner talvez o tivesse ajudado a firmar suas opiniões contra a maré montante do patriotismo, parece que Gershom também chegou a elas por si próprio. Essa conclusão tentativa levanta a difícil questão de como Scholem, aos dezesseis anos de idade, poderia opor-se à guerra sem qualquer instigação externa, especialmente na medida em que o sentimento de apoio à beligerância era quase unânime, na Alemanha, durante os primeiros meses dos combates.

Se houve algum fator que levou Scholem a rejeitar a guerra, foi o seu sionismo radical. A bem dizer, o sionismo por si dificilmente pode explicar tal posição, pois, como vimos, a maioria dos sionistas, inclusi-

---

37. Sobre o pacifismo alemão durante a guerra, ver James Shand, "Doves Among the Eagles: German Pacifists and Their Government during World War I", *Journal of Contemporary History* 10.1, janeiro de 1975, pp. 95-108. Stefan Zweig descreve a extraordinária dificuldade de encontrar pacifistas nos primeiros dias da guerra e o caráter irresistível da onda de patriotismo, que mesmo ele admite haver sentido. Ver seu *World of Yesterday*, trad. inglesa, Edinburgh, 1943, pp. 196 ss.
38. *Von Berlin*, pp. 70-71.
39. *Walter Benjamin*, pp. 14-15.

ve os movimentos da juventude, foi empolgada pelo fervor guerreiro. Scholem, contudo, interpretou o sionismo como um chamado para abandonar a Europa e suas preocupações políticas e culturais. Muitos companheiros seus, no *Jung-Judá*, também se opuseram à guerra, e a atividade antimilitarista de Scholem centrava-se nesse grupo. Como, ao que parece, era o líder dessa facção do *Jung-Judá*, seus amigos foram provavelmente menos uma influência sobre ele do que uma fonte de apoio. Na falta de maiores evidências, só se pode concluir que a interpretação radical do sionismo por Scholem representou possivelmente o produto de sua personalidade iconoclasta e hostil ao compromisso: em política, assim como em história, ele estabeleceu o seu próprio caminho.

Scholem exprimiu pela primeira vez, por escrito, sua posição contrária à guerra, ao reagir ao artigo de Heinrich Margulies no *Die Jüdische Rundschau*. Com alguns de seus amigos do *Jung-Judá*, redigiu uma carta ao jornal sionista para protestar contra a publicação do referido texto belicista. Os estudantes argumentavam que os interesses nacionais judaicos não coincidiam com os da Alemanha ou de qualquer outro dentre os Estados beligerantes. A carta, também assinada pelo irmão de Scholem, Werner, foi mostrada a Arthur Hantke, o presidente da *Zionistische Vereinigung für Deutschland* (União Sionista para a Alemanha), que simpatizava com aquela postura, mas temia que a sua publicação pudesse provocar a interdição da Organização Sionista. Num encontro com Scholem e dois de outros instigadores do texto, Hantke impôs o silêncio e a carta nunca foi impressa. Entrementes, um colega de Gershom no ginásio, que botou os olhos na carta, quando Scholem a trouxe para coletar assinaturas, denunciou-o às autoridades escolares. Scholem foi expulso da escola por agitação antimilitarista, mas logo continuou a estudar na universidade de Berlim, graças a uma obscura lei prussiana destinada originalmente a permitir que os filhos caçulas da nobreza *Junker* freqüentassem a universidade por dois anos sem ter feito o exame de conclusão do liceu[40]. Ainda que a única conseqüência da proibida carta contra a guerra fosse essa exclusão de Scholem, ela é talvez a primeira evidência de uma cisão no seio do movimento sionista alemão, entre aqueles que, devido aos seus sentimentos sionistas, apoiavam a guerra, como era o caso de Margulies e Buber, e a minoria que a rejeitava em nome de princípios sionistas, como ocorria com Scholem.

---

40. Scholem descreveu todo desenvolvimento nos bastidores do incidente da missiva numa carta de 31 de março de 1978. Ver também *JJC*, pp. 13-15, e *Von Berlin*, pp. 80-83, para um relato sobre os acontecimentos que se seguiram. Scholem contou a Buber o incidente todo em 10 de julho de 1916, depois que eles se encontraram. A carta foi publicada na correspondência de Buber, *Briefwechsel aus sieben Jahrzehnten*, Heidelberg, ed. Grete Schaeder, 1972, I, pp. 445-447.

Frustrados em sua tentativa de expressar seus pontos de vista em órgãos oficiais, Scholem e seus amigos do *Jung-Judá* começaram a editar um jornal clandestino que polemizava contra a guerra e as tendências germanófilas no movimento da juventude sionista. A publicação saiu três vezes do prelo, no verão e outono de 1915 e no inverno de 1916. Um membro do grupo, Erich Brauer, artista gráfico, preparou as chapas litográficas que eram impressas às escondidas na oficina do pai de Scholem, com a cumplicidade de dois de seus operários. Intitulado *Die Blauweisse Brille* (Os Óculos Azuis e Brancos), o nome revelava o desejo do grupo de encarar os acontecimentos em uma perspectiva sionista, mas podia também estar aludindo ao intento de expor a hipocrisia do movimento juvenil *Blau-Weiss*[41].

Embora escritos num estilo ocasionalmente bombástico e algo infantil, os *Blauweisse Brille* representam um notável documento das tendências mais radicais do sionismo alemão. Em relação ao sionismo oficial e à guerra, os jovens membros do *Jung-Judá* tomavam posição extraordinariamente crítica, que lhes teria valido nas mãos das autoridades, ou, quanto ao apoio da comunidade judaica, pouca mercê, se descobertos. O artigo de Scholem, no número inaugural, constitui um ataque aos movimentos sionistas da juventude, inclusive aos chefes mais velhos do *Jung-Judá*. Refletindo esse "fosso das gerações" e seu desagrado com a falta de conteúdo judaico no movimento juvenil, Scholem concluía o seu artigo chamando o movimento da juventude judaica de "movimento judeu sem juventude, juventude judaica sem movimento, movimento da juventude sem judaísmo".

No mesmo número dos *Blauweisse Brille*, Scholem estampou um poema antimilitarista, *Von der anderen Seite* (Do Outro Lado), mais importante por sua mensagem política do que por suas qualidades poéticas[42].

---

41. *JJC*, p. 14, e *Von Berlin*, p. 94. Scholem insertou detalhes na carta que me dirigiu em 31 de março de 1978. Exemplares de todos os números do *Blauweisse Brille* encontram-se na Biblioteca Nacional Judaica da Universidade Hebraica, Jerusalém.

42. O original: Aus der Unendlichkeit/ Stieg dir ein Stein [Stern] empor:/ Bis an des Himmels Tor,/ Weit über Raum und Zeit,/ Meintest du trug'er dich/ Gabst dich ihm feierlich/ Es war der Krieg!// Aber er führte nicht,/ Wie du sein Funkeln last,/ Da du ihn steigen sahst,/ Hin zu der Urwelt Licht./ Es war ein Irrlicht, nur,/Das durch die Welten fuhr,/ Es war der Krieg!// Gott in der Höhe lacht.../ Zündenden Weltenbrand/ Warf er von Land zu Land/ Weit durch die Nacht./ Gab ihn als Stern uns aus/ Riβ uns mit Macht hinaus,/ Hinaus in der Krieg!// Spiel mit dem Irrlicht glückt:/ Wir traun des Himmels Hohn/ Ob auch die Welt uns schon/ Unter den Flammen erstickt./ Heiβen's Notwendigkeit./ Herrliche Gotteszeit:/ Ist doch nur Krieg!// Du aber stehst und schaust/ Hin auf den Feuerherd./ Bis dich die Flamme verzehrt:/ Leuchtender Blitz aus des Gottes Faust/ Trifft dich, du Sternensohn/Stört deine Weltvision:/ Dank es dem Krieg!/ ...Wenn du es kammst!

Do infinito,
Diante de você uma estrela se ergue:
Para as portas dos céus,
Muito além do espaço e do tempo,
Você acredita que ela o carrega,
Solenemente você se entregou a ela:
Era a guerra!

Mas ela não levava,
Como você acreditava vendo
Suas centelhas levantarem-se
Para a luz do mundo primordial.
Era somente uma quimera
Que passava pelo mundo:
Era a guerra!

Deus, lá no alto, ri.
Um incendiário fogo mundial
Ele atira de país em país.
Longe através da noite,
Ele no-lo deu qual uma estrela,
Arrastando-nos com grande força
Para a guerra.

O jogo da quimera floresceu.
Nós confiamos na derrisão dos céus,
Mesmo se o mundo
Já nos sufocou nas chamas.
Nós o chamamos necessidade,
Nobre e divino tempo,
(Mas) é somente a guerra!

Mas você pára e olha
No crisol do fogo
Até que as chamas o consumam.
O raio flamejante saindo do punho de Deus
Atinge você, você filho das estrelas,
Ele destrói sua visão do mundo:
Agradeça à guerra por isso
... Se você puder!

O texto de Scholem é apenas uma contribuição menor ao *corpus* da poesia antimilitarista, mas reflete, mesmo se em forma negativa, a linguagem mística utilizada por Buber e seus adeptos para justificar a guerra. Para Scholem, se a guerra constituía uma necessidade divina, era unicamente porque os céus estavam brincando conosco. Scholem converteu assim a solene e santimônia "realização do Absoluto" pela vivência da guerra, que Buber pregava, em um jogo irônico do Onipotente.

No segundo número dos *Blauweisse Brille*, Scholem desenvolveu sua posição antibelicista num artigo intitulado "Laienpredigt" (Sermão Laico). Ele atacou aqueles que conectavam o sionismo à guerra:

O caminho de Sion passa pelas capitais da Europa? [...] Nós queremos traçar a fronteira entre a Europa e Judá: meu pensamento não é o vosso pensamento, meu caminho não é o vosso. Nós não temos tanta gente a vos dar para atirá-la livremente à fornalha como Moloch. Não, nós necessitamos de homens que tenham a coragem de conceber pensamentos judaicos como seus pensamentos finais, que tenham a coragem da radicalidade no pensamento e na ação, que estejam próximos de seu povo a fim de não serem dominados pela intoxicação entre Londres e São Petersburgo – homens a quem as palavras "dogmatismo" e "traição" só os façam rir.

A solução para o sofrimento do exílio não era a resignação melancólica, mas a "alegria da juventude", que só podia ser realizada em Sion. O novo mundo que devia surgir da guerra seria a "Jerusalém da alegria".

A *Blauweisse Brille* continha um certo número de farpas explícitas contra Buber, inclusive uma caricatura bastante rude e um pastiche de seu estilo. Um exemplar caiu nas mãos de Buber, que convidou Scholem e Erich Brauer para um encontro. Quando este ocorreu, em meados de 1916, Buber havia começado a mudar de posição com respeito à guerra, e o encontro não foi tão tempestuoso como poderia ter sido. Ainda que Scholem continuasse a discordar de Buber num conjunto de questões fundamentais até a morte de Buber em 1955, suas relações pessoais permaneceram marcadas por um respeito mútuo, uma qualidade que Buber parece haver gerado com sua grande tolerância. Embora singularmente propenso à crítica e à polêmica acerba, sobretudo em sua mocidade, a infalível cortesia e seriedade com que Buber o tratava criaram entre eles uma estreita amizade desde o início[43].

Se Scholem estabeleceu, em nível pessoal, durante esses anos, uma relação amistosa com Buber, sua atitude em face da filosofia deste continuou inalteravelmente crítica. Ele defendeu os *Drei Reden über Judentum* (Três Discursos sobre o Judaísmo) de Buber, nas discussões com Walter Benjamin, de quem se tornara amigo em 1915 e cuja crítica aos "Três Discursos" lhe causou forte impressão, mas divisou rapidamente a conexão entre a *Erlebnismystik* (mística da vivência) buberiana e o apoio à guerra[44]. Após a conflagração, escreveu uma severa crítica do movimento da juventude sionista na revista *Jerubbaal*, de Sigfried Berenfeld, e, conquanto não mencionasse Buber pelo nome, o alvo era claro:

[...] porque a juventude não pode permanecer silente e não pode falar, não pode ver e não pode agir, ela "experiencia" (*erlebt*). Nessas páginas, a Torá tornou-se uma *Erlebnis*

---

43. *Von Berlin*, pp. 94-95. Ver também a carta de Scholem para Buber de 10 de julho de 1916 em *Briefwechsel*, Buber, I, pp. 445-446.
44. *Walter Benjamin*, pp. 14, 22 e 40. Quanto à crítica de Benjamin a Buber no tocante à guerra, inclusive algumas referências veladas à sua *Erlebnismystik*, ver Buber, *Briefwechsel*, I, pp. 448-450.

(vivência). O vago misticismo ao qual o judaísmo é sacrificado no altar da *Erlebnis* é a verdadeira coroa do movimento da mocidade. [...] E eles até "experienciaram" (*erlebt haben*) a guerra quando isso ainda era moda. [...] Entretanto, em verdade, a *Erlebnis* nada mais é senão uma quimera, o Absoluto transformado em parolice ociosa (*Geschwätz*)[45].

Vê-se aqui com clareza que a oposição de Scholem à guerra ia de mãos dadas com o seu desdém ao neo-romantismo vazio dos movimentos da juventude. Ele também objetava de maneira vigorosa à redução buberiana do judaísmo histórico e do sionismo às experiências místicas[46]. Buber pregava a importância da *Verwirklichung* (realização) em sua filosofia, e a descoberta de que ele não pretendia "realizar" o seu próprio sionismo emigrando para a Palestina surgiu como uma grave desilusão para Scholem. Embora jamais tenha mencionado diretamente a questão nas cartas a Buber, ela permaneceu como uma corrente subterrânea de tensão entre os dois, até que Buber, quase forçado contra a sua vontade pelos eventos na Alemanha, veio, por fim, em 1938 para Jerusalém[47].

O sionismo de Buber parecia a Scholem desprovido de qualquer programa concreto. Como a maioria de sua geração de sionistas alemães, Scholem sentia-se menos atraído pela visão do sionismo de Herzl, como solução aos problemas políticos dos judeus, do que por seu potencial de resposta a necessidades culturais e espirituais[48]. O tipo

---

45. "Farewell", *JJC*, pp. 57-58, publicado originalmente como "Abschied – Offener Brief an Herrn Dr. Siegfried Bernfeld und gegen die Leser dieser Zeitschrift", *Jerubbaal* 1, 1918-1919, pp. 127-128. (Revi a tradução com base no original.) Sobre Bernfeld, que estava estreitamente ligado a Buber, e à sua revista, ver Willie Hoffer, "Siegfried Bernfeld and Jerubbaal", *LBIY* 10, 1965, pp. 150-167.

46. Scholem expressou sua posição num debate no efêmero Círculo de Safed, um grupo de intelectuais sionistas que se reuniu em Berlim, em 1918. Em resposta a uma palestra de Zalman Rubaschoff sobre a religião dos Profetas, Scholem observou: "Gott ist nur vollkommen zudenken; Daath ist nicht Erleben, sondern Wissen Gottes; diese Klarheit darf nicht durch Mystizismus getrübt werden". As minutas do Círculo de Safed estão no Arquivo Buber 40/11. Agradeço a Steven Aschheim por essa referência.

47. "Martin Buber's Conception of Judaism", *JJC*, p. 127. Scholem revelou, em carta a mim dirigida em 31 de março de 1978, que na realidade ele redigiu uma tal carta a Buber, mas não a enviou porque ela levaria a uma ruptura no relacionamento deles. Em março de 1933, Buber declarou num editorial, "Die Erste", em *Die Jüdische Rundschau*, que, diante da tomada do poder pelos nazistas, os sionistas deviam permanecer na Alemanha para prestar amparo espiritual ao povo judeu. Buber, apoiado por Ernst Simon, atirou-se ao trabalho da educação judaica, mas, como Scholem deve ter percebido na época, tais esforços eram infrutíferos. Apesar de certas afirmações de que Scholem teria criado dificuldades a Buber quando este veio para Jerusalém, parece, pelo relato de Scholem, que ele desempenhou importante papel na obtenção de um lugar para Buber na Universidade Hebraica. Ver "Martin Bubers Berufung nach Jerusalem: Eine notwendige Klarstellung", *Frankfurter Hefte* 22, 1967, pp. 229-231.

48. *Walter Benjamin*, pp. 40 e 50.

de sionismo espiritual preconizado por Buber desempenhou com freqüência esse papel para os jovens sionistas alemães, mas Scholem encontrou seu modelo próprio em Ahad Ha-am, o ensaísta sionista de Odessa. Scholem chegou a acreditar que o programa de Ahad Ha-am, com o propósito de estabelecer um centro cultural na Palestina, oferecia um rumo muito mais realista ao sionismo do que a *Erlebnis*, mística pregada por Buber[49]. Ulteriormente, em seus escritos políticos dos anos de 1920 e 1930 na Palestina, Scholem defendeu com força a idéia de que o movimento sionista devia adotar como sua meta a visão cultural moderada de Ahad Ha-am mais do que o maximalismo político dos revisionistas de Jabotinski. Só após 1933 é que a crença de Ahad Ha-am na possibilidade de rejuvenescer a Diáspora sem uma emigração em massa para a Palestina pareceu ruir por terra, aos olhos de Scholem, por causa dos acontecimentos políticos na Alemanha.

Outro visionário que captou a admiração de Scholem nos primeiros anos da guerra foi Gustav Landauer, o anarquista político assassinado depois da abortada revolução socialista bávara de 1918-1919[50]. As concepções de Landauer eram próximas às de Buber, mas se opunham resolutamente à posição deste com respeito à guerra. É mesmo possível que Landauer tenha sido uma das vozes a convencer Buber a abandonar sua posição política, o que pôde, no fim de contas, tê-lo levado a renunciar à sua *Erlebnismystik*[51]. A oposição de Landauer à guerra esteava-se em fortes bases morais e antiautoritárias, uma postura que atraía Scholem bem mais do que o marxismo de seu irmão Werner. Landauer nunca chegou a professar o sionismo, mas tinha um contato muito próximo com círculos sionistas, e sua fé no povo como força espiritual e cultural forneceu a Scholem um modelo de nacionalismo antimilitarista. As pequenas comunidades anarquistas, em que Landauer divisava uma solução para a desumanidade do capitalismo, foi uma proposta que teve grande impacto sobre os jovens sionistas e, juntamente com as idéias tolstoianas do populismo russo, contribuiu para o desenvolvimento ideológico do movimento dos *kibutzim*. Scholem ouviu Landauer falar em 1915 e veio a conhecê-lo pessoal-

---

49. *Von Berlin*, p. 74. Em *Blau-Weiss Brille*, n. 3, Scholem sugeriu que as abordagens de Buber e Ahad Ha-am, no tocante ao judaísmo, poderiam ser consideradas as opções abertas a jovens sionistas. Ver sua "Ideologie", 2. Cf. também *Walter Benjamin*, p. 41: "Benjamins Buber-Kritik gegenüber pries ich die Schriften von Achad Ha-Am – von dem er noch nicht gehört hatte – und einige seiner Aufsätze über die Natur des Judentums, die ich ihm Ende 1916 in einer deutschen Auswahl borgte".

50. Sobre Landauer, ver Eugene Lunn, *Prophet of Community: The Romantic Socialism of Gustav Landauer*, Berkeley e Los Angeles, 1973. Cf. Além disso, Ruth Link-Salinger (Hyman), *Gustav Landauer – Philosopher of Utopia*, Indianapolis, 1977, esp. pp. 51-88.

51. Flohr, *op. cit.*, pp. 150 ss.

mente. Leu os livros de Landauer, *Die Revolution* (A Revolução) e *Aufruf zum Sozialismus* (Chamado ao Socialismo), bem como outros escritos anarquistas, e considerava-se um anarquista, tanto na sua oposição à guerra quanto no seu sionismo. Embora jamais aceitasse a crença anarquista na bondade essencial do homem ou sua visão de uma nova ordem política, o fato de haver-se definido a si mesmo como um anarquista teológico tem sua origem nos contatos que manteve com o anarquismo durante a guerra[52].

A CONTROVÉRSIA DE SCHOLEM COM OS MOVIMENTOS DA JUVENTUDE SIONISTA

O apoio entusiástico dispensado pelos movimentos da juventude sionista ao esforço de guerra alemão suscitou o desgosto de Scholem e contribuiu para a sua crítica geral à bancarrota ideológica de tais agrupamentos. Se estes fossem verdadeiramente sionistas, argumentava Scholem, não diriam "Sion quando queriam dizer Berlim", e não haveriam de misturar outras aspirações políticas ou profissionais de ordem pessoal com objetivos nacionais[53]. Muito embora Scholem devesse mais tarde lutar contra os revisionistas na Palestina, seu sionismo inflexível durante a Primeira Guerra Mundial lembra estranhamente o "monismo" de Vladimir Jabotinski, que se opunha a toda diluição do sionismo em qualquer outra filosofia política.

Scholem era contrário ao "ativismo" anti-ideológico dos movimentos juvenis. A filosofia da "errância" adotada pelo *Wandervogel* judeu proclamava que a experiência do companheirismo extático construiria a nova comunidade. A ideologia como tal era considerada puramente subjetiva e secundária com respeito à experiência partilhada. O *Blau-Weiss* erigia em virtude o fato de deixar inarticulada e vaga a sua ideologia. Scholem, por seu turno, argumentava que a noção de *Gemeinschaft* (comunidade) baseada na experiência comum do va-

---

52. *Walter Benjamin*, p. 15. *Von Berlin*, pp. 71-73, e 191: "Das anarchistische Element in manchen, keineswegs unwichtigen Gruppen in Israel kam [...] meiner eigenen damaligen Position sehr nah".

53. "Jewish Youth Movement", *JJC*, p. 52. O original, em que a tradução se baseou, apareceu em *Der Jude* 1, 1916-1917, pp. 822-825. Quanto à correspondência de Scholem com Buber, que era o editor de *Der Jude,* a propósito desse artigo, ver a sua carta de 25 de junho de 1916, em que ele critica a posição de Buber sobre a guerra no primeiro número de *Der Jude*: Buber, *Briefwechsel*, I, p. 441, e I, pp. 442-443, para a resposta de Buber. Scholem publicou dois outros importantes artigos contra o movimento da juventude durante esses anos. Um apareceu na revista do próprio *Blau-Weiss*, "Jugendbewegung, Jugendarbeit und Blau-Weiss", *Blau-Weiss Blätter (Führerzeitung)* 1, 1917, pp. 26-30. O outro foi o "Abschied" mencionado acima. Shatzker tratou da controvérsia de Scholem no livro já citado, *Tenuat ha-Noar*, pp. 199-207.

guear jamais conduziria à emigração para a Palestina e à construção de uma efetiva comunidade naquele rincão. O ideal da errância não só deixaria de levar a Sion, mas era na realidade contraproducente, visto que desviava a juventude da elaboração de uma ideologia: uma vez realizada a *Gemeinschaft* na Alemanha, não haveria nenhuma necessidade de pôr em prática o sionismo[54].

Para Scholem, a ideologia possuía um valor objetivo. Tão-somente uma ideologia coerente e articulada poderia converter os estáticos grupos de juventude num movimento real. Em lugar da "experiência", Scholem pregava a educação pelo exemplo[55]. Ele se mostrava particularmente crítico diante da falta de toda e qualquer proposta de educação séria nos movimentos juvenis. Vimos que sua própria senda para o sionismo estava inteiramente ligada ao estudo intensivo do hebraico e dos textos clássicos do judaísmo. Apoiado em sua própria experiência pessoal, acreditava que essa espécie de estudo intenso constituía o programa adequado ao movimento da juventude como um todo[56].

Scholem declarava que, sem saber o hebraico, a juventude sionista não disporia de uma linguagem efetiva, mas unicamente de um *Geschwätz* (falatório ocioso). Se não estudassem as fontes judaicas, não teriam qualquer conceito de história. Como exemplo da falta de perspectiva histórica, Scholem salientava que, por ocasião da morte de Hermann Cohen em 1918, a mocidade não tinha a menor idéia quem ele era, salvo que se opusera ao sionismo: "a morte de Hermann Cohen não os encontrou preparados para prantear, assim como a sua vida não

---

54. *JJC*, p. 55. "No *galut* não pode haver comunidade judaica válida perante Deus. E se a comunidade entre seres humanos for de fato a mais elevada que se possa exigir, qual seria o sentido do sionismo se pudesse ser realizado no *galut*?"

55. "Jugendbewegung, Jugendarbeit und Blau-Weiss", p. 27. Benjamin criticou Scholem por esse conceito de educação. Benjamin, *Briefe*, I, pp. 144-146, carta de Benjamin a Scholem, de 6 de setembro de 1917.

56. A exigência feita por Scholem, no sentido de que o movimento da juventude retornasse às fontes judaicas, envolveu-o numa interessante disputa sobre a técnica correta para ensinar o hebraico. Ver Marcel Lew, "Hebräische Sprache und hebräische Literatur", *Die judischen Studenten* 19, 1921-1922, pp. 221-225: Lew levantou a questão se o moderno hebraico falado deveria basear-se em velhos textos ou se deveria ser ensinado como uma língua nova: "Gerhard Scholem und seine Anhänger bejahen den ersten Teil dieser Frage, indem sie sagen: wir müssen uns zu allerst mit Talmud, Midrasch, Bibel, Sohar, etc befassen, um hier wirklich jüdisch erfasst zu werden". Scholem respondeu a Lew no número de outubro-novembro de 1922, pp. 279-280, da mesma revista, negando que tivesse qualquer posição sobre o método correto de ensinar o hebraico. Ele também negou que possuísse quaisquer seguidores. Ainda que Scholem não advogasse nenhum método pedagógico, Lew havia atingido algo básico para a posição de Scholem: para este, o movimento sionista, inclusive a revivescência da língua hebraica, devia estear-se numa continuidade dialética com a tradição judaica. Sua posição, portanto, levava à conclusão, mesmo se inarticulada, de que o hebraico precisa ser ensinado por meio das velhas fontes judaicas.

havia despertado o respeito deles. [...] Junto ao túmulo de Hermann Cohen o judaísmo chorava, mas o movimento da juventude judaica sabia apenas que ele era um 'inimigo' "[57]. É algo surpreendente que Scholem haja escolhido Cohen como figura representativa do judaísmo, tanto mais quanto ele próprio rejeitava sistematicamente a espécie de judaísmo liberal e racional que Cohen defendia. Tem-se aqui uma sugestão significativa da filosofia da história do próprio Scholem: seu assalto revolucionário às posições de seus predecessores nunca se transformou em negação. Mesmo quando punha abaixo suas conclusões, sempre se subordinou à tradição das quais elas eram parte legítima.

O ataque de Scholem aos movimentos da juventude atiçou viva controvérsia[58]. Hans Oppenheim censurou Scholem por criticar de fora e não entender a real situação interna do *Blau-Weiss*[59]. Ao definir o sionismo radical como a meta do movimento e ao advogar o imediato uso do hebraico, Scholem estava propondo objetivos utópicos que não podiam ser alcançados, dado o grau de assimilação reinante entre os membros do *Blau-Weiss*. Na tentativa de impor ideais por demais avançados aos participantes do agrupamento, corria o risco de alienar uma porção substancial desses jovens. Oppenheim acusou Scholem de elitismo, uma imputação que não deixava de ter certa validade. Poucos judeus alemães eram bastante dotados ou estavam suficientemente motivados para empreender um programa intensivo de estudo das fontes judaicas como uma estrada de contorno para o sionismo, e raros seriam aqueles que acabariam, como ele, por tornar-se especialistas em Judaica a partir de um substrato secular. Na filosofia scholemiana da história judaica veremos também certos indícios de elitismo, ainda que de um tipo especial.

As críticas de Scholem aos movimentos da juventude sionista tocaram pontos sensíveis já conhecidos pelos membros de tais movimentos. Em 1917, Moses Calvary proferiu uma palestra sobre "O Problema da Educação dos Jovens Vagantes Judeus" em que admitia que "alguns afirmam que a apreciação da paisagem alemã é especificamente alemã, que somente alemães podem realmente [nela] 'vagar' – nisso há certa verdade"[60]. Oppenheim, na réplica a Scholem, também reconhe-

---

57. *JJC*, pp. 59-60. Tradução modificada do original "Abschied", p. 129. Scholem ouviu a preleção de Cohen pouco antes deste último vir a falecer. Com respeito à sua impressão sobretudo positiva, ver *Von Berlin*, pp. 90-91.

58. V. Karl Glaser, "Oratio pro domo", *Blau-Weiss Blätter* (*Führernummer*) 1.2, junho de 1917, pp. 30-39, e Martin Plesner, "Arbeit", *idem*, agosto de 1918, pp. 87-92, e infra, n. 59. Como resultado da controvérsia, dez membros do *Blau-Weiss* em Berlim e seis em Leipzig abandonaram suas fileiras. Ver *Blau-Weiss Blätter* 4.5, fevereiro de 1918, p. 198.

59. "Eine Kritik des Blau-Weiss", *Blau-Weiss Blätter* (*Führernummer*) 1.1, junho de 1917, pp. 10-12.

60. *Idem*, pp. 3-10.

cia que o errar pelas regiões rurais da Alemanha trazia a ameaça de um novo tipo de assimilação. Finalmente, Heinrich Margulies, cujo artigo causara a primeira ação antimilitarista de Scholem, voltou-se contra o seu mentor numa conferência da juventude após a guerra. Acusou Buber de "espiritualizar" o sionismo (*Vergeistung des Zionismus*), presumivelmente por ignorar a necessidade de um programa concreto de emigração para a Palestina[61].

Uma indicação do impacto da crítica de Scholem ao movimento juvenil pode ser encontrada na correspondência de Franz Rosenzweig, relativa a esse período (1919-1922). Ao menos dois dos correspondentes de Rosenzweig, Mawrik Kahn e Rudolf Hallo, ficaram profundamente abalados com as acusações de Scholem e começaram a duvidar de suas próprias atividades judaicas[62]. Rosenzweig tranqüilizou Kahn, assegurando-lhe que seu envolvimento com o hassidismo, mesmo se artificial e malsucedido, constituía um genuíno ato (*Tun*), enquanto a crítica de Scholem, por ser puramente negativa, não o era. Rosenzweig sustentava que a ação autêntica não devia ser medida pelo sentimento extático que a acompanha, e que aqueles que enfatizam o êxtase em face da ação esqueceram a abordagem judaica, em favor da cristã. A carta era uma polêmica contra Buber, como deixa claro a referência satírica a "Rabi Martin de Heppenheim" (onde Buber residia), que seria o único a achar valor na conversa sobre o êxtase e a *Erlebnis* (vivência). Mas em sua crítica a Buber, Rosenzweig também atacou Scholem. Mesmo se este tinha razão ao criticar Buber por sua indevida ênfase na vivência, ele próprio não se engajara em nenhuma atividade positiva. Contra o seu afastamento de qualquer atuação nos grupos juvenis sionistas, Rosenzweig achava os claudicantes esforços de Kahn para retornar ao judaísmo muito mais genuínos e fecundos.

Assim, seria de esperar que mais tarde, quando Scholem se encontrasse com Rosenzweig, que não era sionista, eles tivessem uma discussão acalorada[63]. Mas, a despeito dessas tensões pessoais e intelectuais entre ambos, Rosenzweig nutria grande respeito pela erudição de Scholem e, no verão de 1923, convidou-o a dar conferências no Lerhaus, o Centro Livre de Estudos Judaicos de Frankfurt[64]. Scholem aceitou o

61. Margalit, *Hashomer ha-Tzair*, p. 23. O ano foi de 1917 ou 1918.
62. Rosenzweig, *Briefe*, Berlim, ed. Edith Rosenzweig, 1935, pp. 355-357; para Mawrik Kahn, 26 de fevereiro de 1919, pp. 396-397; para Rudolph Hallo, 25 de fevereiro de 1921, pp. 399-400; para Hallo, 12 de maio de 1921, pp. 424-431; para Hallo, 27 de março de 1922.
63. *JJC*, pp. 20-21. Foi de Mawrik Kahn que Rosenzweig efetivamente ouviu falar de Scholem pela primeira vez, quando se achava num hospital militar. Ele lhe enviou algumas de suas traduções do hebraico para o alemão e, mais tarde, eles se encontraram várias vezes. A discussão sobre o sionismo ocorreu em 1922.
64. *Von Berlin*, p. 195. Rosenzweig escreveu a Hallo a respeito de Scholem: "Du kämpst mit (Scholem), ich habe gleich die Waffen gestrekt und habe von und bei ihm – gelernt". Carta de 12 de maio de 1921, em Rosenzweig, *Briefe*, p. 399.

convite e, antes de partir para a Palestina no outono do mesmo ano, ministrou uma série de aulas sobre o Livro de Daniel, a Cabala e Sch. I. Agnon. Rosenzweig observou, com uma inflexão enviesada, numa carta a Joseph Prager, que "Scholem está aqui para o verão, e ele é, como sempre, terrivelmente mal-educado, mas, do mesmo modo, como sempre, brilhante"[65].

A polêmica de Scholem contra os movimentos de juventude apareceu em grande parte no decorrer e logo após a conflagração. Mas uma mudança radical no *Blau-Weiss* levou Scholem a desfechar o seu ataque mais feroz, em 1922[66]. Durante alguns anos, o grupo passara a evoluir no sentido do compromisso de emigrar para a Palestina, uma orientação que Scholem por certo só podia aprovar. Mas em 1922, o *Blau-Weiss* proclamou a necessidade de uma luta pelo poder na Palestina, a fim de estabelecer uma colônia revolucionária de jovens em oposição ao sionismo burguês. Manifestamente influenciado pelas crescentes tendências fascistas nos movimentos alemães da juventude, o *Blau-Weiss* se reestruturou segundo linhas militares e elevou o seu líder, Walter Moses, a uma posição de autoridade total. Moses, que acabou dirigindo uma indústria de cigarros na Palestina, declarou em discurso ao revolucionado *Blau-Weiss*:

> A liberdade e a obediência serão ligadas numa só unidade a fim de conduzir a uma nova mentalidade. A esperança da realização da vida pelo triunfo da liberdade será consumada através da crença inabalável na vitória do poder. [...] Quem quer que sirva [essa altaneira organização], seja como chefe seja como soldado, está profundamente ligado à vida, [mas] quem quer que deserte [de suas fileiras, N. T.] torna-se um inimigo e perecerá com os burgueses (*den Bürgern*)[67].

Scholem redigiu uma carta, subscrita por 14 outros, endereçada a *Die Jüdische Rundschau*, com um forte protesto contra a nova evolução do *Blau-Weiss*[68]. Sua crítica mordaz ecoa argumentos de polêmicas precedentes. A ausência de ideologia, que ele havia criticado anteriormente, pareceu-lhe agora ter-se convertido em mera confiança nos decretos do chefe, o qual, falto de conteúdo (*Inhalt*) substancial "ergue-se além do bem e do mal, e sob a estrela da vazia embriaguez da mocidade com o poderio e a liderança". Scholem rotula essa nova ideo-

---

65. Rosenzweig, *Briefe*, p. 482, carta de 30 de maio de 1923.
66. A mudança no *Blau-Weiss* ocorreu na conferência de Prunn, em 1922. A resposta de Scholem apareceu em *Die Jüdische Rundschau* 97, 8 de dezembro de 1922, p. 638, com a advertência: "Ohne Verantwortung der Redaktion". Ver *Von Berlin*, pp. 190-193.
67. Citado em *Die Jüdische Rundschau* 97, 8 de dezembro de 1922, p. 638.
68. Os signatários incluem membros do grupo *Jung-Judá* como Erich Brauer, mas também Hans Oppenheim, que anteriormente havia respondido à crítica de Scholem ao *Blau-Weiss*. Oppenheim tinha evidentemente se separado do *Blau-Weiss* por causa da nova política.

logia de *bedenklose Mysticismus* (inescrupuloso misticismo), sugerindo assim que a mística da *Erlebnis* por ele atacada em artigos anteriores havia culminado agora no autoritarismo e no absolutismo (*Verabsolutierung des Blau-Weiss*). Embora tenha se declarado pronto a estabelecer uma "colônia culturalmente criativa" na Palestina, o *Blau-Weiss* estava profundamente enredado na matriz teuta, tomando suas idéias do movimento da juventude alemã e suas metáforas militares, da experiência da Grande Guerra, à qual ainda estava entregue. Carecendo de toda e qualquer ligação com a língua hebraica e renunciando irresponsavelmente à herança cultural recebida do povo judeu (*der überlieferten Kulturbesitz des jüdischen Volkes*), o *Blau-Weiss* não podia fazer nenhuma contribuição à revivescência judaica na Palestina e podia até pô-la em perigo por seu apelo à revolução contra as instituições sionistas. Um grande *Abgrund* (abismo) separava o estéril *Blau-Weiss* da figura do *halutz* (pioneiro), sobre a qual repousavam as verdadeiras esperanças do movimento sionista.

Com essas duras palavras, a desilusão de Scholem com o movimento da juventude sionista atingiu sua culminação. Entretanto, a questão que suscitara sua cólera devia desempenhar importante papel no desenvolvimento de seu pensamento ulterior. Sua rejeição da abordagem mística quer do judaísmo quer do sionismo influiu em sua concepção tanto da política quanto da historiografia sionista. Ele veria no messianismo militarista dos revisionistas uma reencarnação das perigosas tendências do *Blau-Weiss*: desdém revolucionário pela tradição judaica e ausência de metas concretas e construtivas. Em sua historiografia, afastar-se-ia da visão mística e mitopoética da história judaica e advogaria um método filológico mais sóbrio.

SCHOLEM E O CULTO DOS *OSTJUDEN*

A vida pessoal de Scholem durante esse período de polêmicas foi animada e tempestuosa. No começo de 1917, seu irmão Werner foi preso por participar de uma demonstração contra a guerra, e o pai, enraivecido e embaraçado com a falta de patriotismo de seus dois filhos, expulsou Scholem de casa e o privou de amparo financeiro durante quase um ano[69]. Scholem mudou-se para a pensão Struck, onde viviam principalmente judeus da Europa Oriental, e passou a ganhar a vida em grande parte com traduções do hebraico e do ídiche para o alemão. No verão de 1917, foi convocado para o exército depois de ter conseguido livrar-se da conscrição por cerca de dois anos. Como Felix Krull, o abusivo herói de Thomas Mann, que fingiu sofrer de epilepsia, Scholem logrou enganar os órgãos de recrutamento simulando ser

---

69. *Von Berlin*, pp. 109-110.

psicótico. Ele foi mantido sob estrita observação psiquiátrica durante seis semanas e, em janeiro de 1918, declarado finalmente inapto para o serviço militar[70].

O período que passou na pensão Struck, em Berlim, mostrou ser de singular importância no desenvolvimento de Scholem[71]. Aí descobriu o vivo mundo intelectual do judaísmo da Europa Oriental. Muitos jovens judeus alemães, em busca de suas raízes judaicas, procuravam avidamente os judeus do Leste europeu, vistos como representantes do judaísmo "autêntico". Scholem qualificou mais tarde essa fascinação, à qual ele também sucumbira, de "o culto dos *Ostjuden*" (judeus do Leste) que floresceu entre a juventude sionista alemã, a qual buscava expressar assim seu ressentimento contra a rejeição do judaísmo da Europa Oriental por seus pais"[72]. Antes da guerra, os *Ostjuden* que fugiam da perseguição e da miséria no Leste europeu haviam sido recebidos friamente pela maioria dos judeus alemães e eram vistos como gente grosseira e primitiva. Mas, em decorrência da guerra, alguns judeus alemães começaram a encarar os *Ostjuden* com olhos bem mais favoráveis. Como soldados no *front* oriental, puderam observar por contato direto as comunidades judaicas daquelas regiões e, como Franz Rosenzweig, julgaram ter encontrado o "judaísmo vivo". Essa experiência do tempo de guerra no Leste reconduziu certos judeus assimilados à identificação com o judaísmo[73].

Em Berlim, também, judeus alemães como Scholem "descobriram" os *Ostjuden*. Um grupo de jovens judeus com fortes pendores populistas fundou um *Jüdisches Volksheim* (Lar Popular Judaico), destinado a servir de centro social e educativo para filhos de judeus pobres da Europa Oriental que viviam em Berlim[74]. Essa tentativa de "ir ao povo" teve pouco êxito no seu propósito de desenvolver contatos com o proletariado judeu, mas aproximou estudantes judeu-alemães e intelectuais judeus da Europa Oriental. O *Volksheim* patrocinava noites culturais com leitura de histórias e poesias e organizava cursos com aulas em ídiche e em hebraico. O próprio Scholem assistiu a certo número desses encontros e ficou escandalizado, como seria previsível, com o que ele descreve como "a atmosfera de êxtase estético"[75]. Sen-

---

70. *JJC*, pp. 16-17. *Walter Benjamin*, p. 68.

71. *Von Berlin*, pp. 110 ss.

72. "Agnon – Man into Artist. Portrait of the Autor as a Young Man", *Jerusalem Post* (Weekend Magazine), 9 de dezembro de 1966, pp. 3-4. Ver também *Von Berlin*, p. 101.

73. Esse argumento foi apresentado por George Mosse, em *Germans and Jews*, p. 84, e Shatzker, *Mehkarim*, pp. 196-199.

74. Mary Turnowsky, "Die Volksheimidee", *Mitteilungen des Verband der Jüdischen Jugendvereine Deutschlands* 13.2, abril de 1922, p. 46. Shatzker, pp. 198-199.

75. *Von Berlin*, p. 102. Scholem ouviu falar pela primeira vez do *Volksheim*

tiu-se particularmente transtornado com o dirigente do *Volksheim*, Siegfried Lehmann, cuja conferência sobre "O Problema da Educação Religiosa Judaica" deu-lhe a impressão de um recozido da interpretação buberiana do hassidismo, que ele considerava "destituída de conhecimento do judaísmo histórico". Scholem atacou Lehmann e argumentou que, "em vez de gastar o tempo com esse gênero de bobagem e conversa fiada, era preferível aprender hebraico e ir às fontes (*zu den Quellen gehen*)"[76].

Um dos judeus da Europa Oriental que davam cursos no *Volksheim* e viviam na mesma pensão que Scholem era Zalman Rubaschoff, que seria mais tarde o terceiro presidente do Estado de Israel. Ele trabalhava na época como editor em Berlim e tornou-se amigo muito próximo de Scholem, a quem ensinou o ídiche. Foi provavelmente de Rubaschoff que Scholem ouviu falar pela primeira vez do sabataísmo e do frankismo, os quais, no curso do tempo, viriam a ser os mais importantes objetos de sua pesquisa. Evocando sua amizade com Rubaschoff, Scholem escreveu mais tarde: "(Ele) parecia a meus olhos como um emissário de um mundo distante de judaísmo vivo que viera despertar os ossos ressecados do judaísmo alemão"[77].

Dentre outros judeus do Leste europeu que Scholem chegou a conhecer nesse período, figurava o grande escritor de língua hebraica Sch. I. Agnon que naquela época vivia na Alemanha[78]. Scholem soubera primeiro de Agnon em 1916, por um livro publicado pelos sionistas alemães para os soldados judeus, que incluía uma novela desse autor, "E o Torto será Endireitado", com introdução de Buber. Scholem encontrou Agnon pouco depois, e eles desenvolveram uma estreita amizade que continuou em Jerusalém, até a morte de Agnon em 1970. Visto que poucos textos desse escritor eram disponíveis em língua alemã na época, Scholem empreendeu a tradução de alguns de seus relatos, contribuindo provavelmente para chamar a atenção da comunidade judaica da Alemanha para a obra de Agnon[79].

---

através de Buber que o instou a participar dele. A impressão que se tem de seu próprio relato é que a sua participação causou comoção, mas não mudança real.

76. *Idem*, p. 103. A noiva de Kafka, Felice Brauer, estava entre os que ouviram as críticas de Scholem e as relatou a Kafka que, embora o tenha confundido com o escritor ídiche Scholem Alechem, concordou em geral com Scholem. Ver *idem*, p. 102, e "Scholem und Scholem Alechem", *Neue Züricher Zeitung* (*Morgenausgabe*) 24, 12 de janeiro de 1968, p. 13.

77. "Dias da Juventude com Zalman Rubaschoff" (hebraico), *Devarim be-Go*, pp. 55-58, e *Von Berlin*, pp. 112-118. Segundo um gracejo local, o curso de Rubaschoff sobre história judaica no Volksheim começou com Adão e terminaria eventualmente com Ber Borochov. Quanto à avaliação de Scholem acerca de Rubaschoff como historiador, ver "Sobre a História da Pesquisa Sabataísta" (hebraico), *La-Merhav*, 28 de junho de 1960, p. 5.

78. "Agnon in Germany: Recollecions", *JJC*, pp. 117-125.

79. Ver Hans Tramer, "Gershom Scholem zum 75. Geburtstag", *Mitteilungs-blatt des Irgun Olej Merkaz Europa*, 8 de dezembro de 1972.

Scholem sentiu-se, por certo, intrigado diante da relação ambivalente desse narrador com a tradição judaica, algo que Arnold Band caracterizou no título de seu livro sobre Agnon como *Nostalgia and Nightmare* (nostalgia e pesadelo). Agnon, que Scholem chamou de "o último clássico hebreu"[80], tinha raízes profundas no mundo tradicional dos judeus da Galícia, de onde provinha, mas também encarava esse mundo com uma boa dose de desagrado satírico. Sua maneira sutil de transformar motivos judaicos tradicionais em histórias demoníacas e surrealistas deve ter parecido a Scholem algo que articulava a sua própria atração ambivalente pelo lado demoníaco da vida judaica.

Scholem também leu com avidez as obras de M. I. Berdichevsky. Embora tenha visto Berdichevsky uma só vez, numa livraria, sem jamais chegar a conhecê-lo pessoalmente, sentiu-se particularmente impressionado com suas traduções das lendas judaicas para o alemão[81]. Em 1919, enquanto estudava em Berna, encontrou S. A. Horodezky, o divulgador do hassidismo, e trabalhou com ele na tradução de suas obras, do hebraico para o alemão. A despeito dessa antiga cooperação, Scholem passou mais tarde a nutrir desdém pela versão romântica do hassidismo propalada por Horodezky[82].

Todos esses relacionamentos devem ser considerados de importância para o desenvolvimento intelectual de Scholem. Entre os *Ostjuden*, ele encontrou um tipo de sionismo não envergonhado e o amor pela tradição judaica que procurara em vão entre os judeus alemães. Ele escreveu a maior parte de seus artigos polêmicos contra o *Blau-Weiss* enquanto vivia em meio dessa comunidade de exilados. Muito embora houvesse permanecido na Europa Central por mais de seis anos após ter abandonado a casa paterna, já estava psicologicamente afastado do ambiente burguês assimilado de sua mocidade, cujos vestígios ainda detectava na juventude sionista. Sua primeira experiência de "Sion", tal como haveria de encontrá-lo no *ischuv* predominantemente leste-europeu da Palestina, já havia ocorrido em Berlim.

A DECISÃO DE ESTUDAR A CABALA

Depois de escapar do serviço militar em janeiro de 1918, Scholem foi para Iena, onde freqüentou por seis meses a universidade local. Em maio, após receber o certificado oficial de dispensa médica, deixou a Alemanha e dirigiu-se à Suíça para reunir-se a Walter Benjamin que,

---

80. "S. Y. Agnon – The Last Hebrew Classic?" *JJC*, pp. 93-116.
81. *Von Berlin*, pp. 138-139. Scholem ficou bem menos impressionado com as antologias hebraicas de Berdichevsky, que, a seu ver, eram apenas reescrituras das fontes originais.
82. *Idem*, p. 136.

pouco antes, ali se exilara temporariamente. Seguiu-se um ano e meio durante os quais Scholem viveu em Berna, assistindo a cursos universitários e consagrando longas horas a intensas discussões com Benjamin. Em 1919, decidiu voltar à Alemanha e obter aí o doutorado. Seus estudos formais em nível superior tinham até então como foco a matemática e a filosofia, e Scholem ponderou seriamente a possibilidade de ir para Göttingen a fim de continuar na matemática.

Mas outra opção também se abria: partir para Munique que possuía a melhor coleção de manuscritos cabalísticos de toda a Alemanha e escrever uma tese sobre a Cabala. O interesse de Scholem pelo assunto, que começara por volta de 1915, convertera-se numa séria paixão desde 1919. Bibliófilo como seu amigo Benjamin, havia adquirido enorme quantidade de velhos textos cabalísticos e, na época em que se deu a sua partida para a Palestina em 1923, já contava com cerca de seiscentos títulos[83]. Em alguns poucos anos, ele reuniu uma das mais formidáveis coleções privadas de Jerusalém e, em 1936, numa paródia da tradição esnobe de publicar catálogos de bibliotecas particulares, ele editou uma plaqueta intitulada *Uma Lista de Livros sobre a Cabala e o Hassidismo Faltantes na Coleção de Livros de Gershom Scholem*.

O caminho que levou Scholem à Cabala não poderia ter sido trilhado por via de qualquer das estradas normais, sejam judaicas ou acadêmicas. Seus instrutores ortodoxos em matéria de Bíblia e Talmud não tinham condições para responder às suas perguntas sobre a Cabala, e não havia, na Alemanha dessa época, nenhum universitário que possuísse conhecimentos especializados no assunto. Em Munique, Scholem doutorou-se em estudos semíticos com o assiriólogo Fritz Hommel, mas escreveu sua tese sobre o *Sefer há-Bahir* praticamente sem assistência[84].

A escolha de Munique em lugar de Göttingen, uma opção que marcaria a carreira de Scholem, surgiu provavelmente de longas e intensas conversas com Benjamin e Buber. Scholem caracterizou a amizade com Benjamin, cujo início remontava a 1915, como "a mais importante de minha vida"[85]. Embora Benjamin não fosse sionista e soubesse muito pouco acerca do judaísmo, era extremamente simpático às preocupações de Scholem. Unidos numa mesma oposição à guerra, eles também encontravam muitas áreas de comum interesse em filosofia e metafísica e exerceram um sobre o outro enorme influência no desenvolvimento intelectual mútuo. O desejo inicial, em Scholem, de escrever uma tese a respeito da filosofia da linguagem da Cabala nasceu, é provável, sob a influência de suas discussões com Benjamin

---

83. Carta de Scholem, 31 de março de 1978.
84. Scholem descreve a sua decisão de estudar a Cabala e seus estudos em Munique em *Von Berlin*, pp. 144 ss, e *JJC*, pp. 17-20.
85. *Von Berlin*, p. 92.

sobre a questão. Ele encontrou no pensamento de seu amigo uma filosofia com dimensão mística, muito distante de tudo a que tivera acesso nas universidades que freqüentara[86].

Scholem também compartiu sua decisão de estudar a Cabala com Buber, que o encorajou, e foi, talvez, a única pessoa com quem conversava séria e amiudadamente sobre seus estudos durante o período muniquense[87]. Seu interesse inicial pela Cabala foi até certo ponto, provavelmente, inspirado pelos *Drei Reden über das Judentum* (Três Discursos sobre o Judaísmo), em que Buber sustentava, contra a Ciência do Judaísmo, que o mito deve ser considerado um elemento legítimo do judaísmo. A rejeição do judaísmo "burguês", por Scholem, era uma atitude consistente com a nova atmosfera reinante entre jovens judeus alemães, uma atmosfera que Buber ajudara a criar[88]. Mas, se a fascinação de Scholem pelo irracionalismo refletia a sua dívida para com Buber, a decisão de estudar a Cabala em termos de um projeto acadêmico representava, não menos, algo original. Na verdade, deve-se entendê-lo em parte como uma reação contra a abordagem mística das fontes judaicas, preconizada por Buber.

Nos primeiros artigos de Scholem sobre a Cabala, é possível ver como sua decisão de dedicar-se a esse campo foi influenciada por sua rejeição das idéias buberianas. Em 1920, escreveu uma longa recensão crítica a respeito de uma seleção de extratos do *Zohar*, traduzidos por Jankew Seidmann[89]. Scholem acusou o tradutor de ter transposto a linguagem da Cabala em estilo do expressionismo alemão. Ele atribui a culpa disso à reelaboração das *Histórias do Rabi Nakhman*, por Buber[90]. A linguagem de Seidmann era "a do Bar Kokhba de Praga, [...] mas nunca a do *Zohar*"[91]. O alvo dessa farpa era óbvio: como o *Blau-Weiss*, o círculo sionista de Praga, que incluía Samuel Hugo Bergmann e Robert Weltsch, encontrava-se sob a influência espiritual

---

86. *Idem*, pp. 92-94 e 152. *Walter Benjamin*, esp. pp. 69-110. A melhor exposição de como Benjamin via nos primeiros tempos a sua relação com Scholem encontra-se em Bernd Witte, *Walter Benjamin – Der Intellektuelle als Kritiker*, Stuttgart, 1976, esp. pp. 1-57.

87. *Von Berlin*, p. 161.

88. Para a avaliação feita por Scholem, de que o judaísmo não é "burguês", ver "Lyrik der Kabbala?", *Der Jude* 6, 1921-1922, pp. 55-56, e, bem mais tarde, *MI*, p. 308.

89. Jankew Seidmann, *Aus dem heiligem Buche Sohar des Rabbi Schimon ben Jochaj*, Berlim, 1919? A resenha de Scholem, "Über die jüngste Sohar-Antologie", apareceu em *Der Jude* 5, 1920-1921, pp. 363-369. Constitui uma medida da tolerância de Buber o fato de ter sido essa resenha crítica publicada na própria revista de Buber.

90. "Über die jüngste Sohar-Antologie", p. 366. (*As Histórias de Rabi Nakhman* foram traduzidas e publicadas em português pela Perspectiva, São Paulo, 2000).

91. *Idem*, p. 368.

de Buber. Com isso, neste seu primeiro artigo sobre a Cabala, Scholem estendia sua crítica dos movimentos da juventude e de seu estilo lingüístico à erudição cabalística: os pesquisadores estavam tão infectados pelo "expressionismo" buberiano como o *Wandervogel* sionista.

Um ano mais tarde, Scholem publicou um artigo ainda mais longo sobre a Cabala, em forma de uma crítica a *Die Lyrik der Kabbalah* (A Poesia Lírica da Cabala), de Meir Wiener[92]. Wiener distinguia entre "religião" e "ritual" em passagens que pareciam tiradas literalmente dos *Três Discursos*, de Buber. Ele celebrava o ato "religioso" espontâneo como a verdadeira *Gotterlebnis* (vivência de Deus)[93]. Scholem focalizou de maneira incisiva o emprego que Wiener fazia da categoria da *Erlebnis* para tratar da Cabala[94]. Perguntava se a distinção entre "a inaplicável *Erlebnis* viva" e "a cultual, praticamente promovida ossificação do dogma" seria útil à compreensão da Cabala. As distinções buberianas conduziam, em vez disso, a uma distorção da essência histórica da Cabala, já que impunham anacrônicas categorias modernas aos materiais históricos. A tendência de Wiener, herdada de Buber, no sentido de unir todos os misticismos sob uma "vulgar teoria expressionista" comum importava em destruir a singularidade histórica de cada um deles[95]. Em sua crítica ulterior à interpretação anistórica do hassidismo, feita por Buber, Scholem opôs explicitamente a este as objeções que endereçara a Wiener em 1921.

92. *Der Jude* 6, 1921-22, pp. 55-69.
93. Wiener, *Lyrik der Kabbala*, Viena e Leipzig, 1920, p. 15: "Nicht so der schlau 'Gottesdienst', der eher eine Äusserung der Unfähigkeit ist, Gott zu erleben", e p. 16: "Grandes espíritos religiosos criativos sempre separaram a ética da religião, e extraíram o aspecto prático-cultual da religião ou, ao menos, o limitaram, ainda que raramente tenham compreendido a necessidade de distinguir a religião da ética, como procederam os representantes da gnose ou a religião do culto, como fez Lutero".
94. "Lyrik der Kabbala?", 60. Scholem refere-se à "malsucedida *Erlebnis-Simmel*", que revela sua hostilidade para com o mestre de Buber, de quem este tomou a categoria da *Erlebnis*. Em *Von Berlin*, p. 99, Scholem descreve uma discussão que teve com Buber sobre algumas observações depreciativas por ele feitas acerca de Simmel.
95. "Kein Mensch durfte bestreiten, das die Hymnen aller berühmten expressionistischen Zeitgenossen 'um Gott' ['an Gott'] und was weiss ich in der Tat eine Befreiung dieser Geister von Gott, diesem stärksten und umfassendsten aller Erlebnisse, welche sie nicht gehabt haben, oder auch im Sinne jenes Bibelverses eine Befreiung Gottes von Gottes von ihnen, deren treuloses Ende er zu 'erleben' wünscht, sind, und dass mit diesem Satze also das Scheinbare eines anmassenden Mystizismus grossartig und nicht ohne Ironie erkannt ist, aber der Einigkeit macht die Verallgemeinerungswut vulgärer expressionistischer Theorie ein Ende, die die Jahrtausende nach rückwärts mit sich zu identifizieren strebt und die den grossen Hymnen aller Völker ob Indern, Griechen, Juden, oder Indianern, ihren eigenen Charakter unterzuschieben sucht." (O contraste entre o ulterior estilo alemão, pós-Segunda Guerra Mundial, de Scholem – considerado modelar por muitos alemães – e essa extraordinária sentença mal necessita de comentário.)

O principal problema do livro de Wiener e de toda a abordagem expressionista do judaísmo, Scholem parece sugerir, era que o amor de Wiener pelo êxtase metafísico havia minado a disciplina histórica e filosófica necessária para compreender a Cabala em sua singularidade histórica. Numa observação parentética, ele satiriza aqueles que, como Hugo Bergmann, um dos discípulos mais próximos de Buber, desejam "a ressurreição da metafísica"[96]. A propensão de ver *qualquer* escrito místico como poesia capaz de inspirar um despertar metafísico promovera um entendimento errôneo da natureza da Cabala. Como *corpus* técnico de literatura, a Cabala requeria não o entusiasmo do poeta ou do metafísico, mas a meticulosa investigação do filólogo.

Scholem, no entanto, não era de modo algum hostil à metafísica. De fato, o impulso original que o levou ao estudo da Cabala deve ser compreendido como sendo de ordem metafísica, pois esperava descobrir nesses escritos esotéricos certas verdades que não encontravam lugar na filosofia racional judaica. Mas veio a perceber em seguida que as verdades metafísicas só podiam ser descobertas por meio das ferramentas acadêmicas da crítica filológica e histórica. Como ele escreveu em sua crítica ao livro de Wiener, uma "filologia profunda pode ter uma genuína função mística"[97]. Scholem desenvolveu essa surpreendente idéia em 1937, numa carta aforística que endereçou a Zalman Schocken em honra de seu sexagésimo aniversário de nascimento, intitulada *Ein offenes Wort über die wahren Absichten meines Kabbalastudiums* (Uma Palavra Franca sobre os Verdadeiros Propósitos de meus Estudos da Cabala). Por ser esse manuscrito, que nunca foi publicado, crucial para se entender como Scholem chegou à decisão de estudar a Cabala, eu o traduzo aqui na íntegra[98]:

> Eu não me tornei, de modo algum, "cabalista" por inadvertência. Eu sabia o que estava fazendo – só que, me parece agora, eu imaginava que minha tarefa fosse fácil demais. Quando eu estava a ponto de pôr o chapéu de filólogo e retirar-me da matemática e da epistemologia para enveredar por um campo muito mais duvidoso, eu mal tinha algum conhecimento de meu assunto, mas estava cheio de "intuições".
>
> Três anos, 1916-1918, que foram decisivos para toda a minha vida, estavam atrás de mim: muitos pensamentos excitantes me haviam conduzido ao ceticismo dos mais racionalistas com respeito aos meus campos de estudo, assim como à afirmação intuitiva de teses místicas que caminhavam sobre a delicada linha entre a religião e o niilismo.

---

96. *Idem*, p. 59. Essa expressão constitui uma referência oculta a *Die Aufherstehung der Methaphysik*, de Peter Wust, que apareceu em 1920. Scholem teria certamente rejeitado a noção de metafísica que Wust, inspirado em uma observação de Troeltsch, considerava o meio para rearmar espiritualmente a Alemanha depois da guerra.

97. "Lyrik der Kabbala?", 69.

98. Agradeço ao Professor Scholem por permitir generosamente a publicação desse manuscrito e por examinar minha tradução.

Mais tarde encontrei (em Kafka) a mais perfeita e insuperável expressão desse delicado limite, uma expressão que, enquanto afirmação secular do sentimento cabalístico de mundo em um espírito moderno, parecia-me envolver os escritos de Kafka no halo do canônico.

Na época, entretanto, foi o curioso livro de Molitor, *Philosophie der Geschichte oder über der Tradition* (Filosofia da História, ou Sobre a Tradição), que, caindo em minhas mãos em casa de Poppelauer, exerceu sobre mim grande fascínio. Por mais infundado que possa ter sido em termos históricos, dava-me um endereço onde a vida secreta do judaísmo, sobre a qual eu havia ponderado em minhas meditações, parecia haver outrora residido.

Assim cheguei à intenção de escrever não a história, porém a metafísica da Cabala. Estava impressionado com o empobrecimento daquilo que alguns gostam de chamar de a Filosofia do Judaísmo. Sentia-me particularmente indignado com três autores que eu conhecia, Saádia [Gaon], Maimônides e Hermann Cohen, que concebiam como principal tarefa construir antíteses ao mito e ao panteísmo, refutá-los, quando deveriam ter cuidado de erguê-los a um nível mais elevado.

Por certo, não é grande façanha mostrar que o mito e o panteísmo são "falsos"; considero muito mais importante a observação que me fez um dia um judeu ortodoxo, de que há, apesar de tudo, alguma substância neles. Eu sentia haver esse nível mais elevado na Cabala, por mais distorcido que tivesse sido na discussão filosófica. Parecia-me que aqui, para além das percepções de minha geração, existia um reino de associações que deviam tocar nossas mais íntimas experiências humanas.

A bem dizer, a chave para. o entendimento dessas coisas parecia perdida, se é preciso julgar segundo o obtuso padrão das Luzes que os eruditos judeus tinham para oferecer. No entanto, aqui nos primeiros livros dos cabalistas que eu lia com ardente ignorância, eu me deparava, para a minha surpresa, com um modo de pensar que não havia encontrado ainda um domicílio. A profunda intuição de Molitor, independentemente de quão enviesada possa ter sido a perspectiva de Franz von Baader da qual derivava, não podia ser enganosa. E talvez não fosse tanto a chave que estava faltando, mas a coragem: a coragem de aventurar-se nas profundezas de um abismo, que um dia poderia acabar em nós mesmos, coragem também de penetrar no plano simbólico e atravessar a muralha da história.

Pois a montanha, o *corpus* de fatos, não necessita de modo algum de chave; apenas a brumosa muralha da história, que pende à sua volta, precisa ser penetrada. Penetrá-la foi a tarefa que me propus. Será que irei ficar entalado no nevoeiro, será que irei, por assim dizer, sofrer uma "morte professoral"? Mas a necessidade de crítica histórica e de história crítica não pode ser substituída por nenhuma outra coisa, mesmo lá onde requer sacrifícios.

É certo que se pode ver a história fundamentalmente como uma ilusão, mas uma ilusão sem a qual não é possível na realidade temporal qualquer introvisão da essência das coisas. Pois, para o homem de hoje, aquela totalidade mística da "verdade" (*des Systems*), cuja existência desaparece particularmente quando é projetada no tempo histórico, só pode tornar-se visível no seu modo mais puro na disciplina legítima do comentário e no espelho singular da crítica filológica. Hoje, assim como no próprio início, meu trabalho vive nesse paradoxo, na esperança de uma verdadeira comunicação proveniente da montanha, daquela mais invisível, da mais ínfima flutuação da história que permite à verdade brotar das ilusões do "desenvolvimento".

O pleno significado desse texto fascinante emergirá gradualmente no decorrer do que segue no presente livro. Aqui, em epítome, poder-se-ia dizer, vêem-se os motivos que estão por trás da crença scholemiana na necessidade da crítica filológica como única via para a verdade histórica e metafísica. Sua leitura do livro de Franz Josef Molitor, obra que é mais um estudo metafísico do que histórico da Cabala, o incitou a vislumbrar na Cabala a chave para a "vida secreta do judaísmo". Ele encontrou nas teses místicas que "caminhavam sobre a delicada linha entre a religião e o niilismo" um modelo possível de seu próprio equilíbrio precário entre tradição e secularismo. Lá onde a filosofia judaica, culminando em Hermann Cohen, tentara suprimir a mensagem mais relevante, potencialmente herética, da tradição, a Cabala havia conseguido alçar o mito e o panteísmo a "um nível mais elevado" e assim salvar algo de seu valor. A Cabala constituía talvez a resposta a indagações filosóficas e metafísicas que a filosofia não conseguira responder ou evitara deliberadamente. Scholem, no entanto, não estava disposto a render-se ao abismo místico, como o movimento neo-romântico da juventude o fizera. A única senda legítima de retorno à realidade mística da Cabala passava pela "muralha brumosa da história", que só poderia ser penetrada pelos instrumentos da crítica filológica. Aqui está, pois, a crença scholemiana segundo a qual a essência de um fenômeno histórico nunca pode ser recapturada de maneira direta, mas somente pelos meios indiretos do comentário. É o historiador e não o filósofo que possui a chave da verdade metafísica.

A referência a Kafka nessa passagem merece especial menção. Como mostrou a correspondência recentemente publicada entre Walter Benjamin e Scholem, as reflexões sobre o significado dos escritos de Kafka ocupavam Scholem nos anos de 1930. As cartas encerram até um poema que ele escreveu e enviou a Benjamin, a propósito de *O Processo*. Scholem organizou inclusive um certo número de seminários sobre Kafka na Universidade Hebraica de Jerusalém e incitou jovens acadêmicos, como o filósofo Nathan Rotenstreich, a interessarem-se pela obra de Kafka.

Como escreveu a Benjamin, Scholem considerava Kafka um escritor eminentemente *judeu*, preocupado com o significado da Lei revelada. Para Kafka, a seu ver, a revelação era um problema central. Assim, a "montanha" mencionada na carta a Scholem – que sugere tão obviamente o Monte Sinai – pode também estar aludindo ao castelo na obra de Kafka do mesmo nome. Para Kafka, assim como para os místicos judeus, a fonte da Lei continua sendo uma figura misteriosa, oculta em uma cortina de névoa. Não há como encontrar um caminho direto para essa fonte, e o homem vê-se obrigado a errar pelo mundo por sendas indiretas a fim de alcançar algum tênue vislumbre do significado da revelação. No último capítulo do presente livro examinaremos a reflexão teológica do próprio Scholem sobre a impossibilidade de se estabelecer uma comunicação direta com o divino e a necessidade de se trilhar uma via indireta. Nessa sugestiva conexão entre cabalistas e Kafka, Scholem já apontava na direção de sua própria teologia.

Em sua carta a Schocken, Scholem sugere que a "vida secreta do judaísmo" poderia encontrar-se na Cabala. A sua decisão de estudá-la não se baseou apenas no fato de ser a Cabala um campo "ignorado" pelo século XIX, sendo possível que ela fosse a própria chave para a compreensão das forças vitais que haviam assegurado a sobrevivência do judaísmo. Na qualidade de judeu não-ortodoxo e, no entanto, profundamente vinculado às fontes da tradição judaica, ele via na Cabala uma alternativa para a ortodoxia halákhica, uma via que poderia trilhar para tornar-se, não um cabalista, mas um historiador. Como sugeriu numa entrevista dos últimos anos de vida:

> Eu estava interessado na questão: possui o judaísmo halákhico bastante potência para sobreviver? É a *Halakhá* realmente possível sem um fundamento místico? Tem ela suficiente vitalidade própria para sobreviver por dois mil anos sem degenerar? Eu apreciava a *Halakhá* sem me identificar com seus imperativos. [...] Essa questão estava estreitamente ligada aos meus sonhos sobre a Cabala, por meio da idéia de que ela poderia bem ser a explicação para a sobrevivência da força consolidada do judaísmo halákhico[99].

Em 1923, Scholem emigrou para a Palestina, mas sem a intenção de continuar o seu trabalho sobre a Cabala em termos de profissão. Esperava ganhar a vida como professor de matemática em escola secundária. Quando chegou ao país, a Universidade Hebraica ainda não passava de um sonho, e não havia nenhuma estrada real para a carreira acadêmica. Mas a biblioteca da nascente universidade já existia e, por uma feliz coincidência e de alguma astúcia financeira de Samuel Hugo Bergmann, o diretor da biblioteca, Scholem obteve um cargo de bibliotecário encarregado da seção de Judaica[100]. Após a abertura da universidade em 1925, tornou-se *lecturer* e mais tarde professor de mística judaica, um posto que foi praticamente criado para ser ocupado por ele, graças a esse feliz e inesperado curso dos acontecimentos.

A rejeição da ambiência política e cultural do judaísmo alemão no período da Primeira Guerra Mundial conduziu Scholem simultaneamente ao sionismo radical e ao estudo histórico da Cabala. Embora essas decisões fossem tomadas em diferentes planos de pensamento e envolvessem diferentes espécies de engajamentos e ações, elas emergiram em conjunto da mesma matriz de eventos. O caminho que levou Scholem de Berlim a Jerusalém, quer no sentido literal quer metafórico, foi uma via solitária, pois precisou revoltar-se ao mesmo tempo contra a geração de seus pais e contra a sua própria. Descrevendo Scholem numa carta a Rudolf Hallo em 1921, Franz Rosenzweig captou o caráter individualista do retorno de Scholem a Sion e ao judaísmo: "[Scholem] é [uma pessoa, N. do T.] *efetivamente* sem dogmas

---

99. *JJC*, p. 19.
100. Scholem descreve tais eventos em *Von Berlin*, pp. 201-220.

(*dogmenlos*). Não se consegue de modo algum catequizá-lo. Nunca vi algo parecido entre os judeus ocidentais. Ele talvez seja o único que realmente retornou ao lar (*Heimgekehrte*). Mas ele retornou sozinho"[101].

---

101. Rosenzweig, *Briefe*, pp. 399-400.

2. Mística

A grandeza de Scholem como historiador repousa sobre os mais de vinte livros e as centenas de artigos que consagrou à história do misticismo judaico, desde o fim da Antigüidade até os Tempos Modernos. Seriam necessários sem dúvida muitos volumes para resumir fielmente os resultados de toda uma vida de pesquisa. Nosso objetivo, entretanto, não é catalogar a obra de Scholem, porém o de destilar a essência de suas conclusões. Empreendendo o cuidadoso estudo filológico dos textos cabalísticos, Scholem nunca perdeu de vista as questões mais amplas de ordem histórica e até metafísica que se propusera no início de sua carreira. Por trás de sua freqüentemente meticulosa caça de fontes textuais e leitura minuciosa de obscuros manuscritos, encontra-se uma visão fundamental sobre o papel desempenhado pela mística na revitalização do judaísmo. Veremos como as suposições de Scholem sobre datação e periodização constituem a base de sua concepção geral que coloca numa posição central o misticismo na história judaica.

Na introdução ao presente livro, sugeri que boa parte do pensamento de Scholem formou-se em reação ao de seus predecessores dos séculos XIX e começo do XX. Às vezes inspirando-se em seus trabalhos, porém, mais amiúde, atacando suas teses, jamais permaneceu indiferente a respeito deles. Daí que nenhuma tentativa de apreciar o trabalho por ele realizado possa ignorar o cenário historiográfico de seu pensamento.

Como vimos, a historiografia judaica do século XIX – a *Wissenschaft des Judentums* – via-se exposta a severas tensões quando se defrontava com os elementos irracionais da história judaica. De um lado, tais historiadores queriam incluir todos os movimentos históricos em seu estudo do passado. Era o legado do historicismo alemão. De outro lado, o forte racionalismo que haviam herdado do século XVIII impelia historiadores como Zunz, Geiger e Graetz a considerarem a Cabala um produto algo degenerado e até "não-judaico". Graetz, por exemplo, pensava que a Cabala constituía uma reação irracionalista ao racionalismo excessivo da filosofia judaica e não podia ser considerada como parte legítima do judaísmo autêntico. A despeito dessa visão negativa, Graetz empreendeu algumas investigações sérias no domínio da história da mística judaica, estudando em particular as origens do movimento cabalístico no século XIII. E não obstante o fato de Scholem ter formulado duros e justificados reparos aos preconceitos de Graetz, ele mesmo com freqüência se esteou em seus trabalhos.

Mas inclusive a minoria dos pesquisadores do século XIX que adotava uma postura mais favorável à Cabala tendia a subordiná-la à história da filosofia judaica. Nachman Krochmal, David Joel e, mais tarde, David Neumark, todos eles consideravam a Cabala uma forma inferior da filosofia racional. Em caso algum eles argumentam que a Cabala poderia ter sua própria história legítima, independente da filosofia.

É interessante verificar que o único autor do século XIX que Scholem cita repetidamente com muito apreço é o romântico cristão Franz Joseph Molitor (1779-1860). Discípulo do místico romântico Franz von Baader, Molitor tentou combinar a Cabala cristã com a filosofia e a historiografia idealistas românticas. Na linha da Cabala cristã, acreditava ser a Cabala uma antiga tradição secreta que se originara com Adão. Sustentava que ela era "a verdadeira alma interior do próprio judaísmo, o princípio vital de todo o desenvolvimento progressivo do judaísmo". Não é difícil imaginar o impacto que essa afirmação deve ter causado no jovem Scholem, vindo como vinha de um autor que escrevia na mesma época da "ciência do judaísmo".

No início do século XX, as teses racionalistas da *Wissenschaft des Judentums* deram lugar a uma historiografia mais nacionalista. Historiadores como Schimon Dubnov enfatizavam a importância dos movimentos sociais em reação à abordagem dominada em grande parte pela *Geistgeschichte* (História do Espírito) dos historiadores antecedentes. Com o despertar do nacionalismo judeu, surgiu maior disposição para aceitar o misticismo judaico como componente legítimo da história do povo judeu. Autores como M. I. Berdichevsky e Martin Buber argumentavam, sob a influência de Nietzsche, que as forças vitais do judaísmo podiam ser encontradas em movimentos subterrâneos e mesmo heréticos. Essas "contra-histórias" radicais acentuavam a importância do mito em relação ao racionalismo na história judaica. Não pode haver a menor dúvida de que Scholem, em seus anos de juventude, foi profundamente influenciado por esses "neo-românticos" nietzschianos. No entanto, como vimos no capítulo precedente, rejeitava resolutamente a abordagem mística do judaísmo e nunca empregou para os seus fins a linguagem nietzschiana que se tornara tão popular na Alemanha daquele tempo. Se bem que sua contra-história apresente importantes semelhanças com a de Berdichevsky e Buber, na avaliação positiva que fazem do mito, jamais foi motivada pela visão nietzchiana de mundo.

Scholem foi influenciado talvez mais pronunciadamente por outros autores do início do século XX, como Shai-Isch Hurwitz e Zalman Rubaschoff (Shazar). Hurwitz (1860-1922) atacou veementemente os neo-românticos como Buber e Berdichevski por sua abordagem anistórica do judaísmo. Nem por isso deixava de partilhar com eles o pressuposto de que o judaísmo não pode ser caracterizado por uma *Wesen des Judentums* (essência), uma idéia comum à *Wissenschaft des Judentums*. O judaísmo é um movimento pluralista constituído por muitas forças contraditórias, entre as quais figuram o racionalismo e a mística. Como Scholem várias décadas mais tarde, Hurwitz via no sabataísmo herético um exemplo de um movimento judaico de vitalidade marcante. Considerava, além do mais, e de novo em antecipação a Scholem, o sabataísmo como a causa dialética de todos os ulteriores movimentos judaicos de alguma importância, como a *Hascalá* (Iluminismo judaico). Ao contrário de Berdichevsky e Buber, não se identificava necessariamente com os vários movimentos irracionalistas do passado, mas apreciava sua vitalidade e contribuição histórica.

Rubaschoff (1889-1973), que fizera amizade com Scholem em Berlim, havia criticado a Ciência do Judaísmo em uma série de ensaios anteriores e escrito um estudo pioneiro sobre o frankismo. É provável que seu interesse pelo sabataísmo e a maneira positiva com que o avaliou tenham incitado Scholem a estudar o papel desse grande movimento messiânico do século XVII.

As concepções pessoais de Scholem sobre o papel do misticismo na história judaica combinam elementos herdados do século XIX e posturas radicais do século XX. Ele concorda com Krochmal, Joel e Neumark em que a Cabala não era uma reação obscurantista contra a filosofia e que o mito cabalístico estava impregnado de terminologia filosófica. A seu ver, como "mito filosófico", a Cabala pode ser submetida à mesma espécie de estudo filológico utilizado na história da filosofia. Em contrapartida, considera que as origens da Cabala eram independentes da filosofia e que a Cabala possuía a sua própria história. Scholem condena, porém, a visão, defendida por Buber e Berdichevsky, de uma tradição subterrânea fechada em si mesma, como sendo "ingênua e incapaz de resistir ao exame histórico"[1]. Ele não rejeita a idéia de

---

1. "Die Scheidung zwischen dem offiziellen Judentum, das als das Reich der

um judaísmo subterrâneo, pois também propõe uma contra-história em que a elite esotérica dos cabalistas desempenharia um papel central. Mas objeta à concepção segundo a qual a contra-tradição não teria conexão alguma com a corrente principal. Afirma repetidamente que o misticismo judeu constituiu um movimento situado no próprio coração do judaísmo rabínico e não em sua periferia. Ainda que se tratasse de um movimento original com sua própria e única história, a mística, não obstante, ocupava um lugar central no judaísmo rabínico e partilhava inclusive da terminologia de seu "inimigo" filosófico. Scholem retorna, por conseguinte, a uma posição racionalista do século XIX no tocante à natureza filosófica da Cabala, mas faz uma transposição de valores para os seus propósitos: embora a Cabala se assemelhasse à filosofia e lhe devesse muitos empréstimos, era uma disciplina legítima e independente que se mostrou mais viva do que a filosofia.

Para Scholem, como para numerosos pensadores do começo do século XX, as forças irracionais têm um caráter único que pode ser reduzido ao racionalismo[2]. Ele considera que as forças inconscientes ou irracionais são autônomas e talvez até o poder oculto por trás da razão humana: "A razão é um grande instrumento de destruição. Para construir, é preciso algo além. [...] Eu creio que a moralidade, como força construtiva, é impossível sem a religião, sem algum poder além da pura razão"[3]. Scholem acredita que as forças construtivas na história têm sua fonte, não na razão, porém no irracionalismo e no mito. Mas, como Freud, ele não glorifica o irracionalismo sem restrição, pois as forças irracionais também possuem um grande potencial explosivo e destrutivo. Scholem aparta-se de irracionalistas como Nietzsche, Berdichevsky e Buber, porque teme as conseqüências de tais forças. Como anarquista, mas não niilista, crê numa regulação racional do irracionalismo e, em sua historiografia, milita em favor de uma explicação racional da história do irracionalismo. Como Shai Hurwitz, é um

---

verwesenden Gestalt abgetan wurde, und einem unterirdischen, in dem wahren Quellen rauschen, war naiv und konnte historischer Betrachtung nicht standhalten", em "Bubers Auffassung des Judentums", *Judaica*, II, p. 149.

2. Um exemplo particularmente interessante é Ahron Marcus (1843-1916), que tentou mostrar que a filosofia de Hartmann sobre o inconsciente já fora antecipada pelo hassidismo. Ver seu *Hartmanns inductive Philosophie im Chassidismus*, Viena, 1888. Scholem leu Marcus, pela primeira vez, em 1914-1915, e ficou extremamente impressionado com o seu connhecimento da Cabala e do hassidismo; mais tarde, porém, acabou por encarar Marcus como uma espécie de charlatão que era um defensor da ortodoxia. Ver "Ahron Marcus e o Hassidismo" (hebraico), *Behinot* 7, 1954, pp. 3-8. Scholem, não obstante, reconheceu que Marcus tinha em parte razão ao apontar a similaridade entre a *Uberwußtsein* e a hassídica *kadmut ha-sekhel* (pré-racional). Cf. "O Inconsciente e o Conceito de 'kadmut ha-sekhel' " (hebraico), *Devarim be-Go*, pp. 351-360.

3. "With Gershom Scholem", *JJC*, p. 32.

contra-historiador que reconhece o impacto do irracionalismo sobre a história judaica, mas não se identifica necessariamente com ele.

PERIODIZAÇÃO E DATAÇÃO

O papel central que Scholem atribui ao misticismo na história judaica pode ser detectado na sua abordagem dos problemas da periodização e datação. Desde a Renascença, a datação do *Zohar*, o mais importante texto do misticismo judeu, tem sido uma prova tornassol das atitudes para com a Cabala[4]. A hostilidade em relação ao irracionalismo amiúde expressou-se por uma datação tardia do *Zohar*, o que minaria as pretensões do próprio livro a uma grande antigüidade. Iehudá Arie Mi-Modena, no século XVII, e Jacob Emden, no XVIII, contestaram ambos a antigüidade do *Zohar*. Emden era motivado por sua hostilidade para com os sabataístas, que usavam interpretações do *Zohar* a fim de autenticar suas pretensões messiânicas. Emden respeitava a Cabala, mas queria mostrar que ao menos certas partes do *Zohar* eram recentes e, desse modo, acusava os sabataístas de haverem criado uma nova religião[5].

Muitos dos historiadores pertencentes à *Wissenschaft des Judentums* prosseguiram a obra de Emden, amiúde com maior animadversão ao irracionalismo e com conclusões mais radicais. Zunz, Geiger e Graetz aceitavam todos uma data tardia para o *Zohar*, que consideravam uma contrafação profana. M. H. Landauer sustentava que o livro fora escrito no século XIII pelo místico extático Abraham Abulafia[6]. Adolf Jellinek, que nutria relativa simpatia pela Cabala, defendia a posição popularizada por Graetz em tons menos benevolentes, segundo os quais Moisés de Leon, que viveu no fim do século XIII, foi, se não o único, ao menos um dos autores do *Zohar*[7].

---

4. Sobre a história da datação do *Zohar*, ver Isaiah Tishby, *Mischnat ha-Zohar*, Jerusalém, 1971, pp. 1 e 44-67. Para uma ampla bibliografia dos estudos sobre o misticismo judeu, ver *Bibliographica Kabbalistica*, de Scholem, 1927.

5. Com respeito à datação do *Zohar* por Emden, cf. *Mitpahat Sefarim*, Lvov, 1870; reed. em Jerusalém, 1970; quanto a suas polêmicas anti-sabataístas, ver esp. *Sefer Shimush*, Amsterdam, 1762. A crença de Emden de que genuínos textos religiosos devem ser antigos baseava-se em sua concepção sobre a história das religiões. O cristianismo era muito mais legítimo, a seu ver, do que o sabataísmo por causa de sua antigüidade. Ver o tratado "Resen Mateh" em *Sefer Shimush* (Amsterdam, 1762), 15a-21a. Cf. também *Torat ha-Ken'aot* (Amsterdam, 1752; Lvov, 1870).

6. M. H. Landauer, "Vorlaufiger Bericht in Ansehung des Sohar", *LB Orient* 6, 1845, pp. 322 ss.

7. Adolph Jellinek, *Moses de Leon und sein Verhaltnis zum Sohar*, Leipzig, 1851 e *Beiträge zur Geschichte der Kabbala*, Leipzig, 1852. Jellinek comparou os escritos conhecidos, de Moisés de Leon, com o *Zohar* e chegou à conclusão de que eram do mesmo autor.

Defensores ortodoxos da Cabala no século XIX, tais como David Luria, com freqüência propunham uma data precoce, a fim de validar a pretensão do próprio *Zohar* de que fora escrito por Schimon ben Iokhai, no século II da era cristã[8]. Adolf Franck, em meados do século XIX, argumentou que a Cabala como um todo se originava em uma antiga religião persa, e que essa antigüidade se refletia no *Zohar*, que, por sua vez, conteria estratos antigos bem como mais recentes[9]. Eljakim Mehlzahagi e Ignatz Stern, quase ao mesmo tempo, adotaram uma similar abordagem "documental", concluindo que o *Zohar* era um antigo texto reelaborado e editado em tempos mais recentes[10]. Esses argumentos tradicionalistas foram retomados com novo vigor por alguns dos nacionalistas que revisaram a historiografia judaica no começo do século XX. Hillel Zeitlin (1871-1942), que ajudara a introduzir Graetz junto ao público leitor ídiche, contrapôs-se a esse historiador e advogou a antigüidade do *Zohar*, esperando assim legitimá-lo como parte genuína da literatura nacional[11]. Para todos esses historiadores, seja a favor, seja contra a Cabala, antigüidade constituía um critério de autenticidade.

O jovem Scholem foi, de início, motivado por preocupações similares. Em 1925, escreveu a Chaim Nachman Bialik, delineando um programa de estudos da Cabala[12]. Apoiava de todo coração a idéia aventada por aquele poeta hebreu em prol de nova "ciência do judaísmo" nacionalista. Scholem afirmava que fora prestada insuficiente atenção à história interna da Cabala, uma clara alusão à tendência de Graetz e outros

---

8. David Luria, *Ma'amar Kadmut Sefer ha-Zohar*, Varsóvia, 1856. Luria usou o mesmo método comparativo que Jellinek, mas chegou à conclusão oposta, isto é, que o *Zohar* não coincidia, em termos estilísticos, com os outros escritos de Moisés de Leon.

9. Adolph Franck, *La Kabbale ou la philosophie religieuse des Hebreux*, Paris, 1843 e *Die Kabbala oder die Religions-Philosophie der Hebräer*, Leipzig, 1844.

10. Mehlzahagi pretendeu ter escrito uns setenta livros, dos quais um, *Sefer Ravia*, Ofen, 1837, foi publicado. Outra importante obra existe em manuscrito na Biblioteca Nacional da Universidade Hebraica. Ver Scholem, *Manuscritos em Hebraico sobre a Cabala* (hebraico), Jerusalém, 1930, p. 13, e G. Kressel, "Escritos de Eliakim Mehlzahagi" (hebraico), *Kiryat Sefer* 17, 1940, pp. 87-94. Com respeito à avaliação particularmente positiva que Scholem faz de Mehlzahagi, ver "Die Erforschung der Kabbala von Reuchlin bis zur Gegenwart", *Judaica*, III, p. 261.

11. Ver a introdução de Zeitlin à versão ídiche da *Geschichte*, de Graetz, trad. B. Karlinski, J. Leiserowitz e A. Riklis, Varsóvia, 1913. Para os estudos de Zeitlin sobre o *Zohar*, ver "A Antigüidade do Misticismo em Israel" (hebraico), *Ha-Tekufá* V, pp. 280-322, "Uma Chave para o Livro do *Zohar*" (hebraico), *idem*, VI, pp. 353-368, e IX, pp. 265-330. Os artigos de Zeitlin sobre a Cabala e o hassidismo foram reunidos em *Be-Fardes ha-Hasidut ve-ha-Kabalá*, Tel Aviv, 1965.

12. Resposta à "Carta Aberta" de Chaim Nachman Bialik aos editores do *Devir* (1925). A resposta de Scholem, escrita em junho de 1925, foi publicada em *ha-Poel ha-Tzair*, 12 de dezembro de 1967, republicada em *Devarim be-Go*, pp. 59-63.

no sentido de negar à Cabala uma história interna própria. Como já observamos, Scholem, desde o começo, se interessou pela Cabala por razões que iam além do mero caráter acadêmico. Ele escreveu a Bialik: "A Cabala tem ou não um valor? É impossível escapar de ou evitar essa questão, que ultrapassa a simples filologia. Concedo-lhe sem embaraço que esse interesse filosófico está ao meu lado em todas as minhas investigações históricas e filológicas". Scholem queria estabelecer que a Cabala desempenhara papel significativo na história judaica e que, portanto, suas idéias tinham uma significação mais do que passageira. Mas se a história da Cabala fosse truncada pela descoberta de que havia sido, toda ela, invenção de uns poucos intelectuais da Idade Média, sua importância poderia ficar diminuída:

> Foi a Cabala, de fato, algo inventado por duas ou três pessoas da geração de Maimônides, ou então há aí uma real "tradição" (*Kabalá*) desde os dias dos *Gaonim* e *Amoraim*? É claro que nossas concepções sobre o desenvolvimento da religião de Israel em geral, após o Segundo Templo, serão grandemente influenciadas por tais pesquisas se levarem a uma conclusão positiva.

Com quanto Scholem não o diga de maneira explícita, parece que o valor filosófico de suas investigações filológicas seria muito encarecido se ficasse provado ser a Cabala uma tradição antiga.

É provável que a vontade de provar essa antigüidade tenha incitado Scholem a empreender uma edição crítica do intrigante e fundamental *Sefer há-Bahir* como objeto de sua tese de doutorado, que concluiu em 1923. Nas notas à edição, e inclusive em escritos posteriores, ele sugeriu que esse texto do fim do século XII ou início do XIII baseava-se em antigos *midrashim*, e que servia de elo entre a "antiga Cabala" e o movimento cabalista do século XIII[13].

Em seu primeiro artigo sobre o *Zohar*[14], Scholem seguiu considerações similares sobre a datação. Intitulado "Moisés de Leon escreveu o *Livro do Zohar*?", constitui um ataque cauteloso ao argumento Graetz-Jellinek de que o *Zohar* era uma falsificação. Scholem concluía que Moisés de Leon fez cópias do *Zohar* no começo dos anos de 1290, embora rejeitasse o ponto de vista de Graetz, segundo o qual o cabalista espanhol forjara o texto inteiro para tirar vantagens pecuniárias[15]. Ele acrescentava que Moisés de Leon se referia a efetivos *midrashim* escritos quando citava o *Zohar* em obras que subscrevia explici-

---

13. *Das Buch Bahir*, Leipzig, 1923.
14. O artigo foi a aula inaugural de Scholem na Universidade Hebraica, tendo sido publicado em *Mada'ai ha-Iahadut* I, 1926, pp. 16-29.
15. Graetz, *History of the Jews*, trad. de Bella Lowy, Londres, 1904, IV, p. 12: "Seus escritos genuínos entretanto não foram suficientemente notados e lhe trouxeram pouca fama e dinheiro. Moisés de Leon descobriu então um meio muito mais efetivo para abrir corações e bolsas. Ele começou a compor livros sob nomes supostos mas honrados".

tamente como autor. Se houvesse forjado o *Zohar* nos anos de 1290, então devia ter forjado igualmente as citações midráshicas que figuravam em seus trabalhos anteriores; isso parecia inverossímil a Scholem. Era mais provável que Moisés de Leon tivesse usado o *Zohar* como fonte para os seus próprios escritos e que suas obscuridades pudessem ser explicadas pelo fato de que ele não compreendia plenamente as passagens antigas do texto do *Zohar* que citava. Embora Scholem expusesse seus argumentos em termos tentativos, é claro que desejava provar a existência de estratos antigos no *Zohar*.

Entre 1931 e 1935, começou a rever a sua datação anterior com respeito ao *Zohar*[16]. Por volta de 1938, asseverou com absoluta confiança que a obra fora redigida no fim do século XIII e que Moisés de Leon era o autor de sua quase totalidade[17]. Com essa inversão surpreendente de posição, à qual se ateve até o fim, apesar de desafios ocasionais[18], Scholem aceitou, no essencial, as conclusões de Graetz em favor de uma datação tardia ao mais importante texto da Cabala.

A nova posição de Scholem apoiava-se em cuidadoso estudo filológico da linguagem do *Zohar*[19]. Ele declarava que o texto estava escrito num aramaico corrompido e bombástico tipicamente medieval, com forte mescla de espanhol, traindo assim um caráter pseudepigráfico. A uniformidade do estilo apontava para um único autor, exceto no que concerne às seções *Raia Mehemna* (O Pastor Fiel) e *Tikune há-Zohar* (Correções ao Zohar). Scholem também resolveu numerosos problemas de datação mostrando que o *Zohar* fora composto em estágios, a partir do fim dos anos de 1270. Pesquisadores prévios haviam atribuído à seção fortemente filosófica, o *Midrash ha-Ne'elam* (O *Midrash* Oculto), uma data mais tardia do que às outras seções do texto, pois presumiam que as passagens mais mitológicas deviam ser forçosamente bem mais antigas. Scholem inverteu tal "racionalismo evolucionista" e espe-

---

16. Em seu artigo sobre a Cabala na *Encyclopedia Judaica*, X, p. 654, escrito em 1931, ele ainda sustentava que a questão da data e da autoria era algo em aberto. Entretanto, em seu pequeno livro de traduções do *Zohar*, *Die Geheimnisse der Schöpfung*, Berlim, 1935, Scholem começou a inverter a sua posição, ver pp. 10-18.

17. *MT*, pp. 156-204: "The Zohar I. The Book and its Author".

18. Ver, por exemplo, J. L. Zlotnik, *Ma'amarim*, Jerusalém, 1939. R. Margulies em *Sinai* 5, 1941, pp. 237-240, e mais recentemente, Samuel Belkin, "Midrach ha-Ne'elam e suas Fontes em Anteriores *Midrashim* Alexandrinos" (hebraico), *Sura* 3, 1958, pp. 25-92. Este último é uma extensa tentativa de provar, contra Scholem, que a proveniência do *Midrasch ha-Néelam* pode ser situada, por comparação ao *Midrash* de Filo, em Alexandria do século I. Ver a ampla refutação da tese de Belkin por R. J. Z. Werblowsky, "Philo and the Zohar", *Journal of Jewish Studies* 10, 1959, pp. 25-45 e 113-137.

19. Na carta a Bialik, Scholem menciona um léxico do *Zohar* que ele havia completado pela metade e no qual esperava colocar a questão da data do *Zohar* em bases científicas e filológicas. Embora prometesse na época publicar o seu léxico, Scholem não o fez.

culou que o autor era um maimonidiano gradualmente atraído pela Cabala. Ele teria composto o *Midrasch ha-Ne'elam* antes de abandonar por inteiro a filosofia, passando depois a citá-lo em adições ulteriores escritas nos anos de 1280. Desta última década e do começo dos anos de 1290 proviria a redação das demais seções.

Scholem identificava Moisés de Leon como autor da obra comparando o *Zohar* aos escritos reconhecidamente da lavra de Moisés de Leon. Se antes havia sustentado que este não compreendia o *Zohar* quando o citava, agora argumentava que Leon manipulava com inteira familiaridade as passagens utilizadas e que os escritos admitidos como seus destinavam-se deliberadamente a aguçar o apetite do público à vista de uma eventual divulgação de sua obra-prima.

Tendo retornado, no essencial, à posição de Graetz, Scholem precisou lidar com a velha acusação de tratar-se de uma contrafação. Foi aí que fez importante contribuição ao debate, ao reavaliar o papel da pseudepigrafia como um aspecto legítimo da história das religiões:

> A pseudepigrafia está muito longe da contrafação. A marca da imoralidade que é inseparável da falsidade não a macula e, por essa razão, ela sempre foi admitida como uma categoria legítima da literatura religiosa da mais alta esfera moral. [...] A Busca da Verdade conhece aventuras que lhe são próprias e, em um vasto número de casos, ela se revestiu de enfeites pseudepigráficos. Quanto mais o homem progride ao longo de sua própria estrada nessa Busca da Verdade, mais ele poderia convencer-se de que sua própria estrada já deve ter sido trilhada por outros, em épocas anteriores a ele[20].

A pseudepigrafia identifica-se com uma época anterior porque acredita na significação eterna de sua mensagem. A pseudepigrafia não é uma contrafação, porém uma proclamação da continuidade de uma tradição oculta. A Cabala como um todo, mesmo quando não se engajava numa pseudepigrafia, era metaforicamente pseudepigráfica, advertia Scholem, porque pretendia ser uma antiga tradição (*Kabalá*) esotérica. Os cabalistas consideravam suas doutrinas "tão velhas como as colinas", mesmo quando geravam novas interpretações, pois definiam o seu próprio trabalho como uma interpretação de uma revelação que sempre fizera parte da tradição[21]. Até quando os cabalistas reconheciam que suas fontes eram recentes, consideravam-nas como revivescências de oculta e genuína tradição e, portanto, autenticamente antigas. Scholem salienta, por exemplo, que os cabalistas do século XIV podiam talvez duvidar das pretensões do *Zohar* à antigüidade, sem por um momento rejeitar sua veracidade[22].

Nessa defesa da pseudepigrafia como parte do conjunto de elementos que lhe permitiam atribuir uma redação tardia ao *Zohar*, vemos

---

20. *MT*, p. 208.
21. "Myth and Kabbalah", *KS*, p. 95.
22. *MT*, pp. 188-189.

como Scholem "transvalorizou" as teses em vigor na pesquisa cabalística sobre a data de composição dessa obra. Quer Graetz quer Zeitlin, historiadores modernos que chegaram a conclusões opostas a respeito do *Zohar*, pressupunham que a antigüidade constituía um pré-requisito necessário ao valor do texto. Scholem rejeita essa idéia. Embora tente amiúde situar a época de redação dos escritos místicos judaicos tão cedo quanto possível, sua datação do *Zohar* mostra que não estava cegamente amarrado às velhas pressuposições. Textos recentes poderiam ter tanta vitalidade e autenticidade religiosas como os antigos.

Scholem aceitou, pois, a acusação de pseudepigrafia, levantada por Graetz, mas converteu-a numa virtude, uma vez que a pseudepigrafia se tornou um meio de legitimar uma obra criativa como parte integrante de uma tradição oculta. A autoridade da tradição é reconhecida, mas a liberdade da criatividade literária é preservada. Graetz rejeitava a pseudepigrafia porque ela subvertia a sua concepção de progresso histórico: a Cabala não representava um genuíno produto do desenvolvimento progressivo da consciência judaica, e seu recuo para a pseudepigrafia no *Zohar* provava-o. Invertendo semelhante avaliação negativa da pseudepigrafia, Scholem via-se obrigado a rever o conceito graetziano de "progresso" na história judaica. O desejo dos cabalistas do século XIII de passar por antigos não era um sinal de degenerescência, porém a característica de uma certa evolução histórica da religião judaica. A rejeição da velha tese acerca da datação – antigüidade igual à autenticidade – demandava uma nova proposta no tocante à periodização da história judaica.

Nas preleções sobre as "Grandes Correntes da Mística Judaica", em que ele apresenta sua nova posição em face do *Zohar*, Scholem sugere uma nova periodização da história judaica, a qual concederia ao misticismo um lugar bem mais central do que o ocupado por ele nos esquemas anteriores. Contrariamente a Graetz, ele sustenta que a mística é "um estágio definido no desenvolvimento histórico da religião e aparece sob certas condições bem precisas[23]". A história das religiões processa-se, segundo um esquema, em três etapas: mito, institucionalização e, finalmente, tentativas de recapturar o mito original. Na primeira fase, "o abismo entre o Homem e Deus não se tornou ainda um fato da consciência interior. Isso, todavia, só ocorre enquanto a infância do gênero humano, sua época mítica, perdura". É o período da "consciência imediata da inter-relação e da interdependência das coisas, de sua unidade essencial que precede a dualidade, [...] o verdadeiro universo monista da idade mítica do homem[24]".

O segundo período é o estágio da "religião", que "significa a criação de um vasto abismo, concebido como absoluto, entre Deus, o Ser

---

23. *MT*, p. 7.
24. *Idem, ibidem.*

infinito transcendental, e o Homem, a criatura finita". É o período em que o homem se torna consciente do fosso que o separa de Deus e quando Deus se revela somente em raras teofanias. Pelo fato de o homem não mais se comunicar de maneira natural com os deuses, como fazia na fase mítica, torna-se necessário institucionalizar a revelação a fim de dar alguma continuidade à voz desta última. No judaísmo, o segundo estágio é representado pelas instituições legais do judaísmo rabínico. A característica dominante da segunda etapa é a alienação de Deus. Quando o homem se torna consciente do fato da alienação e da inadequação das instituições para transpor o abismo entre ele próprio e Deus, a religião entra em crise.

No terceiro período, um tempo de reflexão e auto-exame, a religião torna-se problemática e requer uma ideologia que venha em socorro da tradição, dando-lhe uma nova interpretação[25]. A idéia de que a terceira etapa de uma religião é um período de reflexão e introspecção lembra o motivo típico da *Wissenschaft des Judentums*, para a qual auto-exame significava filosofia. Scholem concede que a filosofia é uma "ideologia do judaísmo", mas ele sustenta que esta falha quando se trata de responder às questões levantadas pela crise da "religião clássica". Só a mística, como uma tentativa "romântica" de recobrar a unidade do mito original, ataca de frente a alienação e o dualismo do segundo período: "O misticismo não nega ou negligencia o abismo; ao contrário, começa por conceber sua existência, mas a partir daí empenha-se em uma busca do segredo que o preencherá, o caminho oculto que o transporá"[26]. Quando o místico tenta restaurar a imediatidade do estágio original da religião, ele utiliza conscientemente o velho mito, refratando-o por meio do prisma da experiência religiosa da segunda etapa. O misticismo é, portanto, a síntese dialética do mito e da religião transcendental; é o mito auto-reflexivo.

Scholem adota essa distinção entre religião clássica e romântica do famoso ensaio de Leo Baeck sobre "A Religião Romântica"[27]. Baeck foi um dos mais destacados polemistas judeus opostos aos teólogos cristãos liberais como Harnack, e exaltou o judaísmo como uma religião clássica contrária à romântica reação "místico-pietista" do cristianismo. Embora adote a terminologia de Baeck, Scholem subverte a

---

25. *MT*, p. 23.
26. *MT*, p. 8.
27. Scholem indica que tomou essa distinção de Baeck em "Misticismo e Sociedade", em *Diogenes* 58, 1967, p. 8. Ver Baeck, "Romantische Religion", *Aus Drei Jahrtausenden*, Tübingen, 1858, pp. 42-121. O ensaio foi originalmente publicado em 1922. Embora Baeck se mostrasse de início hostil a todo misticismo, gradualmente passou a aceitar a mística judaica como uma força ética, oposta a outros movimentos místicos que desejavam apenas a *unio mystica*. Ver Alexander Altmann, "Leo Baeck and the Jewish Mystical Tradition", *Leo Baeck Memorial Lecture* 17, 1973.

sua visão negativa da religião romântica e, por aí mesmo, está bem perto da tese cristã segundo a qual as instituições legais são sufocantes em relação ao sentimento religioso, uma tese partilhada por Buber. Mas rejeita categoricamente a idéia de que as instituições legais não tenham validade. Ele tenta mostrar que o judaísmo halákhico permaneceu vivo ao longo da história judaica, mas a causa de sua vitalidade residia nas forças irracionais abrigadas em seu bojo. Scholem está aqui talvez mais próximo de Molitor, que considerava a Cabala como a força vital a operar dentro da lei judaica, assim como no cristianismo. É até possível que Scholem haja derivado de Molitor sua periodização em três estádios, pois este autor desenvolvera uma idéia similar segundo a qual a Cabala constitui o terceiro período da história judaica[28]. Se o despirmos de sua ênfase cristológica e fecharmos os olhos para a sua falta de método na pesquisa histórica, encontraremos em Molitor uma notável antecipação da abordagem fundamental de Scholem em relação à Cabala.

OS TRÊS ESTÁDIOS DA HISTÓRIA JUDAICA

Como é que Scholem aplica seu modelo de periodização à história judaica? O judaísmo bíblico é com freqüência considerado como o oponente monoteísta do mito. Scholem não contesta o fato de que certos elementos no judaísmo bíblico lutavam contra o mito, mas argumenta que o judaísmo nunca conseguiu purificar-se totalmente deles[29]. O monoteísmo bíblico oscilava entre um antropomorfismo desavergonhado e suas proféticas condenações. O texto da Bíblia é o registro do embate entre as etapas mítica e transcendental da religião judaica. Na medida em que as questões filosóficas concernentes à natureza de Deus não interessavam aos autores da Bíblia, eles não suprimiram ou expungiram os estratos míticos de sua tradição[30].

Na opinião de Scholem, os rabis do período talmúdico foram os primeiros a sentir-se incomodados com os antropomorfismos bíblicos e, por isso, trataram-nos como metáforas[31]. Eles exprimiram sua hos-

---

28. Molitor, *Philosophie der Geschichte*, II, p. 8.
29. "Die Mystische Gestalt der Gottheit in der Kabbala", *Eranos Jahrbuch* 29, 1961, pp. 141-143. Scholem apresenta duas concepções sobre os antropomorfismos bíblicos: o de Hermann Gunkel, em *Genesis, übersetzt und erklärt*, Göttingen, 1917, p. 112, em que a Bíblia é ingenuamente antropomórfica, e a de Benno Jacob, em *Das erste Buch der Tora, Genesis*, Berlim, 1934, p. 58, em que a Bíblia tem uma concepção puramente espiritual de Deus. Scholem argumenta que ambos os autores estão em parte certos, pois uma tensão irreflexiva permeia os materiais bíblicos.
30. "Das Ringen zwischen dem biblischen Gott und dem Gott Plotins in der alten Kabbala", *Grundbegriffe*, p. 10.
31. "Mystische Gestalt", p. 143.

tilidade para com o mito formulando uma teoria antimágica dos mandamentos legais. O judeu não age sobre o cosmo quando cumpre a Lei – cada preceito é antes um "rito de rememoração" mediante o qual o judeu evoca o evento histórico que estabeleceu a Lei: "o ritual do judaísmo rabínico não faz nada acontecer e nada *transforma*. Embora não seja destituída de sentimento, a rememoração carece do caráter passional da conjuração e, de fato, há algo de estranhamente sóbrio e seco nos ritos de rememoração pelos quais o judeu chama à mente sua identidade histórica singular"[32]. Como representantes do estágio "institucional" da religião judaica, os rabis estavam evidentemente preocupados em confirmar a existência de um abismo intransponível entre Deus e o homem em sua teoria da Lei: a revelação não podia ser recriada, de modo que a ação de cumprir os mandamentos tornou-se um ato de rememoração metafisicamente passivo.

Scholem indica que os rabis não estavam plenamente cônscios da natureza problemática de uma religião transcendente. Foi somente o encontro com a filosofia grega que introduziu as questões teológicas e o vocabulário filosófico que tornaram problemático o monoteísmo ingênuo e exigiriam ideologias religiosas para enfrentar essa nova crise da religião. A atração da filosofia grega residia em seus postulados monoteístas: ela podia fornecer um sofisticado vocabulário para cristalizar o sentido da transcendência divina, uma vez que já havia desenvolvido modelos filosóficos de um Deus transcendente. O Deus abstrato da filosofia grega era, entretanto, basicamente incompatível com o Deus pessoal da Bíblia, que havia criado o mundo por um ato de sua própria e livre vontade no tempo[33]. Em face do desafio intelectual das filosofias monoteístas gregas, as religiões monoteístas – judaísmo, cristianismo e Islã – viram-se obrigadas a adotar o vocabulário de seus oponentes pagãos a fim de defender a herança que pretendiam transmitir. O pensamento religioso na Idade Média precisou pôr empenho na tentativa de "preservar a pureza do conceito de Deus sem perda para a Sua realidade viva"[34].

Ao ver de Scholem, a filosofia medieval da religião falhou na sua busca dessa síntese. Maimônides, por exemplo, depurou a imagem de Deus de quaisquer atributos positivos com o fito de resguardar o conceito filosófico da unidade de Deus. A filosofia não conseguiu, do mesmo modo, lidar adequadamente com a *halakhá*. A explicação histórica maimonidiana para a origem dos mandamentos só podia corroer a convicção religiosa que havia motivado previamente os judeus a cumpri-los: "Para o filósofo, a *halakhá* ou não tinha nenhuma significação em geral, ou se tratava de algo destinado a diminuir mais do que

---

32. "Tradition and New Creation", *KS*, p. 121.
33. "Das Ringen" é o artigo central de Scholem no trato da questão; ver pp. 9-53.
34. "Kabbalah and Myth", *KS*, p. 89.

encarecer o prestígio dela a seus olhos"[35]. Os filósofos reduziam os "ritos de rememoração rabínicos" a práticas desprovidas de sentido. Assim, segundo Scholem, a filosofia propusera-se, em seu ponto de partida, a livrar o judaísmo de seus mitos residuais, e terminara por perder no caminho o Deus da Bíblia que havia revelado a sua lei no Sinai.

Dada a definição scholemiana do terceiro estádio da história de uma religião como a tentativa de recapturar a "realidade viva" de Deus, a filosofia não podia fazer parte da referida etapa na história do judaísmo. A bem dizer, a filosofia judaica constituía uma "ideologia do judaísmo" consciente de si mesma, mas ela podia apenas afirmar com clareza o fato da transcendência divina e, portanto, articular a crise da transcendência já implícita no período "clássico". A filosofia era antes o canto de cisne do segundo estágio. O malogro da filosofia representava a crise do judaísmo rabínico como um todo.

A mística devia constituir a verdadeira resposta à crise da religião: uma tentativa genuína de reconquistar a imediatidade de Deus, com plena consciência de sua transcendência. Veremos, entretanto, que a discussão levada a cabo por Scholem sobre a história do misticismo judeu não se conforma a uma periodização estritamente temporal. O segundo estádio começou talvez tão cedo quanto a época da Bíblia, e só assumiu uma articulação explícita na fase talmúdica, continuando, como judaísmo rabínico ortodoxo, até os dias de hoje. A mística, que Scholem denomina de grande "contra-ataque" diante do fracasso do judaísmo filosófico[36], emergira no início do período talmúdico e, de fato, se desenvolvera no interior do próprio judaísmo rabínico. Assim, a segunda e a terceira etapas são do ponto de vista cronológico equivalentes. Mais do que um período de leis e de racionalismo a preceder um de irracionalismo, essas forças opostas estavam inextrincavelmente entrelaçadas na história judaica. Para Scholem, o rabino e o místico nem sempre constituíam categorias mutuamente excludentes, visto que algumas das grandes autoridades legais também eram ao mesmo tempo místicos[37]. A história do irracionalismo judeu, tal como formulada por Scholem, não se encerra em si mesma, mas é antes uma história de uma constante interação com o judaísmo halákhico normativo. A periodização que ele faz da história judaica não é cronológica, porém conceitual, e está ligada à sua rejeição implícita de um progresso linear na história.

---

35. *MT*, pp. 28-29; cf. também "Kabbalah and Myth", *KS*, p. 95.
36. "Kabbalah and Myth", *KS*, p. 89.
37. Um bom exemplo é o codificador da lei judaica do século XVI, Iossef Karo. Ver: *Joseph Karo, Lawyer and Mystic*, de R. J. Z. Werblowsky, Londres, 1962.

O CONTRA-ATAQUE MÍSTICO

Os místicos não podiam retornar, pura e simplesmente, ao estágio mítico do judaísmo, porquanto estavam cônscios da transcendência de Deus. O misticismo precisava começar tomando como um fato a existência de um *deus absconditus* (Deus oculto) e harmonizá-lo com o Deus da Bíblia. A nova síntese mística não podia fazer ingenuamente ressurgir os mitos antropomórficos da Bíblia, que rabis e filósofos haviam desacreditado como metáforas. Daí por que os místicos sugeriram uma reinterpretação simbólica do texto bíblico: "as imagens míticas converteram-se em símbolos místicos"[38]. Scholem define, portanto, a mística como a reinterpretação simbólica do mito, e segue Walter Benjamin na distinção entre alegoria e símbolo. Uma alegoria filosófica consideraria uma expressão como "o braço de Deus" uma figura de linguagem, representando quiçá um conceito filosófico. Para o místico, "o braço de Deus" é um símbolo de uma realidade mais elevada, um efetivo braço de Deus, embora sem apresentar nenhuma medida comum com um braço humano. O místico crê na existência de uma esfera de "divina realidade" que, inexprimível em termos discursivos, só pode ser evocada simbolicamente. A reinterpretação simbólica dos antropomorfismos veio a ser necessária precisamente porque a filosofia esvaziara gradativamente as imagens bíblicas de qualquer referência ao divino[39].

A Cabala efetuou tal reinfusão de símbolos no judaísmo introduzindo a distinção entre exegese exotérica e esotérica da Bíblia[40]. A nova exegese punha o misticismo ao abrigo de acusações de inovação herética: os místicos clamavam reviver uma antiga tradição esotérica ao reinterpretar em termos simbólicos o texto exotérico da Bíblia. Por sua consciente pretensão de antiguidade na exegese, uma espécie de pseudepigrafia metafórica, a Cabala viu-se em condições de pôr o judeu de novo em contato com as fontes de sua religião.

Os cabalistas "concordavam" com os filósofos em que, em nível exotérico, a observância dos mandamentos era um rito de rememoração, uma representação passiva de um evento ocorrido num longínquo passado; mas adicionavam uma nova dimensão ao ritual, reexecutando simbolicamente o evento no ato de cumprir o mandamento. Uma tal reexecução simbólica restaurava o ativismo na Lei judaica: "Aqueles que cumprem uma *mitzvá* (mandamento) fazem sempre duas coisas. Representam em símbolo concreto sua essência transcendente, por cujo intermédio ele está enraizado e tem parte no inefável. Mas, ao mesmo tempo, transmitem a essa essência trans-

---

38. "Mystische Gestalt", p. 144.
39. *MT*, p. 208.
40. "The Meaning of the Torah in Jewish Mysticism", *KS*, pp. 50-62.

cendente um influxo de energia"[41]. Na Cabala, o símbolo ou mito é também um mecanismo pelo qual o homem sustenta o Divino e dele participa. A idéia cabalista de que os símbolos podem servir de meio de comunicação entre Deus e o homem restaurou no judeu o sentimento de sua participação ativa no seu próprio destino e no destino do cosmo.

Scholem acredita que a Cabala se desenvolveu em estreita competição com a filosofia medieval judaica. Ele afirma que, na famosa controvérsia maimonidiana do século XIII, o principal oponente da filosofia foi a Cabala e não o judaísmo rabínico-legalista da época. Alguns dos adversários mais encarniçados do Rambam, como Abraão ben David (Rabad) e Jonas de Gerona, figuravam entre os líderes do novo movimento cabalístico[42]. Rabad, por exemplo, é tido primordialmente como um crítico legalista de Maimônides, mas Scholem acredita que seu ataque a este último foi causado menos pelo desejo de defender a tradição normativa contra a subversão filosófica do que por um sentimento de competição intelectual: a disputa em torno das concepções maimonidianas travava-se entre filósofos e místicos. Os místicos julgavam estar de posse de uma genuína alternativa à filosofia e, embora assumissem a postura de defensores da tradição ortodoxa de ordem legal, defendiam na realidade sua reinterpretação simbólica.

Um exemplo interessante dessa reinterpretação foi a alegação cabalística de que os filósofos haviam "espiritualizado" o judaísmo tornando-o mais abstrato[43]. Os espiritualistas não eram os místicos, porém os filósofos. Ironicamente, os cabalistas concebiam sua exegese, com suas descrições corporais de Deus, como mais literais do que as interpretações alegóricas dos filósofos. Acreditavam que sua exegese mística revelava o verdadeiro significado interior da Bíblia, ao passo que os filósofos se haviam perdido em abstrações irrelevantes.

Scholem argumenta que, ao ser o monoteísmo submetido a uma excessiva abstração pela filosofia, o judaísmo não pôde mais satisfazer as necessidades psicológicas do povo judeu. Ele nota que, para Hermann Cohen, "o mal é inexistente, [...] o poder do mal só existe no mito"[44]. A posição de Cohen sugeriu a Scholem a idéia da falência psicológica da filosofia racionalista. Precisamente porque a filosofia ignorava o problema do mal e o considerava um mito "ilusório", os filósofos perderam contato com "os impulsos operativos elementares

---

41. "Tradition and New Creation", *KS*, p. 124. Para uma abordagem similar na história das religiões, ver Mircea Eliade, *Myth and Reality*, New York, 1963 (trad. bras., *Mito e Realidade*, Perspectiva, 1972).
42. *Ursprung und Anfange*, pp. 358 ss. Sobre o Rabad, ver I. Twersky, *Rabad of Posquieres*, Cambridge, 1962. Contra Scholem, Twersky de uma forma implícita desenfatiza a centralidade da nova Cabala no pensamento do Rabad.
43. *Ursprung und Anfange*, p. 361.
44. Cohen, *Ethik des reinen Willens*, p. 452, citado em *MT*, p. 36.

em cada mente humana"[45]. Por incluir o mito, que expressava o "lado primitivo da vida", a mística estava em condições de responder às preocupações do homem comum.

Scholem parece concordar com os cabalistas e considerar que o mal não é a mera ausência do bem, mas existe por direito próprio. Sua atitude emerge na carta a Hannah Arendt em que critica o livro dela, *Eichmann em Jerusalém*[46]. Ele diz não ter se impressionado com a tese de Arendt sobre a "banalidade do mal" e pergunta o que terá acontecido com a noção do "mal radical" desenvolvida por ela anteriormente, em *A Origem do Totalitarismo*. Se o mal é inexistente, poder-se-ia interpretá-lo como banal, mas Scholem está persuadido de que o mal é a um só tempo radical e demoníaco e deve ser, pois, enfrentado abertamente como tal.

Como os filósofos medievais, os místicos também eram "aristocratas do espírito", elitistas que acreditavam no caráter esotérico ou "profissional" de seu conhecimento. Mas, enquanto os filósofos isolavam deliberadamente suas doutrinas, os místicos julgavam que as massas participavam dos atos místicos, mesmo se estes eram compreensíveis tão-somente aos iniciados. Scholem salienta a natureza paradoxal do envolvimento místico na sociedade. O místico, em sua tentativa de penetrar nos segredos mais íntimos do cosmo, também proclama suas profundas preocupações sociais e psicológicas com o homem em sociedade: "Pelo puro paradoxo mesmo de sua pretensão, o místico nunca deixou de agitar a sociedade em suas profundezas. [...] Quem fez mais para criar movimento histórico do que aqueles que procuram e proclamam o imutável?"[47] O místico, segundo Scholem, encontra-se na vanguarda da mudança histórica, pois o presumido impacto de sua atividade espiritual não está confinado a uma pequena seita. Daí o paradoxo da influência histórica do misticismo ser que, embora se trate de uma doutrina esotérica, ele exprime as verdadeiras aspirações psicológicas do povo.

Scholem tenta demonstrar esse argumento, em sua história da Cabala, mostrando como o misticismo judeu permaneceu uma disciplina exclusiva e de elite, entre os séculos XIII e XV, quando desenvolveu suas doutrinas "clássicas". Essa existência "subterrânea" fazia-se necessária, entretanto, a fim de preparar o terreno para a emergência da Cabala, reinterpretada por Isaac Luria, no século XVI, como a teologia central do judaísmo após a expulsão dos judeus da Espanha. A Cabala luriânica tornou-se a causa principal do movimento messiânico sabataísta no século XVII:

---

45. *MT*, p. 35: "*Sitra Ahrá* – O Bem e o Mal na Cabala" (trad. hebraica), em *Pirkei Yisod be-Havanat ha-Kabbala u-Smoleha*, pp. 187-213.

46. Carta publicada pela primeira vez em *Encounter* 22, 1964, pp. 51-53, e republicada em *JJC*, pp. 300-306.

47. "Misticismo e Sociedade", *Diogenes*, p. 24.

Se houve um fator subjacente à manifesta unidade do movimento sabataísta em toda parte, então esse fator foi essencialmente religioso em seu caráter e, como tal, obedecia às suas próprias leis autônomas. [...] Incidindo na situação social, o fator religioso incitou os vários grupos, as classes dirigentes em particular, a aderir ao movimento messiânico. [...] [Esse fator religioso] não foi nenhum outro senão a Cabala de Luria[48].

Uma pequena seita de intelectuais, aparentemente isolada da corrente principal da vida judaica, formulou uma doutrina esotérica que preparou o terreno ao movimento messiânico de massa do século XVII. A religião, e de um modo mais específico a mística, mais do que os fatores sociais ou econômicos, foi a causa principal do sabataísmo. O místico, normalmente considerado uma criatura quietista e absorta em si própria, tornou-se uma força dinâmica e revolucionária na história judaica.

Para Scholem, o misticismo judeu oferece uma solução convincente aos problemas religiosos e filosóficos de um credo monoteísta afligido por um crescente senso da transcendência de Deus. Os místicos não negavam a filosofia completamente, como Graetz sugerira. Eles traduziram a filosofia para o seu próprio sistema, um processo que Scholem denomina "filosofização da Cabala"[49]. O sucesso da Cabala teve muito a ver com sua capacidade em apropriar-se de conceitos filosóficos, em transformá-los em símbolos místicos, e depois resolver problemas filosóficos como a *creatio ex nihilo* (criação a partir do nada), diante dos quais a filosofia malograra. Os cabalistas acreditavam amiúde que suas reinterpretações apresentavam de maneira mais clara aquilo que os filósofos estavam tentando dizer[50]. Alguns cabalistas, por exemplo, deram uma interpretação mística ao *Guia dos Perplexos*, do Rambam, e o próprio Moisés de Leon era originalmente um maimonidiano que, de forma gradativa, passara da filosofia à Cabala. Scholem está interessado em mostrar que as linhas de demarcação entre filosofia e Cabala nem sempre foram claras, embora a história da Cabala não deva jamais ser subordinada à história da filosofia, como Neumark erroneamente pensava. O tratamento filosófico dispensado por Scholem aos textos cabalísticos sugere sua crença de que a Cabala oferecia respostas a problemas filosóficos, que deveriam ser de interesse para os filósofos. A descrição filosoficamente informada que ele deu de textos assistemáticos e muitas vezes mitológicos constitui uma evidência poderosa de sua tentativa de tornar a Cabala respeitável do ponto de vista intelectual.

48. *SS*, p. 7.
49. "Capítulos da História da Literatura Cabalística" (hebraico), *Kiryat Sefer* 4, 1928, p. 286.
50. *Ursprung und Anfange*, p. 373.

Estamos agora melhor armados para compreender a posição de Scholem no debate entre a "ciência do judaísmo" e a revisão nacionalista a respeito do foco próprio para a historiografia judaica. Historiadores, como Graetz, viam a história judaica primordialmente como *Geistesgeschichte* (História do Espírito); nacionalistas, a começar por Dubnov, voltaram sua atenção para os movimentos sociais. Scholem rejeita a ênfase posta pelo século XIX na história intelectual, na medida em que esta enfocava primordialmente o racionalismo, pois sustentava que a filosofia não soubera manter-se em contato com o coração palpitante da nação. Mas ele não adota uma abordagem sociológica – até na discussão acerca dos próprios cabalistas, mal chega a tratar de sua vida social. A história scholemiana do misticismo judeu é em si mesma *Geistgeschichte*: a história das doutrinas e das especulações teológicas de um pequeno grupo da *intelligentsia*. E, embora seja a história das doutrinas esotéricas, ela pretende ter relevância social, dado o fato de ser uma descrição dos verdadeiros mas inarticulados anseios do povo e a causa oculta de históricos movimentos de massa. Scholem supõe que sua *Geistgeschichte* tenha importância como história social precisamente porque não concentra o enfoque no racionalismo: a reinterpretação cabalística do mito primitivo proporcionou ao misticismo judaico a sua ressonância e vitalidade sociais.

O papel desempenhado pela mística no rejuvenescimento do judaísmo rabínico sugere, uma vez mais, a definição scholemiana da "essência" do judaísmo. Contrário à idéia de um judaísmo exclusivamente jurídico ou filosófico, Scholem demonstrou a importância do irracionalismo no âmbito da tradição. Uma tradição normativa não tem necessidade de ser monolítica, pois a essência do judaísmo é um pluralismo vital em que figuram ao mesmo tempo a Lei e a mística, a filosofia racional e o mito irracional.

3. Mito

Scholem sugere que a força vital do misticismo judeu brotava de sua disposição para apropriar-se de símbolos mitológicos:

> A teologia judaica oficial, tanto medieval quanto moderna, por meio de representantes como Saádia, Maimônides e Hermann Cohen, assumiu a tarefa de formular uma antítese ao panteísmo e à teologia mítica, isto é, de provar sua incorreção. O que se faz realmente mister, porém, é uma compreensão desses fenômenos que, no entanto, não se afaste do monoteísmo; e uma vez apreendida a sua significação, aquele ilusivo algo neles contido, que possa ser de algum valor, deve ser claramente definido. Ter colocado esse problema é o feito histórico do cabalismo[1].

Enfrentando e assimilando mais do que rejeitando o mito, o misticismo tornou-se capaz de expandir a definição do monoteísmo em direções produtivas.

Essa declaração também revela alguma coisa do programa do próprio Scholem. A teologia racional do Medievo procurou tanto quanto possível desmitologizar o monoteísmo, e os teólogos e historiadores do século XIX, aqui exemplificados por Hermann Cohen, refundiram os argumentos medievais em termos modernos. A asserção scholemiana segundo a qual o judaísmo não é inimigo de todo e qualquer mito inscreve-se na tradição cabalística de postular um "mito monoteísta". Scholem dá a entender que, assim como os cabalistas alargaram o conceito filosófico de monoteísmo para incluir nele o mito, ele também

---

1. *MT*, p. 38.

ampliaria a definição de judaísmo em vigor no século XIX a fim de incluir aí o irracionalismo e o mito.

Scholem identifica o mito adotado pela Cabala como uma forma de gnose e encara a história da mística judaica como um ressurgimento subterrâneo do gnosticismo da Idade Média. Sua descoberta da gnose, um mito dualista potencialmente herético, no coração do monoteísmo judeu mostra quão ampla é a sua definição do judaísmo. O gnosticismo foi um movimento religioso da Antigüidade tardia. A crise do helenismo filosófico durante esse período produziu um ressurgimento da religiosidade na área do Mediterrâneo, e o gnosticismo tornou-se um dos mais importantes desses movimentos religiosos, tanto nos meios pagãos quanto nos cristãos. Os gnósticos propunham uma teologia dualista em que o Deus criador era mau e o Deus oculto, bom. Ainda que exprimissem suas crenças em imagens mitológicas, respondiam conscientemente a questões filosóficas. O gnosticismo adequava-se, portanto, aos critérios de Scholem com respeito a um mito filosófico consciente.

Scholem não equipara toda a mística judaica ao gnosticismo, mas vê antes na apropriação judia desta última o elemento mais vital da Cabala. As idéias potencialmente mais heréticas constituíram a força criadora do misticismo judeu desde o início. Como havemos de ver, Scholem sustenta que, num movimento tão tardio quanto o do hassidismo do século XVII, elementos gnósticos continuaram a desempenhar um papel significativo.

O uso que Scholem faz da gnose como o mito unificador de sua história da mística judaica, suscita algumas questões interessantes. Sendo a gnose um conceito ambíguo e controvertido, Scholem é obrigado a correr o perigo de definir a Cabala por um termo que é, ele mesmo, pouco claro. Raramente se compromete com uma definição do gnosticismo e, amiúde, muda o significado dessa noção para adaptá-la às diferentes questões da Cabala. Embora tal procedimento não seja de maneira alguma ilegítimo, dado o caráter heterogêneo do gnosticismo, surge a questão de saber o que exatamente Scholem entende por isso. Ele emprega o adjetivo "gnóstico" para referir-se a movimentos judaicos da Idade Média, muito depois do período histórico da Antigüidade tardia, quando o gnosticismo floresceu como um movimento reconhecível. Mais uma vez, esse procedimento pode ser justificado, mas levanta vários problemas: houve uma real conexão histórica entre o "gnosticismo" cabalístico medieval e o gnosticismo histórico da Antigüidade tardia, ou será a gnose um tipo de mito que ressurge de modo espontâneo? Será o gnosticismo uma "estrutura de pensamento" pela qual os homens respondem a certos tipos de crise no racionalismo religioso? E finalmente, Scholem qualifica os gnósticos judeus de "ortodoxos"[2]. Ora, uma vez que o gnosticismo, mesmo em sua manifes-

---

2. *Die Geheimnisse der Schöpfung*, p. 24.

tação egípcia, a menos radical, era uma doutrina dualista e, portanto, uma ameaça ao monoteísmo judeu, como pôde tornar-se ortodoxo? Como poderia um mito herético salvar o monoteísmo?

O GNOSTICISMO JUDEU NA ANTIGÜIDADE TARDIA

A história scholemiana do "mito monoteísta" começa no fim da Antigüidade, quando o gnosticismo florescia. Os eruditos judeus do século XIX, seguindo Graetz, argumentavam em geral que o gnosticismo era uma heresia cristã contra a qual o judaísmo, como o cristianismo ortodoxo, devia defender-se. Graetz interpretou certas especulações talmúdicas sobre a *Merkabá* (carro celeste) como alegorias de especulações gnósticas combatidas com êxito pelos rabis. Ele datava esse gnosticismo judeu herético do começo do século II, mas nunca sugeriu a possibilidade de existência de um gnosticismo judeu "ortodoxo" ou de uma proveniência judaica de certas idéias gnósticas. O gnosticismo era uma filosofia estrangeira – tentara infiltrar-se no judaísmo, mas fora decisivamente derrotado[3].

A historiografia do século XIX considerava geralmente que a literatura mística extratalmúdica – como os hinos das *Hekhalot* (Palácios Celestes) e o *Shiur Komá* (Medida do Corpo), que descrevem com grande luxo de pormenor a anatomia física de Deus – datava do começo do período islâmico. Ao atribuir esses textos antropomórficos e místicos, altamente embaraçosos, a uma época seguramente posterior ao término do Talmud, eles podiam retratar o judaísmo rabínico como puro e incorrupto. O misticismo era uma reação ulterior ao racionalismo islâmico e um sinal de degenerescência após o período glorioso do Talmud.

Scholem argumenta, contra tais pontos de vista, que um movimento místico de grande amplitude existia precisamente ao mesmo tempo em que os rabis estavam formulando os textos jurídicos clássicos, e que os materiais previamente datados dos séculos VII ou VIII foram compostos de fato por judeus ortodoxos dos séculos II ou III[4]. Além

---

3. *Gnosticismus und Judenthum*, esp. pp. 14, 30, 55. Graetz interpretou a legenda do *pardes* (*Hagigá* 14b) como uma alegoria gnóstica. Rabi Akiva, que foi o único dos quatro rabis a sobreviver ao namoro com o gnosticismo, conseguiu travar uma bem-sucedida defesa do judaísmo precisamente por causa de sua familiaridade com o gnosticismo. Sua defesa foi o *Sefer Ietzirá*, que Graetz datava do segundo século, com o argumento de que se tratava de uma polêmica filosófica contra o gnosticismo (*ibidem*, pp. 83 ss). Mais tarde, o historiador mudou a datação desse texto, que havia de tornar-se obra seminal da mística judaica, situando-a nos tempos gaônicos por motivos lingüísticos, mas ainda assim mantendo a sua interpretação original sobre o seu caráter filosófico. Ver *Geschichte der Juden*, 4ª ed., V, p. 297n.

4. Em *MT*, pp. 40 ss, Scholem afirma que a literatura *das Hekhalot* datava do século IV ou V, mas no *Jewish Gnosticism* ele declara não ter sido "bastante radical"

disso, ele sugere que essa mística era primordialmente de natureza gnóstica e que o gnosticismo judeu constituía um movimento anterior ao gnosticismo cristão e independente dele.

Scholem retoma a tese de Graetz segundo a qual as legendas da *Merkabá* eram gnósticas, porém rejeita a sua interpretação alegórica. Tais textos constituíam descrições literais da viagem da alma aos céus mais do que metáforas de especulações teóricas acerca do conhecimento esotérico. A definição do gnosticismo para esse argumento é tirada por Scholem de F. W. H. Anz, que descreve a gnose como o ascenso da alma no retorno, a partir da terra estranha, para sua casa na *pleroma* (plenitude) da glória de Deus[5]. Os gnósticos judeus, sugere Scholem, identificavam a visão bíblica do trono de Deus com esse *pleroma* gnóstico, mas traduziam a terminologia dualista da gnose em imagens bíblicas que podiam ser harmonizadas com o monoteísmo.

Essa transformação de um mito herético em monoteísmo ortodoxo torna-se visível na análise scholemiana do *Shiur Komá*[6]. Quase todos os pesquisadores no século XIX atribuíam o texto ao início do período islâmico, mas Scholem, em conformidade com sua crença num movimento místico no século II, infere de uma passagem em Orígines que o *Shiur Komá* deve datar desse período anterior. No começo do século III, Orígines escreveu que os judeus impunham restrições ao estudo de certos textos bíblicos, inclusive o Cântico dos Cânticos. Scholem pretende que todos esses "livros proibidos" eram objetos de exegese esotérica e que o Cântico dos Cânticos, em particular, era interpretado, já no século II, como uma alegoria do corpo de Deus. A interpretação mística do Cântico dos Cânticos devia ter servido de base para textos como o *Shiur Komá*. A observação de Orígines referir-se-ia ao *Shiur Komá* ou a especulações de tipo similar, os quais faziam parte do misticismo do século II.

Scholem sustenta que o *Shiur Komá* foi, na realidade, uma tentativa dos místicos para "monoteizar" temas antropomórficos da gnose[7]. O texto refere-se a Deus como *iotzer bereschit* (criador do mundo), o

---

e empurra a data para bem mais cedo (ver pp. 8 ss). E. E. Urbach publicou a principal crítica à datação das místicas propostas anteriormente por Scholem no próprio *Festschrift* deste: "As Tradições Concernentes à Doutrina Mística no Período dos Tanaim" (hebraico), em *Sefer ha-Iovel le Khvod Gershom Scholem*, Jerusalém, 1968, pp. 1-29.

5. *MT*, p. 49. Ver Anz, *Zur Frage nach dem Ursprung des Gnostizismus*, Leipzig, 1897, pp. 55-56: "Eine Prüfung der Nachrichten und Quellen, die uns über den Gnostizismus zu Gebote stehen, hat uns die weite Verbreitung der Lehre vom Aufsteig der Seelen gezeigt... Und so hat sie sich uns in der That als die gesuchte 'Zentrallehre' herausgestellt". Para Scholem sobre Anz, ver também "Zur Frage nach dem Entstehung der Kabbala", *Korrespondenzblatt* 9, 1928, p. 8, e *Ursprung und Anfänge*, p. 18.

6. *Jewish Gnosticism*, pp. 36-43.

7. *MT*, p. 65.

que parece ser uma clara alusão ao dualismo gnóstico entre um bom Deus oculto e um mau Deus criador. O autor desarmou a potencial heresia harmonizando os "Deuses" oculto e manifesto. Ele distinguiu entre substância e aparência de Deus: a divindade oculta (substância essencial de Deus) não pode ser descrita, mas a sua "glória" corporal pode. O *Shiur Komá* descrevia, pois, as características manifestas de Deus sem invadir a sua essência escondida. Esse tema haveria de desempenhar importante papel na Cabala dos séculos XII e XIII. A reinterpretação ortodoxa do dualismo gnóstico assegurou a unidade e inefabilidade de Deus ao mesmo tempo em que empregava imagens antropomórficas. O desafio gnóstico foi enfrentado pela transformação do mito em monoteísmo e do monoteísmo em mito.

Em sua discussão do *Shiur Komá*, Scholem mostra que um gnosticismo judaico existiu antes do gnosticismo cristão que emergiu nos séculos II e III. Ele inverte a suposição usual, de que os judeus teriam emprestado o gnosticismo de heréticos cristãos. Muito ao contrário, foram os judeus que forneceram aos cristãos o material básico do gnosticismo. Com essa tese radical, Scholem em parte ressuscita a teoria de Moritz Friedländer, A. Büchler e outros partidários de um gnosticismo pré-cristão[8]. Em seu ensaio sobre *Der vorchristliche jüdische Gnostizismus* (O Gnosticismo Judaico Pré-cristão, 1898), Friedländer sustenta que o gnosticismo judaico já existia no século I, em Alexandria, e que por volta do século II o termo hebraico *min* (herético) significava gnóstico. Scholem aceita a hipótese da existência de um gnosticismo judaico herético que teria adotado tradições herméticas dos gregos no Egito, embora não apresente, ele próprio, nenhuma prova dessa asserção. O ponto crucial de seu argumento é que alguns membros da referida escola herética devem ter combinado forças com os místicos da *Merkabá* para formar os grupos gnósticos que escreveram o *Shiur Komá*[9]. Esses novos grupos permaneceram, no entanto, ortodoxos, uma vez que o misticismo deles remanescia dentro dos limites da Lei judaica e que eles queriam preservar o monoteísmo, ainda que ousadamente empregassem a imageria mítica. Segundo Scholem, portanto, a história inicial do gnosticismo judeu, como de fato a da Cabala enquanto um todo, era parte da dialética interna da história judaica mais do que uma resposta ao gnosticismo cristão ou pagão.

---

8. *Jewish Gnosticism*, pp. 3 e 9. Ver também *MT*, p. 359, em que Scholem menciona Friedländer, *Blicke in die Religionsgeschichte*, 1880, de M. Joel, e os ensaios de A. Büchler em *Judaica* (*Festschrift für Hermann Cohen*, 1912) e em *MGWJ* 76, 1932, pp. 412-456. A tese de que o gnosticismo judeu constituiu uma fonte do gnosticismo cristão foi elaborada por Eric Peterson, em *Zeitschrift für Neutestamentliche Wissenschaft* 27, 1928, pp. 90-91, e mais recentemente por G. Quispel, "Der gnostiche Anthropos und die jüdische Tradition", *Eranos Jahrbuch* 22, 1953, pp. 194-234.

9. *MT*, p. 65, e *Jewish Gnosticism*, pp. 10-12.

Por essa datação precoce dos textos gnósticos, Scholem sugere que um movimento místico de maiores proporções floresceu precisamente na época em que, na Palestina, os rabis gozavam de seu máximo poder. O fato de as legendas da *Merkabá* serem incluídas no Talmud e atribuídas a bem conhecidas autoridades legais indica que, mesmo se tais vultos não eram eles próprios místicos, o misticismo dispunha de um lugar legítimo como disciplina esotérica nos círculos intelectuais judaicos e constituía uma atividade respeitada entre os sábios legisladores. O terceiro período místico da religião judaica começou no tempo em que o segundo período, "clássico", alcançou seu clímax. De fato, os dois períodos não podem ser cronologicamente separados, na medida em que o mundo rabínico tolerava quer o legalismo quer o misticismo.

A tese de Scholem acerca de uma mística judaica antiga que pode ter exercido real influência sobre o cristianismo foi retomada, com renovada ênfase, por Erwin Goodenough em seu monumental tratado sobre os símbolos judeus no período greco-romano – *Jewish Symbols in the Greco-Roman Period*. Embora esse autor não haja sido o único a sugerir a possibilidade de uma fonte judaica para o misticismo cristão primitivo, o fato de ele fiar-se em Scholem é aclarador[10]. Goodenough argumenta que a noção de um judaísmo legal normativo na Antigüidade tardia é uma distorção perpetrada por rabinos medievais e pesquisadores modernos: o judaísmo na época greco-romana era na realidade muito mais pluralista. Seus estudos sobre Filo e a arte judaica do período levam-no a divisar um misticismo judaico nutrido por fontes helenísticas, que teria existido inteiramente à parte do judaísmo rabínico, e que foi suprimido somente após um longo combate. Goodenough cita explicitamente a obra de Scholem como prova a favor de sua própria suposição de que o judaísmo sempre consistiu da "tensão entre os dois tipos de experiência religiosa em toda a parte, a religião da via vertical pela qual o homem ascende até Deus [...] contraposta à religião legal em que o homem trilha um caminho horizontal através deste mundo"[11]. Ainda que Scholem não recorra a Filo a fim de obter apoio para a existência de uma mística judaica antiga, o sentido de seu argumento parece basicamente similar ao de Goodenough. Entretanto, enquanto este divisa no judaísmo místico uma corrente separada na história ju-

---

10. *Jewish Symbols in the Greco-Roman Period*, New York, 1953, I; o cap. 1 é o mais conciso enunciado da posição de Goodenough. Para as suas referências a Scholem, ver 8 e 19. O argumento de Goodenough é em essência um ataque à definição de judaísmo normativo por G. F. Moore. As melhores críticas a Goodenough são de M. Avi-Yonah, em *The Dura-Europos Synagogue: A Re-evaluation (1932-1972)*, Missoula, 1973, pp. 117-136, e E. Bickerman, "Symbolism in the Dura Synagogue", *Harvard Theological Review 58*, 1956, pp. 127-151.

11. *Jewish Symbols*, I, pp. 19-20.

daica, Scholem toma o cuidado de salientar que a mística floresceu no próprio seio do judaísmo rabínico legal. Goodenough, cujo conhecimento das fontes rabínicas era indireto, transviou-se caindo numa variante da argumentação cristã contra a vitalidade do judaísmo legal. Embora Scholem veja no misticismo uma força vital da história judaica, ele não nega a vitalidade da Lei, porquanto o judaísmo "normativo" consistia tanto de *Halakhá* quanto de *Kabalá*.

Após o período talmúdico, o misticismo rabínico sofreu um declínio em sua originalidade. Os elementos mágicos presentes em grande parte da literatura da *Merkabá* desapareceram e "esse momento representa realmente o fim do movimento como força viva; daí por diante ele degenerou em mera literatura"[12]. O subseqüente estágio de importância maior, na história da mística judaica tal como exposta por Scholem, não começa antes do fim do século XII e então não no Oriente, porém na Alemanha, no Sul da França e na Espanha. O renascimento do misticismo nessa época engendrou um movimento que tomou o nome de *Kabalá* (tradição). Hoje em dia, usamos o termo para designar toda a história da mística judaica, mas, em termos históricos e técnicos, ele realmente se aplica apenas ao misticismo judeu a partir do final do século XII e início do século XIII.

A súbita eclosão de um prolífico movimento místico quase ao mesmo tempo num certo número de comunidades na Europa já havia intrigado os historiadores do século XIX, como Graetz. Vimos que este último tentou explicar a nova Cabala como uma defesa obscurantista da tradição contra a filosofia, ao passo que David Neumark a considerava um produto do desenvolvimento dialético interno da filosofia judaica. Nenhum dos dois dispunha-se a outorgar à Cabala uma história própria, específica, e uma etiologia interna. Scholem propôs justamente uma tal solução: a Cabala do século XIII foi produto de uma tradição subterrânea da gnose judaica encetada na Antigüidade tardia.

Essa convicção remonta ao próprio início da carreira de Scholem. Excetuando-se a sua reversão quanto à datação do *Zohar*, ele assumiu desde os seus primeiros escritos a posição radical expressa em sua carta a Bialik, e a manteve durante toda a sua vida. Sua carreira intelectual pode ser vista como um esforço constante para consubstanciar certas intuições extraordinárias que ele tivera quando ainda estudante.

A escolha de seu tema de tese, o *Sefer há-Bahir* (O Livro da Claridade), indicava a direção que a interpretação de Scholem havia de tomar. Contra Adolf Jellinek, que sustentava que o *Bahir* fora escrito por Isaac, o Cego, no princípio do século XIII, Scholem sugeria que as fontes do *Bahir* eram textos midráshicos bem mais antigos[13]. Embora

---

12. *MT*, p. 51.
13. *Das Buch Bahir*, pp. 1-2. Ver Adolph Jellinek, *Auswahl Kabbalistischer Mystik*, Leipzig, 1853, p. 14.

não afirmasse explicitamente, em sua edição crítica do *Bahir*, que tais fontes derivavam do gnosticismo, já em 1928 tornara central na sua tese o caráter gnóstico do livro[14]. O termo *mal'ē*, por exemplo, que figura no *Bahir* (§ 5), era o equivalente hebraico do *pleroma* gnóstico. A árvore cósmica, representando as sete *sefirot* inferiores, também era uma metáfora gnóstica. Mais ainda, a imageria sefirótica, em forma de meros numerais no antigo *Sefer Ietzirá* e transformada no *Bahir* em hipostasiações dos atributos de Deus, era idêntica ao conceito gnóstico dos éons do Deus oculto. A reinterpretação gnóstica das *sefirot* como atributos de Deus distinguia a Cabala medieval de todo o misticismo judeu anterior e tornou-se a marca de toda a futura teosofia cabalística. Por ser a primeira obra a introduzir essa noção entre os místicos da Provença, o *Bahir* constituiu-se no livro seminal da nova Cabala e na ponte mais importante entre a velha e a nova mística.

Ao argumentar contra a datação tardia do *Sefer há-Bahir*, Scholem procurava estabelecer o enigmático texto como elo de ligação entre o gnosticismo judeu antigo e a Cabala medieval. Uma tradição cabalística da metade do século XIII indicava que o *Bahir* fora transportado do Oriente, via *Hassidim* da Renânia, para a Provença[15]. Scholem pensa que um certo Aarão de Bagdá trouxera, durante o período gaônico, vários textos gnósticos e da *Merkabá*, inclusive talvez escritos do *Bahir*, do Leste para a Itália, de onde a família dos Kalonímidas os levou para a Alemanha, no século IX. Na Alemanha, esses velhos manuscritos formaram a base dos elementos gnósticos no hassidismo asquenazita[16]. Da Alemanha, os textos foram conduzidos para a Provença, onde alguns teriam sido redigidos como o *Sefer há-Bahir*. Não é sem interesse notar que esta teoria está próxima da descrição feita por Krochmal acerca do modo como a teosofia das *sefirot*, desenvolvida inicialmente por cabalistas na Babilônia, veio a ser transferida para oeste, pela Itália, até a Espanha em diversos "rolos e pequenos panfletos" (*megilot v'kuntresim ketanim*)[17].

A intrigante teoria de Scholem estava incompleta, na falta de alguma prova da existência desses textos subterrâneos. Ele descobriu esse liame faltante num comentário do século XII ao *Shiur Komá*, que citava uma obra denominada *Sod há-Gadol* (Grande Mistério), com passagens que correspondiam ao *Bahir*. Scholem identificou esse escrito desconhecido como sendo um texto mágico e de mistérios intitulado *Raza Raba* (em aramaico, Grande Mistério) mencionado pelo caraíta do

---

14. "Zur Frage der Entstehung der Kabbala", p. 14. Ver também *Ursprung und Anfänge*, pp. 60 ss.

15. "Zur Frage der Entstehung der Kabbala", p. 15; *MT*, p. 84.

16. *MT*, p. 84. Para um ataque implícito ao ponto de vista de Scholem sobre a centralidade de uma aristocracia mística na Renânia, ver Haym Soloveitchik, "Three Themes in Sefer Hasidim", *AJS Review* 1, 1976, pp. 311-359.

17. *Moré Nevukhe ha-Zeman*, p. 258.

século IX, Al Kunisi[18]. O *Raza Raba* devia, por conseguinte, ter sido a fonte do *Bahir* e o fato de ser anterior ao século IX provava a antigüidade das tradições do *Bahir*.

A nova Cabala não era portanto nem o resultado de causas econômicas e sociais, nem uma reação contra a filosofia, mas antes um movimento religioso independente, catalisado em parte pelo impacto das idéias gnósticas reunidas no *Sefer há-Bahir*. A ênfase de Scholem na enorme influência dos textos escritos para a formação de movimentos religiosos lembra seu desacordo teórico com Buber sobre se as fontes mais confiáveis no tocante ao hassidismo eram suas tradições escritas ou orais.

A CABALA E AS QUESTÕES FILOSÓFICAS

Sugeri no primeiro capítulo que os pesquisadores do século XIX, em particular Neander e Krochmal, haviam notado os paralelos entre a gnose e a Cabala e acreditavam até que a Cabala podia ter servido de base para o gnosticismo. Krochmal assinalou as surpreendentes semelhanças entre os dois movimentos em suas doutrinas do Deus oculto e da hipostasiação dos atributos divinos. Ele sustentava que o elemento gnóstico continuara a exercer influência ao longo de toda a história da Cabala e, por fim, explodira em heresia sob a forma do sabataísmo do século XVII. A seu ver, tanto a Cabala quanto o gnosticismo constituíam modalidades de filosofia permeadas pelo mito. Todos esses argumentos lançaram os fundamentos da descrição scholemiana da mística judaica como uma síntese de gnose e filosofia, embora nunca mencione de modo explícito as similitudes dos pontos de vista de Krochmal e os seus.

Scholem crê que a mais produtiva interação entre a Cabala gnóstica do século XIII e a filosofia medieval judaica resultou da exposição de ambas ao neoplatonismo[19]. A Cabala gnóstica, representada pelo *Bahir*, foi antes uma coleção variegada de imagens simbólicas, potente em seu impacto evocativo, mas limitada na sofisticação conceitual. A Cabala emergiu de seu "subterrâneo" gnóstico e tornou-se um coerente movimento religioso precisamente quando começou a apropriar-se da filosofia medieval e sistematizar sua imageria simbólica[20]. De neoplatônicos judeus como Abraão bar Hiyya, Abraão ibn Ezra e, de maneira menos direta, Schlomo ibn Gabirol, os cabalistas puderem em-

---

18. *Ursprung und Anfänge*, pp. 94 ss; *MT*, p. 75.
19. Sobre o surgimento do neoplatonismo judaico, ver Guttmann, *Philosophies of Judaism*, pp. 95-152 (trad. bras., *A Filosofia do Judaísmo*, Perspectiva 2003.)
20. "Zur Frage der Entstehung der Kabbala", p. 25; *MT*, pp. 217-218; e "Gott Plotins", em *Grundbegriffe*.

prestar a terminologia neoplatônica[21]. Embora Scholem distinga duas tendências na Cabala medieval – a "gnóstica", representada pelo *Zohar*, e a "filosófica", representada por Azriel de Gerona – as diferenças entre as duas tinham mais a ver com o estilo do que com questões de fundo. Uma fiava-se mais nos símbolos míticos, enquanto a outra se empenhava sobretudo em especulações discursivas, mas ambas lutavam com questões conceituais similares, principalmente as que envolviam o problema da criação do mundo.

Para os neoplatônicos, que enfatizavam o caráter absolutamente abstrato do Um, o mundo é emanado em processo incessante por meio de uma série de emanações secundárias ou de níveis intermediários[22]. Os místicos do século XIII sentiam-se particularmente atraídos por essa doutrina, uma vez que ela podia ser "cabalizada" pela reinterpretação das emanações como *sefirot*. Scholem mostra que tal procedimento reinterpretativo constituía na realidade uma interpretação errônea porque as *sefirot* no *Zohar*, por exemplo, eram hipostasiações dos atributos divinos e representavam, por conseqüência, um movimento interior mais do que exterior a Deus, como era o caso dos níveis intermédios neoplatônicos. Alguns pesquisadores racionalistas, como David Heymann Joel, entenderam as *sefirot* como externas a Deus, solucionando assim o problema de Sua unidade, porquanto se as *sefirot* fossem efetivamente partes do Ser Divino. Ele devia estar fragmentado em certo número de porções[23]. Scholem refuta essa tentativa do século XIX de harmonizar a Cabala com a filosofia neoplatônica, argumentando que os cabalistas não temiam enfrentar certos problemas filosóficos e responder a eles com paradoxos potencialmente heréticos. O problema da filosofia emanacionista é sua incapacidade de explicar por que o Um indiferenciado haveria de querer diferenciar-se e, desse modo, criar o mundo diversificado. A errônea interpretação cabalística do neoplatonismo era fecunda porque abria a possibilidade de diferenciação no seio do próprio divino, indicando assim uma solução ao problema filosófico. Ao jogar com formulações heréticas, a Cabala negava a filosofia, mas também resolvia questões filosóficas.

---

21. "Reste neuplatonischer Spekulation in der Mystik der deutschen Chassidim", *MGWJ* 75, 1931, pp. 172-191, e *MT*, p. 86. Ver também "Pegadas de Gabirol na Cabala" (hebraico), *Me'asef Sofre Eretz Yisrael*, 1940, pp. 160-179. Scholem argumenta contra Klausner que ibn Gabirol não exerceu influência direta sobre a história da Cabala. Algo de sua terminologia pode ter entrado na escola de Gerona por intermediários, como o neoplatônico Abraão ibn Ezra. Os cabalistas de Gerona deram uma nova interpretação às idéias de ibn Gabirol alheia a seu intento original.

22. *MT*, p. 208, "Zur Frage der Entstehung der Kabbala", p. 21. Para uma apresentação convincente da teoria neoplatônica, ver I. M. Rist, *Plotinus*, Cambridge, 1967.

23. D. H. Joel, *Die Religionsphilosophie des Sohar*, Leipzig, 1849, pp. 179 ss. Com respeito à crítica de Scholem a Joel, ver *MT*, p. 209.

A Cabala quis resolver o problema da criação mediante um "produtivo erro de interpretação" da doutrina rabínica tradicional acerca da *creatio ex nihilo*[24]. Scholem julga que a filosofia tinha, com Maimônides, chegado a um impasse tentando deduzir o dogma a partir de princípios lógicos, o que só levou a indeterminar o Deus criador da Bíblia. Os cabalistas salvaram a *creatio ex nihilo* e o livre arbítrio de Deus criando o mundo através de uma reinterpretação gnóstica do conceito da "nadidade". A nadidade, dotada de realidade ontológica, não era idêntica ao não-ser. Ao mesmo tempo que pareciam adotar a linguagem filosófica, os cabalistas interpretavam a *creatio ex nihilo* no sentido de que Deus, ele próprio, é a fonte do nada, da nadidade: *creatio ex nihilo* significa, para eles, paradoxalmente, criação a partir de Deus mesmo. Essa doutrina era uma síntese do tradicional conceito de *creatio ex nihilo* e da noção neoplatônica da emanação do mundo a partir da essência de Deus, mas baseava-se na concepção gnóstico-mítica da criação do mundo a partir do abismo divino.

Os cabalistas do começo do século XIII referiam-se ao Deus dos neoplatônicos e dos gnósticos como *ayin* (nada). Resolviam, por conseguinte, o problema da *creatio ex nihilo* simplesmente igualando Deus com a nadidade. Scholem salienta, entretanto, que tal solução levava ao panteísmo, porquanto, como no neoplatonismo, não mais haveria diferença entre Deus e sua criação[25]. Para evitar essa heresia, cabalistas como Azriel de Gerona e Iossef Gikatila introduziram um momento dialético em suas especulações: a nadidade não é idêntica a Deus, mas, sim, o nome de sua primeira emanação ou *sefirá* chamada *keter* (coroa). Azriel identifica essa "nadidade" com a primeira emanação neoplatônica, que representa a vontade de Deus. Uma vez que a primeira *sefirá* é, ela própria, o atributo da vontade de Deus, não se pode dizer que Deus fez emanar de si a primeira *sefirá* por um ato de livre vontade. Só da segunda *sefirá* é possível dizer que ela foi "criada" pelo livre arbítrio de Deus. Como a Bíblia atribui livre arbítrio a Deus como criador, ela deve estar se referindo à primeira *sefirá* e não ao oculto *ein sof* (sem fim). Em outras palavras, a Bíblia nunca menciona o *deus absconditus*, porque se preocupa unicamente com as ações livres, de Deus. Os cabalistas

---

24. A abordagem mais ampla da questão da *creatio ex nihilo*, por Scholem, está em "Schöpfung aus Nichts und die Selbstverschränkung Gottes", *Grundbegriffe*, pp. 53-90. Para um estudo filológico parcial do termo *creatio ex nihilo*, ver H. A. Wolfson, "The Meaning of *Ex Nihilo* in the Church Fathers, Arabic and Hebrew Philosophy, and St. Thomas", *Medieval Studies in Honor of J. D. M. Ford*, Cambridge, 1948, pp. 355-367.

25. "Zehn Unhistorische Sätze über Kabbala", *Judaica*, III, pp. 267-268; "Hier scheint ein Gefühl dafür mitzuwirken, was mit dieser These von Identifikation (von Ensof mit dem Nichts) gefährdet wird: ihr fehlt das dialektische Moment im Schöpfungsbegriffe. Es ist dieser Mangel an Dialektik, der diese These dem Pantheismus gegenuber hilflos macht... Der Mystiker, der seine Elebnisse undialektisch verarbeitet, muß beim Pantheismus anlangen".

logravam, destarte, evitar o potencial dualismo da teologia gnóstica postulando um desenvolvimento dialético no seio de Deus mesmo, idéia que foram buscar na teoria neoplatônica da emanação. Ao mesmo tempo, a noção de que o processo de criação precisa passar por um momento de absoluta negação separava decisivamente Deus de sua criação e evitava o problema do panteísmo.

Essa lógica dialética atingiu sua culminação na Cabala luriânica do século XVI. Azriel, no século XIII, havia mencionado que o Deus oculto é indiferente a suas emanações e, portanto, que a emanação da primeira *sefirá* não poderia propriamente ser considerada um ato de criação. Mas Luria recuou esse ato, empurrando-o para dentro do próprio Deus oculto. Deus criou a nadidade a partir de si mesmo, contraindo-se (*tzimtzum*). Todo ato de criação requer um espaço desprovido de Deus, que só pode ser criado pela autonegação de Deus. A despeito dos indícios de um determinismo radical em partes da Cabala de Luria, este conseguiu restaurar o voluntarismo divino sem ab-rogar o requisito filosófico de um Deus absconso e inefável[26]. Mas Scholem argumenta que a Cabala luriânica foi talvez a mais gnóstica e mitológica de todas as teorias cabalísticas, pois, apesar de sua terminologia geométrica, escrevia, no essencial, uma biografia das obras mais secretas no imo divino[27].

Pela infusão do mito no judaísmo, a Cabala logrou preservar o monoteísmo sem sacrificar o Deus criador da Bíblia. Para os filósofos, Deus é o estático "motor imóvel". A Cabala deu vida a esse conceito filosófico, infundindo-lhe dinamismo dialético. "[Deus é concebido como aquele que é] absolutamente vivo e cuja vida oculta é considerada como um movimento do Sem Fim para fora de si próprio e para dentro de si próprio."[28] O repetido uso da palavra "dialética" e a significação filosófica que Scholem atribui ao termo, sugerem, de sua parte, uma assunção explícita de afinidades entre a Cabala e as filosofias dialéticas, tais como as de Hegel e Schelling. Por meio do prisma da *Logik*, de Hegel, tenta proporcionar uma descrição coerente do que, de outro modo, pareceria ser uma teosofia paradoxal e confusa do ponto de vista lógico. A comparação implícita, em Scholem, entre Cabala e filosofia hegeliana lembra a tentativa feita por Krochmal, a fim de con-

---

26. "Schöpfung aus Nichts", *Grundbegriffe*, pp. 84-89. Scholem mostra como a Cabala ulterior deu um novo giro à lógica de Aristóteles. O conceito de "nadidade" (*ayin*) (dos cabalistas) parecia-se à noção aristotélica de privação. Uma vez que o *ayin* não é a negação de toda existência, mas apenas sua privação, ele se torna o potencial para toda existência ("die wahre Wurzel allen Seisn").

27. *MT*, p. 264: "[the] conception of the *Reshimu* has a close parallel in the system of the Gnostic Basilides who flourished about 125 A.D. [...] Moreover, we have an early prototype of the *zimzum* in the Gnostic 'Book of the Great Logos'".

28. "Das Ringen", *Grundbegriffe*, p. 52. Scholem colheu essa informação em J. F. Molitor, *Philosophie der Geschichte*, I, p. 396.

siderar a Cabala como um dos precursores do moderno idealismo, e a constatação, por parte de Scholem, de que Krochmal foi o único pensador judeu a reconhecer tais paralelos[29]. A relação de Scholem com a filosofia é, portanto, ambivalente. De um lado, condena tanto a filosofia racionalista moderna quanto a medieval por eludirem as questões fundamentais da existência psíquica do homem e por deixarem de preservar a "realidade do Deus vivo". Ele exalta a mística por ter sido bem-sucedida lá onde a filosofia falhou. Mas, de outro lado, o seu tratamento da Cabala sugere que é possível compreender melhor a mística judaica no contexto das questões filosóficas: embora tenha sua própria história à parte da filosofia, a Cabala enfrentou problemas filosóficos e apresentou-lhes soluções convincentes.

A CABALA GNÓSTICA E O ANTINOMISMO JUDEU

A síntese cabalística de mito e filosofia não é, na descrição de Scholem, um compromisso fácil. Ao contrário, ele argumenta que a Cabala estava à beira da heresia desde que tomara de empréstimo o seu mito no campo do gnosticismo dualista. O gnosticismo rejeitava freqüentemente toda lei, vista por ele como oriunda do desdenhado Deus criador; o antinomismo tornou-se um gesto niilista de rebelião contra sua tirania[30]. Como Krochmal, Scholem mantém que a teologia antinomista do movimento sabataísta achava-se impregnada de elementos gnósticos, herdados da Cabala. No sabataísmo, a história do mito gnóstico na Cabala atingia sua culminação, e o potencial anarquista da teologia cabalista efetivava-se em ato.

Em seu importante ensaio sobre "A Redenção através do Pecado" (1937)[31], Scholem declara que o "mistério da Divindade" sabatiano era "nada mais do que a totalmente inesperada revivescência das crenças religiosas dos antigos gnósticos, ainda que sob uma forma transvalorada"[32]. Sua análise focaliza o pensamento de Abraão Cardozo,

---

29. "Gerade diese Ansicht der 'alten Kabbalisten' über das Nichts in Gott ausgesprochen billigend anführt, als ob er die Affinität zwischen der kabbalistischen Spekulation und der des deutschen Idealismus gespürt hätte; vgl. Seinen *More Nebboche Ha-Seman*, ed. Rawidowicz, S. 306/307. Krochmal ist einzige bedeutende jüdische Denker des 19. Jahrhunderts, bei dem ich Derartiges gefundet habe". "Schöpfung aus Nichts", *Grundbegriffe*, 83n, 50.

30. A mais importante abordagem de Scholem do niilismo gnóstico é "Der Nihilismus als Religiöses Phänomen", *Eranos Jahrbuch* 43, 1974, pp. 1-50, esp. pp. 7-13.

31. "Redenção Através do Pecado" (hebraico), *Keneset* 2, 1937, pp. 347-392; trad. *MI*, pp. 78-141.

32. *MI*, p. 104.

que foi um dos principais ideólogos do herético movimento messiânico. Assinala que Cardozo inverteu o usual tema gnóstico de um bom Deus absconso[33]. Para Cardozo, o Deus oculto, ou "Primeira Causa", não tinha nenhuma necessidade de revelar-se. Chamá-lo de "oculto", na realidade, confunde a questão, uma vez que Ele podia ser conhecido pela razão. Não havia tampouco nenhum valor religioso particular em conhecê-lo, pois suas leis eram as da natureza. É o Deus criador que se revelou no Sinai e a quem Cardozo considera o "bom" Deus. Por causa dos males da filosofia, os judeus haviam passado a adorar o *deus absconditus* em vez de o Deus criador, porém, nos dias messiânicos, que Cardozo acreditava terem começado com Sabatai Tzvi, o bom Deus de Israel voltaria a revelar-se por meio do seu Messias. Embora essa concepção de Deus fosse de fato dualista, ela transformava o mau Deus criador dos gnósticos no Deus de Israel.

Um acento mais obviamente gnóstico talvez se encontrasse na teologia niilista de Jacob Frank, um dos mais radicais sucessores de Sabatai Tzvi no século XVIII[34]. Frank justificava seu comportamento antinomista por meio da teoria de um Deus bom que não era responsável pela criação do mundo ou pela outorga da Lei. Convocava os adoradores do Deus bom a romperem a Lei celerada deste mundo.

De acordo com Scholem, a herética explosão de símbolos gnósticos no sabataísmo era algo inerente ao simbolismo cabalista desde o início[35]. A fim de preservar um Deus transcendente e evitar o panteísmo, a Cabala recorreu a construções cada vez mais dialéticas, aumentando as contradições no imo de Deus mesmo. Tais contradições eram resolvidas para além das possibilidade de compreensão humana, no Infinito, um ponto em que a Cabala parece haver diferido da filosofia medieval. Mas, de uma perspectiva humana, os paradoxos dialéticos podiam facilmente degenerar numa ideologia herética. Os sabataístas, ao ver de Scholem, entendiam os mistérios espirituais "materialisticamente"[36]; compreendiam os símbolos da autocontração divina, não como uma

---

33. *Idem*, pp. 105-106.
34. *Idem*, pp. 129-133, e "Der Nihilismus", pp. 35-50.
35. Em "Der Nihilismus", 6, ele argumenta que a própria natureza da abordagem cabalística da realidade, em mútiplos níveis, deixou a porta aberta ao niilismo: "Aber diese mystischen Strukturen werden dann bei weiterem Fortschritt auch ihrerseits ins Amorphe abgebaut, so sehr sie auch noch unter Beibehaltung von traditionellen Symbolen aus der Licht-oder Lautwelt bestimmt werden. Die eigentliche mystische Erfahrung ubersteigt ale Struktur. In ihrer unendlichen Plastizität kann sie neue gebären onder wiederherstellen, sie kann aber auch, vie im Falle der nihilistischen Mystiker, es bei diesem Abbau bewenden lassen".
36. "Unhistorische Sätze", *Judaica*, III, pp. 266-267: "Die Vorwürfe an die häretische Theologen der sabbatianischen Kabbala, sie hätten die geistigen Mysterien materialistisch missverstanden, zeigen, wohin die Reisegehen konnte, wenn man einmal vesuchte, nach der inneren Logik der Bilder zu denken... Die Vorstellung der sabbatianischen Kabbala des Nathan von Gaza... ist nur die radikalste Art, diesen Prozess

metáfora, mas como um processo efetivo no seio de Deus. Interpretavam a distinção radical entre um Deus oculto e um Deus revelado como real, justificando assim a heresia gnóstica sabatiana. Scholem sugere que esta pode não ter sido uma interpretação de todo errônea do simbolismo cabalista. Um símbolo, para os cabalistas, era uma imagem de um processo real, que em si mesmo está além de uma articulação possível; ela não é meramente uma metáfora humana *übertragen* (imposta) a Deus. Se as contradições no seio de Deus são paradoxais apenas a partir de nossa perspectiva, então a partir da perspectiva de Deus elas descrevem a realidade material: Deus de fato opera de acordo com uma lógica dialética que nos parece incompreensível ou paradoxal. Em outras palavras, a interpretação materialista do simbolismo cabalista justificava-se porque os símbolos estavam destinados desde o princípio a refletir uma realidade superior. A heresia sabatiana constituía um resultado lógico, ainda que extremo, do processo de simbolização materialista da Cabala. O papel dos símbolos míticos no seio do judaísmo foi ambíguo, na medida em que se mostraram tanto construtivos quanto destrutivos: constituíram a fonte da fecunda reinterpretação mística do monoteísmo, mas também de sua rejeição herética.

    O reaparecimento do gnosticismo herético no judaísmo da Idade Média tardia nos reconduz a uma de nossas questões iniciais: será que houve algo como uma história subterrânea do gnosticismo judaico após o período final da Antigüidade, ou, antes, uma série de recorrências desconexas das "estruturas de pensamento" gnóstico? Scholem crê na transmissão de mão em mão dos efetivos textos gnósticos orientais até emergirem, em forma transmutada, na Europa, cerca de um milênio após a sua formulação original. O tratamento que dispensou às origens do sabataísmo reflete uma opinião similar. Como iremos ver, Scholem pensa que a história inteira da Cabala preparou o terreno para a heresia gnóstica sabatiana. De outro lado, sua justificação da pseudepigrafia a propósito da datação do *Zohar* é um poderoso argumento em favor da recorrência espontânea dos motivos gnósticos num texto do século XIII. Qual das duas, pois, será mais representativa da interpretação scholemiana da história do gnosticismo na Cabala, sua análise do *Bahir* ou do *Zohar*?

    Para Scholem, as duas possibilidades – uma efetiva história literária do gnosticismo *versus* uma história de seus retornos espontâneos – não são mutuamente excludentes. Aceitando as duas possibilidades, ele sugere que a história literária nunca pode ser um relato linear de influências manifestas, especialmente se o historiador tenta relacionar dois movimentos separados por muito séculos. A biblioteca de um cabalista medieval se limitava talvez a um certo número de obras místi-

---

eines dialektischen Materialismus na Gott selber durchzuexerzieren". Para discussão ulterior sobre esse aforismo, ver capítulo 9.

cas canônicas, mas elas haviam absorvido indiretamente longa e rica tradição intelectual, inclusive muitas idéias na aparência desvinculadas ao misticismo judeu em si. As tradições intelectuais, ao ver de Scholem, estão amiúde ocultas e remetem a remotas origens. Daí ser possível que os textos gnósticos, traduzidos e transmutados, tenham exercido uma influência indireta sobre a teologia sabataísta através de muitos séculos de filtragem literária. Ao mesmo tempo, os místicos medievais empreenderam um projeto intelectual similar ao dos gnósticos: de maneira consciente rejeitaram a filosofia transformando-a num mito filosófico. Uma vez que o mito religioso, segundo Scholem, tenta enfrentar elementares e eternos temores humanos, não é surpreendente que estruturas míticas de pensamento recorressem em diferentes gerações.

Scholem interpreta a mística judaica como o encontro fecundo entre uma tradição cambiante e a criativa mente humana. Os símbolos tradicionais foram transformados e reinterpretados a fim de atender às exigências de novos períodos históricos, enquanto o próprio processo criativo era enriquecido com a incorporação de velhos motivos. Os cabalistas do século XIII absorveram não só materiais rabínicos e filosóficos, mas também os esforços de místicos anteriores a fim de entenderem suas próprias experiências pessoais em termos da tradição ortodoxa.

Kabalá (tradição) significava a crença no misticismo como a verdadeira interpretação do judaísmo e também a crença na existência de uma tradição esotérica de textos místicos. Por vezes, essa tradição efetivamente existiu, como no caso do *Bahir* e, outras vezes, ela foi estabelecida pela pseudepigrafia, como no do *Zohar*. Se a tendência dominante na tradição esotérica mística era gnóstica, foi porque o gnosticismo convinha às necessidades intelectuais dos místicos. Tanto a história real do gnosticismo judaico como a criação original de textos "gnósticos" na Idade Média eram parte do mesmo processo, isto é, a reinterpretação mística do judaísmo rabínico e filosófico como a verdadeira interpretação "original". Não havia nenhuma contradição entre antigüidade e originalidade para os cabalistas, uma vez que a noção de uma tradição esotérica garantia ambas.

Pode-se resumir a relação de Scholem com a interpretação da Cabala no século XIX do seguinte modo: a Cabala deve ser compreendida como um genuíno movimento religioso com sua própria história interna. Não representava uma série de reações desvinculadas contra a filosofia racionalista judaica, como Graetz pensava, nem um produto da dialética interior da filosofia judaica, como Neumark acreditava.

Por não estarem nem Graetz nem Neumark dispostos a admitir a existência de uma tradição subterrânea do mito no âmbito do misticismo judeu, os dois passaram por cima do fato de que a Cabala possui sua própria história singular.

Scholem não aceita, porém, a asserção de Berdichevsky e de Buber acerca de uma história subterrânea inteiramente separada da do mito no judaísmo. As recorrentes eclosões do mito podem ser encontradas no próprio coração do judaísmo e não em sua periferia. Em alguns casos, os místicos eram eles mesmos autoridades legais. Embora a Cabala tenha a sua própria história, seu desenvolvimento correu entrelaçado com o judaísmo rabínico e filosófico. Reinterpretando o mito e a filosofia para os seus propósitos, a Cabala criou um híbrido paradoxal: o "gnosticismo ortodoxo". A própria capacidade da Cabala para revitalizar o judaísmo por meio de uma reinterpretação mística de símbolos míticos devia-se à sua proximidade da tradição normativa.

Scholem, portanto, aceita o ponto de vista de Krochmal, o qual descreve a Cabala como gnóstica, mas não lhe atribui qualquer juízo de valor negativo. Krochmal via a história judaica sob o prisma de uma história progressiva de consciência em que a Cabala ocupava uma fase intermédia. A Cabala primitiva, que se assemelhava à filosofia, degenerara no Medievo tardio num mito ao fim de contas herético. Para Scholem, em compensação, a recorrência do mito no curso da história judaica é um sinal positivo de vitalidade. Sua história da Cabala inverte implicitamente a crença de Krochmal no progresso filosófico, que era característico do século XIX em geral. Até as formas mais abstratas do monoteísmo requerem a infusão de mitos potencialmente heréticos a fim de preservar sua relevância psicológica e espiritual. De outro lado, a contínua recorrência do mito numa religião monoteísta não sugere necessariamente uma teoria cíclica nietzchiana da história. O esquema trifásico de Scholem para o desenvolvimento religioso salienta a diferença entre o período mitológico e o ulterior mito consciente dos místicos. A consciência religiosa tem a sua própria história, na qual o uso do mito pelo homem evolui e se modifica, mas sua necessidade de mito jamais desaparece.

SCHOLEM E AS ABORDAGENS MODERNAS DO MITO

Na sua avaliação do mito como a força propulsora, vital da mística judaica, Scholem liga-se a certas tentativas, na vida intelectual alemã no começo do século XX, para dotar de maior legitimidade o estudo científico do mito. Religião, filosofia e psicologia, todas contribuíram para uma nova avaliação da contínua influência dos modos "primitivos" de pensamento.

O tratamento dado por Scholem ao papel do mito no misticismo judeu comparte com as contra-histórias de Buber e Berdichevsky a ênfase no irracionalismo como a força dinâmica na história. Cumpre, no entanto, distinguir a sua historiografia dos esforços envidados por um e outro a fim de criar mitos capazes de transcender a história normativa. Como historiador mais do que autor de mitos, Scholem é filho da *Religionswissenschaftschule* (escola da ciência da religião) do fim do século XIX e início do XX. Muito embora seus estudos universitários tivessem versado sobre a matemática e a filosofia, ele obteve seu doutorado em filologia semítica na Universidade de Munique, na qual entrou em contato com a particular metodologia dos pesquisadores alemães no campo das religiões antigas do Oriente Próximo[37].

Em suas famosas e controvertidas preleções sobre *Babel und Bibel* (1902)[38], Friedrich Delitzsch sumariou a posição da "escola da ciência da religião", sustentando que o Oriente Próximo todo partilhava uma herança religiosa comum que consistia de um corpo de mitos relacionados. Delitzsch estava em parte motivado pelo anti-semitismo acadêmico ao atacar o caráter revelatório único da religião israelita, mas também elucidava as bases de uma abordagem comparativa das religiões antigas. Ele mostrou como as descobertas da assiriologia tinham lançado uma luz considerável sobre as verdadeiras origens literárias da Bíblia, que não se tratava de uma divina revelação, mas de parte e parcela de uma tradição do Oriente Próximo, anterior em data aos filhos de Israel.

A fim de mostrar a interdependência das religiões antigas, os historiadores da religião retraçavam de um modo típico as transferências de certos *topoi* mitológicos de uma tradição religiosa particular para outra[39]. O principal instrumento dessa espécie de historiografia veio a ser a filologia, que era chamada a efetuar a identificação precisa da origem e história de uma palavra ou motivo específico. Quando Scholem denomina a si mesmo de "filólogo", ele tem em mente o método filológico de traçar a história dos *topoi* gnósticos ao longo da história da Cabala.

---

37. *Von Berlin*, p. 152. Scholem fez estudos semíticos com o assiriólogo Fritz Hommel.

38. Trad. inglesa, *Babel and Bible*, trad. C. H. W. Johns, New York/Londres, 1903.

39. Um exemplo particularmente interessante dessa investigação comparativa dos *topoi* de uma religião para outra é a enciclopédia de Robert Eisler, *Weltenmantel und Himmelszelt* (Munique, 1910), que Scholem admirava. Em *Von Berlin*, pp. 161-169, ele relata um certo número de casos divertidos sobre Eisler, que ele chegou a conhecer durante o período em que esteve em Munique. Eisler era um excêntrico que queria organizar uma sociedade chamada "Johann-Albert-Widmannstetter-Gesellschaft zur Erforschung der Kabbala". Scholem parece ter sido o único "membro", e o único sinal de vida que a fictícia sociedade mostrou foi que os dois primeiros livros de Scholem sobre a Cabala – *Das Buch Bahir* e *Bibliographia Kabbalistica* – apareceram como os primeiros e únicos volumes das projetadas séries de publicações sobre a Cabala. O último contato de Scholem com Eisler deu-se depois da guerra quando Eisler lhe enviou um plano extravagante para resolver a questão da Palestina, em que todos os judeus não religiosos seriam embarcados de volta aos seus países de origem ou, se ainda assim quisessem viver no Estado judeu, criaria-se dois enclaves judaicos autônomos em Viena e em Frankfurt. Scholem devolveu a Eisler o manuscrito com uma só palavra de comentário: *Genug* (Basta).

A *Religionswissenschaftschule* se interessava, ela própria, em particular, pela gnose, na medida em que esse mito religioso se espalhara por todo o mundo mediterrâneo da Antigüidade tardia. Aí estava um sistema de pensamento que poderia provar a universalidade da mente religiosa antiga. No século XIX, *scholars* como Adolf von Harnack consideravam o gnosticismo como "a aguda helenização do cristianismo", querendo dizer que se tratava primordialmente de uma reação filosófica anticristã. Mas os orientalistas da "escola da ciência da religião", no começo do século XX, como Wilhelm Bousset nos *Hauptprobleme der Gnosis* (Principais Problemas da Gnose, 1907), sugeriam que o gnosticismo compunha-se de uma grande variedade de motivos mitológicos derivados de muitas tradições orientais distintas. A nova interpretação enfatizava o caráter mitológico do gnosticismo, em oposição ao desejo anterior de considerá-lo um tipo de filosofia perversa, e também afirmava a independência original da gnose em relação ao cristianismo.

O problema das interpretações como as de Bousset era que se tornava cada vez mais difícil de enxergar um fenômeno unificado com o nome de "gnosticismo" subjacente à confusão de diferentes tradições mitológicas. Havia uma definição essencial do gnosticismo? Em 1934, Hans Jonas tentou responder a essa questão em seu estudo sobre *Gnosis und spatäntiker Geist* (A Gnose e o Espírito da Antigüidade Tardia). Afastando-se do usual argumento da oposição entre filosofia e mito, ele quis definir um espírito essencial do gnosticismo, "a fim de compreender o espírito que falava através dessas vozes e, à sua luz, restaurar uma unidade inteligível para a desconcertante multiplicidade de suas expressões"[40]. Fortemente influenciado pela fenomenologia, Jonas procurou intuir uma essência do gnosticismo enquanto movimento religioso à parte, que extraiu seu vocabulário das tradições filosóficas e mitológicas da Antigüidade tardia. Como conseqüência, definiu a gnose ao mesmo tempo como um mito filosófico e uma filosofia mítica sob a rubrica de uma *religião* gnóstica. A essência dessa religião era o tema da alienação do cosmo. Jonas sugeriu que havia uma conexão conceitual entre o gnosticismo e o existencialismo moderno, baseado nessa noção de alienação, que entrou na cultura ocidental durante o período final da Antigüidade e nunca mais a abandonou; o existencialismo era apenas a sua mais recente encarnação. Seguidor de Heidegger, Jonas portanto implicitamente se definia como um gnóstico moderno[41].

Há muitas similaridades ente Jonas e Scholem como herdeiros e dissidentes da *Religionswissenschaftschule*. Scholem, que conheceu

---

40. Jonas, *The Gnostic Religion*, xvii.
41. Jonas, *Gnosis und spätantiker Geist*, Gottingen, 1934, 1964, introdução, esp. pp. 90-91. Ver também o epílogo a *The Gnostic Religion* ("Gnosticism, Nihilism, Existencialism"), pp. 320-341.

Jonas nos anos de 1930, também aborda a Cabala como uma legítima expressão religiosa com história própria e única. Ainda que Scholem não limite sua definição do gnosticismo a uma "essência", ele se apóia com bastante freqüência no conceito jonasiano de alienação cósmica, e até cita longamente Jonas em sua discussão a respeito dos frankistas como hereges gnósticos[42]. Na análise final, o problema da Cabala se assemelha fortemente ao da gnose, visto que ambas se caracterizam por "desconcertante" multiplicidade de expressões. Lá onde os historiadores do século XIX viam apenas um caótico amontoado de textos incoerentes, Scholem impõe ordem racional ao seu material, organizando-o sob o termo "gnosticismo".

A comparação feita por Jonas entre o gnosticismo e o existencialismo moderno sugere a possibilidade de que o gnosticismo, enquanto conceito, poderia não estar limitado a um só período histórico. A "descoberta" de gnosticismo na Idade Média, depois no sabataísmo e mesmo no hassidismo, é uma arrojada extensão da referida sugestão, embora Scholem tenha chegado a suas conclusões iniciais em 1928, antes de haver encontrado Jonas. A "escola da ciência da religião" como um todo encorajava a rastrear os motivos gnósticos além do mundo da Antigüidade tardia. Esses historiadores acreditavam que as idéias religiosas desenvolvidas nesse período haveriam de desempenhar um papel com continuidade no Medievo, amiúde em movimentos heréticos subterrâneos. Um exemplo dessa metodologia é o estudo de Hans Liebeschütz, *Das allegorische Weltbild der Heiligen Hildegard von Bingen* (A Imagem Alegórica do Mundo na Santa Hildegarde de Bingen, 1930). Liebeschütz, que também escreveu extensamente sobre o moderno pensamento judeu-alemão, tentou demonstrar o reaparecimento de certos gnósticos na mística cristã do século XII[43]. Assim como Liebeschütz seguiu os rastos desses temas desde a Antigüidade tardia até o misticismo cristão da Idade Média, Scholem o faz em relação à história do misticismo judeu. O mundo da Antigüidade tardia produziu certas idéias fecundas que influenciaram todo o pensamento religioso subseqüente. Uma prova da continuidade dessas tradições é a evidência da inesgotável relevância de certos mitos poderosos.

Em perspectiva mais ampla, Scholem, como historiador da religião, encaixa-se nas tentativas modernas de fornecer explanações cientí-

---

42. Em uma entrevista pessoal, 4 de agosto de 1975. Scholem confirmou sua ligação com Jonas, mas criticou sua definição monista do gnosticismo como alienação do mundo. Scholem declarou que há uma variedade de definições do gnosticismo, mas uma "estrutura gnóstica de pensamento". Ele consigna sua dívida para com Jonas em "Der Nihilismus", pp. 7-10. Ele cita muitas vezes em "Redemption Through Sin", *MI*, pp. 133-134.

43. Hans Liebeschütz, *Das allegorische Weltbild der Heiligen Hildegard von Bingen*, Leipzig, 1930, pp. 117-118n1.

ficas para o papel persistente do mito na consciência humana. Os filósofos românticos alemães, como Schelling e Baader, redescobriram o mito e lhe deram legitimidade filosófica. O jovem Schelling concitava a uma união do "monoteísmo da razão" e o "politeísmo da imaginação"[44]. Em sua ulterior *Philosophie der Mythologie*, Schelling escreveu sobre a contradição ostensiva entre filosofia racional e mito: "Mas nessa oposição mesma há um desafio e uma tarefa específica: descobrir razão nessa aparente desrazão, sentido nessa aparente falta de sentido. [...] Nossa intenção deve [...] ser a de fazer com que a própria forma apareça como necessária e, portanto, racional"[45]. O mito não era estranho à tarefa da filosofia, na medida em que podia ser estudado, do mesmo modo que a arte ou a literatura, como legítimo artefato da consciência. O mito não era uma "invenção" da mente mais do que a linguagem. Embora nem um nem outro tenham existência "objetiva", ambos, em sua condição de partes da consciência, merecem investigação filosófica. O idealismo tornou possível considerar o mito como integrante legítimo da estrutura inata da mente. Scholem, no início de seu ensaio sobre "Cabala e Mito"[46], reconhece sua dívida para com a legitimação e o tratamento filosófico que Schelling dá ao mito.

No século XX, Ernst Cassirer redescobriu a filosofia schellingiana da mitologia[47]. Ele pretendia que os mitos não eram alegorias, porém símbolos, argumento idêntico ao de Scholem. Os símbolos desempenhavam um papel central na filosofia de Cassirer, na qualidade de modos pelos quais a consciência se apropria do mundo. Todas as descrições da realidade, míticas ou científicas, empregam símbolos a fim de ordenar os dados. A diferença entre mito e ciência não é que o primeiro tenha uma imagem distorcida da realidade enquanto a segunda veja as coisas "como elas são", mas que a ciência faz uso consciente das hipóteses (a forma científica dos símbolos)[48]. Ainda assim, por serem ciência e mito comensuráveis, a ciência pode ser utilizada para compreender o mito.

Scholem assistiu às preleções de Cassirer em Berlim, em 1916-1917 e, apesar de haver declarado que elas não o impressionaram[49], sua concepção do mito se parece com as de Cassirer. Por intermédio de Walter Benjamin, Scholem entrou em contato com a apropriação filosó-

---

44. Citado em Ernst Cassirer, *Philosophy of Symbolic Forms*, New Haven, 1955, II, p. 3.
45. F. W. Schelling, "Einleitung in die Philosophie der Mythologie", em *Sämtliche Werke*, Stuttgart e Augsburg, 1856, I, parte 2, pp. 330 ss. Trad. inglesa em Cassirer, II, p. 5.
46. "Kabbalah and Myth", *KS*, p. 87.
47. Cassirer, II, pp. 4 ss.
48. *Idem*, p. 26. Ver também Alexander Altmann, "Symbol and Myth", *Philosophy* 20, 1945, pp. 162-172.
49. *Walter Benjamin*, p. 32.

fica neokantiana do mito⁵⁰. Com base em suas discussões com Benjamin acerca do mito e da leitura hostil que este fazia dos escritos de Hermann Cohen, Scholem em 1918 começou a desenvolver suas próprias idéias sobre a luta judaica contra a mitologia e chegou à conclusão de que o mito jamais fora derrotado pelo monoteísmo⁵¹.

Scholem também está perto, no plano intelectual, do interesse psicológico junguiano pelo mito, embora nunca haja adotado a teoria dos arquétipos. Jung sustentava, contra Freud, que os sonhos não deviam ser interpretados como signos fixos, mas como símbolos mitológicos elásticos. Ele concebia os símbolos como "expressões de um conteúdo conscientemente ainda não reconhecido ou conceitualmente formulado"⁵². Jung conseguiu criar, ao menos ao seu próprio ver, um sistema menos dogmático do que o de Freud. A descrição scholemiana dos símbolos cabalísticos encerra a mesma motivação antidogmática: os símbolos cabalísticos são expressões dos inexprimíveis e evocativos "nomes do sem nome".

Jung, em sua teoria dos arquétipos, transpunha para mitos coletivos o simbolismo do sonho individual⁵³. Existe uma correspondência precisa entre a história psíquica do indivíduo e o léxico da psique coletiva. O estudo do mito é, portanto, a dimensão social da psicologia individual⁵⁴. Os sonhos, teoriza Jung, servem de formas de compensação para problemas individuais na psique consciente; em nível coletivo, o mito compensa o racionalismo consciente. À medida que o racionalismo e o materialismo tomaram um lugar crescente na consciência moderna, a compensação mítica também cresceu no inconsciente coletivo⁵⁵.

A dialética junguiana do consciente e do inconsciente, retomada ao nível social sob a forma do mito, assemelha-se à dialética scholemiana do racionalismo e do irracionalismo na história judaica. Scholem acredita que o mito compensa os esforços excessivos do racionalismo a fim de preservar o monoteísmo. Jung foi atacado por favorecer o irracionalismo e Scholem também sofreu forte crítica por glorificar as forças niilistas na história judaica. Mas Jung salientava que um excesso de uma parte leva a uma exagerada compensação da outra. Scholem também concebe um equilíbrio saudável entre as forças contraditórias

---

50. *Walter Benjamin*, pp. 44 e 79-80. Ver também *Iluminations*, p. 226. Em relação à crítica de Adorno à atração de Benjamin pelo mito, ver Benjamin, *Briefe*, II, p. 876, e Jay, *Dialectical Imagination*, p. 263.
51. *Walter Benjamin*, p. 79.
52. "The Practical Use of Dream Analysis", em Jung, *Dreams*, trad. R. F. C. Hull, Princeton, 1974, p. 104.
53. "Psychology and Alchemy", em *Dreams*, p. 295.
54. "General Aspects of Dream Psychology", em *Dreams*, p. 33.
55. *Idem*, p. 36.

na história, e não glorifica os poderes da destruição. O mito é necessário, mas também perigoso.

A ligação pessoal de Scholem com os junguianos deu-se por meio de Erich Neumann, que morreu em 1960 em Tel Aviv[56]. Neumann aplicava as categorias psicológicas de Jung a uma intensiva investigação do mito, nomeadamente ao simbolismo da *Magna Mater* (Grande Mãe)[57]. A semelhança entre a reavaliação do mito procedida por Neumann e a de Scholem pode ser vista numa passagem marcante do livro de Neumann dedicado à *Origem e História da Consciência*. Numa discussão sobre o simbolismo sexual nos mitos da criação, Neumann objeta àqueles que julgam essas imagens obscenas:

[...] o simbolismo sexual que aparece no culto e ritual primitivos possui uma significação sacra e transpessoal, como em toda a parte na mitologia. Ele simboliza o elemento criativo e não a genitalidade pessoal [...] O judaísmo e o cristianismo entre eles – e isto inclui Freud – têm tido uma mão pesada e desastrosa nesse equívoco [personalista]. A dessagração dos valores pagãos na luta em favor do monoteísmo e de uma consciência ética era necessária e, historicamente, um avanço, mas resultou numa completa distorção do mundo primitivo daqueles tempos[58].

No ataque de Neumann a Freud, há uma correspondência estrutural com a crítica de Scholem seja ao judaísmo rabínico, seja à *Wissenschaft des Judentums*. A supressão do mito dispõe de uma justificativa histórica no judaísmo, mas o mito é fundamental para a vida religiosa. A Cabala corrige o desequilíbrio na psique coletiva do judaísmo. Além do mais, assim como os junguianos pretendem haver corrigido o desequilíbrio da "repressiva" psicanálise freudiana, Scholem propõe a sua historiografia como o corretivo necessário à "ciência do judaísmo".

Scholem desenvolveu muitas de suas reflexões mais gerais sobre a Cabala no quadro das conferências junguianas em Eranos, na Suíça, das quais Neumann era uma das luzes orientadoras[59]. A despeito de sua proximidade pessoal e intelectual com os junguianos, Scholem, no entanto, não pode ser considerado um historiador junguiano. Como ele próprio afirma:

---

56. Para a avaliação geral que Scholem faz de Neumann, ver "Erich Neumann", *Mitteilungsblatt des Irgun Olej Merkaz Europa*, 18 de novembro de 1960, p. 4, e "With Gershom Scholem", *JJC*, p. 30.
57. *The Great Mother*, trad. Ralph Manheim, Princeton, 1963.
58. *Origins and History of Consciousness*, trad. R. F. C. Hull, Princeton, 1954, 1970, p. 19.
59. A maioria dos ensaios publicados em *K. S. Grundbegriffe*, e *Mystische Gestalt der Gottheit* foi originalmente exposta nas conferências de Eranos logo após a Segunda Guerra Mundial e publicados pela primeira vez no *Eranos Jahrbuch*. As apresentações de Scholem nas conferências de Eranos assinalou seu retorno à vida intelectual alemã depois da conflagração, embora na Suíça.

Tratar a história e o mundo da Cabala usando a terminologia conceitual da psicanálise – na versão ou freudiana ou junguiana – não me pareceu frutuoso. Muito embora eu tivesse uma forte afinidade com os conceitos de Jung, os quais eram muito próximos dos conceitos religiosos, eu me abstive de usá-los. [...] Evitei particularmente empregar a teoria dos arquétipos[60].

Penso que Scholem evitou a terminologia junguiana por não querer reduzir o simbolismo religioso à psicologia. Ele sente que a limitação do simbolismo ao mundo privado do indivíduo cria um vácuo espiritual. Há, entretanto, uma dimensão misteriosa no mundo que tem sua fonte fora da psique[61]. Lá onde os psicologistas reduzem os símbolos e os mitos a produtos da mente, Scholem, com os cabalistas, parece crer que eles possuem um *status* ontológico próprio correspondente a alguma realidade espiritual. O estudo filosófico e psicológico do mito, encarado por Scholem como uma potente força na história judaica, deixa a porta aberta para uma forma de autêntica espiritualidade em um mundo secular.

---

60. "With Gershom Scholem", *JJC*, p. 29.
61. *Idem*, p. 48.

4. Messianismo

A filosofia da história judaica, nos termos de Scholem, torna-se evidente a partir do modo como este vê a história subterrânea do gnosticismo ortodoxo. O monoteísmo foi revitalizado devido à infusão do mito irracional, reinterpretado pelos místicos. O racionalismo e o irracionalismo, o monoteísmo e o mito estão dialeticamente inter-relacionados. O judaísmo é a história da luta entre forças contraditórias, e é essa dialética interna, mais do que a infiltração de idéias estrangeiras, que dá à história judaica o seu dinamismo.

Vimos que o mito gnóstico encontrado por Scholem no transcurso da história judaica mal escondia um impulso profundamente herético. O gnosticismo na Antigüidade tardia estava propenso ao antinomismo e ao niilismo por acreditar que toda lei se originava do mau Deus criador. A mística judaica transformou a gnose em mito ortodoxo, mas a ameaça de sua queda no antinomismo herético nunca desapareceu: apropriando-se do gnosticismo, os místicos brincavam com o fogo herético. No movimento messiânico sabataísta do século XVII, o mito gnóstico finalmente realizou seu potencial herético: Scholem sugere que o extremo gnosticismo presente na teologia sabataísta constituiu apenas a culminação lógica de toda a história do misticismo judaico.

A congruência de heresia e messianismo não era, segundo Scholem, mera coincidência. Durante a Idade Média, judeus com tentações heréticas podiam achar uma saída na conversão ao cristianismo ou ao islã: enquanto comunidade minoritária, eram menos suscetíveis de desenvolver seitas herética internas, visto que podiam aliviar a insatisfação deixando por completo a comunidade. No interior do mundo judeu, porém, "havia só um poder capaz de levar a cabo uma tal erupção [de heresia]: o do messianismo. Este foi o grande catalisador no judaísmo"[1]. Para Scholem, o messianismo serviu à mesma função que o mito, ventilando o abafado e enclausurado mundo judaico com uma "brisa anárquica". Pôde fazer assim, porque era freqüentemente produto do mito. Quando as poderosas forças do misticismo gnóstico foram liberadas da especulação meditativa e dirigidas no sentido da ação messiânica, elas produziram a maior convulsão interna do Medievo judeu: o sabataísmo. Scholem julga, ademais, que esse movimento messiânico de massa, gerado por um desenvolvimento interior do misticismo judaico, solapou de maneira decisiva o mundo medieval tradicional e inaugurou o período moderno da história do judaísmo.

Scholem define dois tipos de messianismo: o restaurativo e o utópico-catastrófico[2]. O messianismo restaurador lutava pelo retorno dos judeus à soberania política, em particular como se pensava ter existido sob o reinado de David. Embora esse tipo de messianismo pregasse por certo uma mudança radical na vida dos judeus em exílio, ele o fazia estritamente no quadro da tradição: os tempos messiânicos encerrariam o círculo da história restaurando a existência judaica em seu estado original e possibilitando, assim, o cumprimento de todos os mandamentos. A visão utópico-catastrófica, que Scholem qualifica amiúde de apocalipticismo, divisava, ao invés, um mundo inteiramente novo, diferente de tudo que fora previamente experimentado, exceto talvez no mítico Éden. De conformidade com a teoria apocalíptica da história, o novo éon seria precedido de uma súbita ruptura da continuidade histórica e poderia ser caracterizado por uma lei radicalmente nova; o messianismo apocalíptico propendia, pois, para o antinomismo herético.

Para Scholem, a história do messianismo judaico deve ser entendida como uma dialética entre os pólos tradicionalista e apocalíptico[3]. Essas duas tendências contraditórias e, no entanto, complementares deram ao messianismo seu dinamismo revolucionário e, ao mesmo tempo, mantiveram-no dentro de certos limites. A aspiração messiânica à plena redenção de todo o povo judeu jamais desapareceu da história judaica, ainda que Scholem fale de sua ocasional "neutralização". Como a maioria dos historiadores judeus nacionalistas, Scholem julga que o

---

1. "Die memorphose des häretischen Messianismus der Sabbatianer in religiösen Nihilismus im 18. Jahrhundert", *Judaica*, III, pp. 198-199
2. "Toward an Understanding of the Messianic Idea in Judaism", *MI*, pp. 3-4.
3. *MI*, p. 27: "Não é menos errado, levando em conta a grande importância do apocalipticismo, subestimar o efeito dessa outra tendência que visava remover o espinho apocalíptico. A particular vitalidade da idéia messiânica no judaísmo reside na tensão dialética entre essas duas tendências".

messianismo é um dos temas centrais da história judaica, muito embora ele o defina, como veremos, de maneira muito mais radical. Ele exproba os pensadores judeus do século XIX, porque estes distorcem e suprimem o que ele considera as forças autênticas do messianismo judeu.

A *WISSENSCHAFT DES JUDENTUMS* E O MESSIANISMO

O pensamento judeu no século XIX, de uma forma típica, renunciou tanto ao pólo restaurativo quanto ao pólo utópico do messianismo judeu. É fato bem conhecido que os judeus sentiram-se compelidos, dados os termos da emancipação, a substituir a crença num Messias que os reconduziria à terra ancestral com o reconhecimento das nações européias como suas únicas e efetivas pátrias. O preço da emancipação, cobrado talvez brutalmente por Napoleão nas questões por ele propostas à Assembléia dos Notáveis Judeus e ao Sanhedrin[4], consistia na renúncia à dimensão nacionalista do messianismo judaico.

A resposta dos judeus a tal exigência foi amiúde não a de abandonar totalmente o messianismo, mas a de deslocar seu alvo de Israel para a Europa. Quando José II da Áustria promulgou seu relativamente esclarecido *privilegium*, de 1780, alguns *maskilim* (iluministas judeus) o aclamaram como o Messias[5]. Em 1822, o venerável *maskil* Lazarus ben David, contestou a pretensão de que a crença num Messias judeu é central para a tradição judaica, argumentando que "homem algum pode censurar o judeu quando ele encontra o seu Messias nos bons príncipes que o tornam igual a todos os outros cidadãos e lhe proporcionam a esperança de conseguir o pleno preenchimento de seus direitos e responsabilidades cívicas"[6]. Mais tarde, no mesmo século, o

---

4. Em resposta à questão apresentada à Assembléia dos Notáveis se os judeus consideravam os franceses seus irmãos ou estranhos, o Sanedrin decidiu: "...le Grand Sanhedrin ordonne à tout Israelite de l'Empire Français, de Royaume d'Italie, et des tous autres lieux, de vivre avec les subjects de chacun des États dans lesquels ils habitent, comme avec leurs concitoyens et leurs frères", *Decisions doctrinales du Grand Sanhedrin*, Paris, 1812, p. 32.

5. Ben Zion Rafael Parrizzi, *Petah Einayim*, I, p. 39b, e IV, p. 26a. Ver Ben Zion Dinur no Volume de Jubileu para Y. N. Epstein, p. 261, e *Be-Mifne ha-Dorot*, p. 248. Ver também a carta de Harwig Wessely às congregações austríacas, "Palavas de Paz e Verdade".

6. "Über den Glauben der Juden na einen künftigen Messias", *Zeitschrift für die Wissenschaft des Judentums* 2, 1822, p. 225. O artigo ao qual Ben David replicou foi escrito pelo Barão Sylvester de Sach como carta ao conselheiro do Rei da Saxônia e foi publicada em Paris em 1817. Na Idade Média, certos filósofos já haviam argüido que a crença no Messias não era um dogma no judaísmo, ainda que Maimônides a tenha instituído como um de seus treze artigos de fé. Nachmânides contestou a postura anti-Messias por razões polêmicas na sua disputa em Barcelona no ano de 1263, mas Iossef Albo, no começo do século XV, a afirmou com sinceridade. No início do século XIX,

poeta judeu-russo, Iehuda Leib Gordon, comparou Alexandre II, que havia aliviado certas restrições impostas aos súditos judeus por seus predecessores, a Ciro, o Grande, da Pérsia, a quem o autor do Deutero-Isaías chamara o *maschiakh* (ungido) de Deus[7]. Todas essas caracterizações de benévolos monarcas não-judeus constituíam parte de uma longa tradição, mas o modo de os séculos XVIII e XIX apropriarem-se da tradição escondia uma inovação radical: os *maskilim* usavam a forma tradicional de louvar um congenial governante gentio para proclamar em alto e bom som a sua lealdade ao Estado moderno. O messianismo secularizado convertera-se num instrumento da assimilação e da apologética.

Outra reação comum dos judeus às exigências da emancipação foi transformar o messianismo em universalismo. Sentido-se talvez constrangidos com a idéia de transferir diretamente os ideais messiânicos da nação judaica para uma não-judaica, iluministas como, por exemplo, Abraão Geiger pretendiam que a verdadeira mensagem do messianismo sempre fora, não de nacionalismo, porém de universalismo. Geiger asseverava que o cristianismo era um falso universalismo porque nunca passara por uma fase nacional de desenvolvimento; mas o judaísmo, por ter superado o nacionalismo, era o autêntico mestre do messianismo universalista[8].

Se os apologistas religiosos e políticos purgaram o messianismo de seu aspecto restaurativo-nacional, os pensadores do século XIX também se empenharam ativamente em suprimir sua dimensão apocalíptica. Mostrei mais acima que Nachman Krochmal e Heinrich Graetz viam no sabataísmo a perversão última do judaísmo. Crendo no progresso contínuo, ininterrupto, negavam a existência de rupturas apocalípticas no *continuum* histórico. Consideravam a Idade Moderna como a culminação da história judaica e não como um afastamento radical dela. Embora os crentes no progresso, no século XIX, partilhassem com o messianismo apocalíptico a fé numa nova era, melhor

---

polemistas ortodoxos contra a Reforma tentam mostrar que todas as verdadeiras religiões devem crer em um Messias por referência ao cristianismo – certamente uma aliança inesperada.

7. Y. L. Gordon, "Derekh Bat Ami". Ver Dinur, *Be-Mifne ha-Dorot*, p. 248.

8. Por exemplo, ver seus *Nachgelassene Schriften*, Breslau, 1885, II, pp. 120 ss. A doutrina messiânica de Geiger constituía uma polêmica implícita contra Bruno Bauer, o qual argumentara que, sendo o cristianismo uma religião mais universal, os judeus deviam renunciar à sua fé paroquial, como condição básica para que pudessem empreender a crítica filosófica da religião que lançaria a base para a emancipação. Ver "Die Fähigkeit der heutigen Juden und Christen, frei zu werden", em *Einundzwanzig Bogen aus der Schweiz*, ed. Georg Herwegh, 1843. Uma teoria similar à de Geiger pode ser encontrada no pensamento do líder reformista Samuel Holdheim. Ver Max Wiener, *Jüdische Religion in Zeitalter der Emanzipation* (trad. hebraica), pp. 128 ss.

do que qualquer das que a precederam, eles deixaram de lado a teoria de uma quebra catastrófica na história.

A transformação do messianismo judaico no século XIX encontrou sua expressão mais clara e mais radical em Hermann Cohen, como Scholem mesmo sugere: "Hermann Cohen, com certeza um dos mais eminentes representantes da reinterpretação liberal e racionalista da idéia messiânica no judaísmo que se poderia achar, foi impelido por sua religião da razão a tornar-se um genuíno e desimpedido utopista que gostaria de liquidar o fator restaurativo por inteiro"[9]. No universalismo utópico de Cohen, deparamo-nos com a supressão tanto do aspecto restaurador quanto do aspecto apocalíptico do messianismo. O utopismo de Cohen baseava-se na distinção que fazia entre mitologia e monoteísmo. A mitologia não dispõe de nenhum conceito real de história e, ao invés, remete-se regressivamente a uma idílica Idade de Ouro (*das goldene Zeitalter*)[10]. O monoteísmo, de seu lado, não procura retornar à ventura da Idade de Ouro, mas, sim, acrescer o conhecimento do verdadeiro Deus. Uma vez que o processo de aquisição do conhecimento é infinito, o monoteísmo orienta-se necessariamente para o futuro, em que o conhecimento há de crescer. Ao contrário da mitologia, que é romântica e reacionária, o monoteísmo é a aspiração ao tempo infinito[11]. A era messiânica deverá ser verdadeiramente uma "era de cultura", visto que será a do conhecimento completo. Ela há de ser utópica no preciso sentido de que não existe agora em lugar algum, mas, ao invés, permanece um ideal no processo de sua eventual realização.

Cohen definia o messianismo como universalismo e, em sua breve história da idéia messiânica[12], situou sua origem na idéia de monoteísmo. O messianismo deriva do monoteísmo, porquanto a idéia de um Deus único requer uma humanidade unificada[13]. Essa idéia universalista já estava implícita no monoteísmo profético, mas não foi totalmente atualizada nos tempos bíblicos, pois foi expressa em termos de nacionalismo judeu. A destruição do Estado judeu constituiu um evento positivo por ter permitido que Israel levasse sua mensagem universalista à maturidade. Cohen, junto com uma corrente geral de interpretação no século XIX, inverteu, portanto, a idéia de que o exílio constituía uma punição pelos pecados de Israel e viu nele uma grande oportunidade para o desenvolvimento do messianismo. Em sua famosa polêmi-

---

9. *MI*, p. 26.
10. *Religion der Vernunft*, p. 293. Ver T. W. Rosmarin, *Religion of Reason: Hermann Cohen's System of Religious Philosophy*, New York, 1936, pp. 114-124.
11. *Religion der Vernunft*, pp. 291-292.
12. *Idem*, pp. 297-316, e "Deutschtum und Judentum", em *Jüdische Schriften*, II, pp. 237-302.
13. *Reason and Hope*, trad. e ed. Eva Jospe, New York, 1971, p. 126.

ca contra o sionismo, ele sustenta que os judeus, como fermento internacional do messianismo, haviam superado a necessidade de um Estado-nação[14].

Como religião universal – o "divino orvalho entre as nações" –, o judaísmo havia chegado o mais próximo da realização da idéia messiânica implícita em seu monoteísmo original. Cohen divisou uma identidade última de propósitos entre o nacionalismo germânico e o messianismo judaico. O espírito nacional alemão era "o espírito do humanismo clássico e do verdadeiro universalismo"[15], enquanto os judeus, não mais uma nação limitada por seu lugar, eram os emissários religiosos internacionais dos mesmos valores. Em sua série altamente patriótica de artigos, *Deutschtum und Judentum* (Germanidade e Judaísmo), escritos durante a Primeira Guerra Mundial, Cohen defendeu a Alemanha como a anunciadora da ordem messiânica vindoura. Como a Alemanha era a nação que representava o espírito religioso judaico, os judeus do mundo inteiro tinham para com a Alemanha "uma dívida de piedade filial" por ela lutar "a guerra justa [na] preparação da paz perpétua"[16].

A RESTAURAÇÃO DO CARÁTER APOCALÍPTICO DO MESSIANISMO EFETUADA POR SCHOLEM

A historiografia nacionalista judaica do início do século XX combatia, o que era muito natural, a tendência da *Wissenschaft des Judentums* a liquidar o aspecto restaurador do messianismo. Ben Zion Dinur fez do messianismo, que ele definia como o desejo de retornar à terra de Israel, o tema central da história judaica. Joseph Klausner também escreveu extensivamente sobre a herança histórica do messianismo judeu, em apoio ao seu próprio nacionalismo militante[17].

A nova historiografia não enfatizou com a mesma força o lado apocalíptico-catastrófico do messianismo. Os nacionalistas queriam com freqüência provar que o sionismo era a culminação e a realização da história judaica mais do que sua ab-rogação. A bem dizer, autores como Berdichevsky, que conclamavam uma ruptura radical com a história normativa do judaísmo do exílio, podem ser considerados apocalípticos, mas, com a exceção quiçá de Shai Hurwitz, raramente buscaram estear suas posições no estudo dos movimentos apocalípticos judeus

---

14. "Antwort auf das offene Schreiben des Herrn Dr. Martin Buber an Hermann Cohen", *Jüdische Schriften*, II, pp. 328-340, e "Religion und Zionismus", *idem*, pp. 319-327.
15. *Reason and Hope*, p. 168.
16. *Idem*, pp. 183-184.
17. Joseph Klausner, *The Messianic Idea of Israel*, trad. W. F. Stinespring, New York, 1955. Ver capítulo 8.

do passado. Mesmo um autor tão radical quanto Martin Buber definia explicitamente o messianismo judaico como profético e antiapocalíptico. Em seu ensaio intitulado *Prophetie und Apocalyptik*[18], Buber afirmava que os motivos apocalípticos haviam entrado no judaísmo a partir de fontes iranianas e eram, portanto, estrangeiras ao espírito profético judaico. Para ele, o verdadeiro messianismo não constituía um fim da história, mas a santificação do mundo na história. Em lugar de um "fim dos dias", Buber aventou a possibilidade de momentos redentores em todo o transcurso da história, a "redenção de todo dia"[19].

A grande contribuição de Scholem a esse movimento de revisão foi o trabalho, realizado por ele quase sozinho, de reabilitação e legitimação do apocalipticismo como um motivo recorrente no messianismo judaico. Ele transladou para o domínio dos estudos judaicos uma importante tendência já muito desenvolvida na historiografia cristã. Pesquisadores cristãos de propensão liberal, dos quais Harnack foi a síntese, haviam considerado o Jesus histórico como um pregador ético e tinham descartado toda interpretação apocalíptica do cristianismo primitivo. Franz Overbeck, Johannes Weiss e Albert Schweitzer derrubaram essa interpretação e a substituíram pela concepção de que o cristianismo original era uma seita apocalíptica judaica em revolta contra o mundo e não tinha nenhuma mensagem ética a transmitir[20].

Por volta da mesma época, outros pesquisadores no domínio do cristianismo começaram a descobrir os movimentos apocalípticos radicais ao longo da história cristã, mesmo em épocas tardias, que foram suprimidos ou esquecidos pelo racionalismo do século XIX. K. Holl e Ernst Bloch chamaram a atenção para Thomas Münzer e os anabatistas, enquanto Albrecht Ritschl e Erich Seeberg examinaram as raízes do pietismo radical[21]. Karl Mannheim, em *Ideologia e Utopia* (1929), analisou as funções ideológicas dos diferentes tipos de utopismo e efe-

---

18. Buber, *Werke*, II, pp. 925-942.
19. Buber, *Origin and Meaning of Hassidism*, trad. Maurice Friedman, New York, 1960, pp. 106-112: "redemption does not take place merely once at the end, but also at every moment throughout the whole time... We live in a unredeemed world. But out of each human life that is unarbitrary and bound to the world, a seed of redemption falls into the world and the harvest is God's" (a redenção não ocorre apenas uma só vez no fim, mas também a cada momento durante todo o tempo... Nós vivemos em um mundo não redimido. Mas de cada vida humana que é não arbitrária e ligada ao mundo, uma semente da redenção cai no mundo e a colheita é de Deus).
20. Franz Overbeck, *Christentum und Kultur*, Johannes Weiss, *Die Predigt Jesu vom Reiche Gottes*, 2ª ed., 1900, e Albert Schweitzer, *Geschichte des Lebens-Jesu Forschung*.
21. K. Holl, "Luther und die Schwärmer", *Gesammelte Aufsätze zur Kirchengeschichte*, Tübingen, 1927, pp. 420 ss.; Ernst Bloch, *Thomas Münzer als Theologe der Revolution*, Munique, 1921; Albrecht Ritschl, *Geschichte des Pietismus*, Bonn, 1880-1886; Erich Seeberg, *Gottfried Arnold*, Meerane, 1923.

tuou uma descrição particularmente aguda do caráter e do papel histórico do utopismo quiliástico[22].

Scholem deve ser visto como parte dessa redescoberta do papel histórico do apocalipticismo[23]. Como seus colegas na historiografia cristã, encontra vitalidade em vários movimentos apocalípticos judaicos que outros haviam considerado como degenerados:

> Um dos mais estranhos erros da moderna *Wissenschaft des Judentums* fora negar a continuidade da corrente apocalíptica judaica. Os esforços para levar os estudiosos a dissociarem o judaísmo rabínico do apocalíptico e associá-lo exclusivamente ao cristianismo contribuíram demasiado para a moderna falsificação da história judaica e para a ocultação de algumas de suas forças mais dinâmicas, tanto construtivas quanto destrutivas[24].

Como no caso de sua investigação sobre o papel do mito no pensamento judaico, Scholem argumenta que idéias ostensivamente heréticas desempenharam realmente um papel legítimo no seio da história judaica e não foram algo externo insidiosamente infiltrado. O apocalipticismo não era uma idéia cristã ou iraniana, mas tinha suas raízes no solo nativo do próprio judaísmo. Na persistente dialética entre o messianismo restaurativo e o apocalíptico na história judaica, o apocalipticismo sempre aparece como a força vital nos movimentos messiânicos[25]. Embora o motivo apocalíptico fosse em parte suprimido na Idade Média por racionalistas como Maimônides, ele nunca desapareceu. Como o misticismo, jamais foi inteiramente estranho às grandes autoridades legais:

> Para um certo número dos [grandes homens da *Halakhá*], o apocalíptico não é um elemento forâneo e não é sentido como algo em contradição com o reino da *Halakhá*. Do ponto de vista da *Halakhá* [...], o judaísmo aparece como uma casa bem-arrumada, e é uma verdade profunda que uma casa bem-arrumada é uma coisa perigosa. Algo do apocalipticismo messiânico penetra nessa casa: talvez o meu melhor modo de descrevê-lo seja como uma espécie de brisa anárquica[26].

A interpretação scholemiana do judaísmo faz, portanto, dos impulsos heréticos e revolucionários do messianismo as verdadeiras forças diretoras da história judaica. Para Scholem, a mudança histórica, que é necessária se uma tradição deve remanescer viva, ocorre por meio da luta revolucionária de princípios contraditórios. A história não consiste

---

22. Karl Mannheim, *Ideology and Utopia*, trad. L. Wirth e F. Shills, New York, 1936.
23. W. D. Davies sugeriu a analogia entre Schweitzer e Scholem em "From Schweitzer to Scholem: Reflections on Sabbatai Zevi", *Journal of Biblical Literature* 95, 1976, pp. 529-558.
24. *SS*, p. 9. Ver também *MI*, p. 9.
25. *MI*, p. 4.
26. *Idem*, p. 21.

de um eterno progresso gradual, como o século XIX acreditava, porém em uma sucessão de rupturas apocalípticas. O papel central que o messianismo apocalíptico desempenha na historiografia de Scholem é, sem dúvida, uma conseqüência dessa concepção radical da mudança histórica.

A crítica de Scholem à censura do século XIX ao apocalipticismo deve ser compreendida no contexto geral de sua hostilidade a toda tentativa de impor uma definição dogmática ao judaísmo. Restringindo arbitrariamente o judaísmo a certos fenômenos históricos, os estudiosos do século XIX haviam ignorado as forças mais vitais da história judaica. A limitação do elemento apocalíptico ao exclusivo cristianismo era um caso assim. Na sua análise da teologia sabataísta de Natã de Gaza, talvez o propagandista mais importante do sabataísmo, Scholem escreve que a doutrina de Natã da

fé como independente e, de fato, pesando mais do que todos os atos e símbolos religiosos externos, é nitidamente cristã em seu caráter. [...] Mas como quer que seja [...], essa proclamação não provocou a reação que seria de esperar se algum dos clichês atuais com respeito à "essência" do judaísmo e do cristianismo fossem corretos [...], não há maneira de dizer *a priori* quais crenças são possíveis ou impossíveis no quadro do judaísmo. [...] A "judaicidade" na religiosidade de qualquer período particular não é medida por critérios dogmáticos sem relação com as circunstâncias históricas efetivas, mas somente pelo que judeus sinceros fazem, de fato, ou acreditam fazer, ou – ao menos – consideram ser possibilidades legítimas[27].

É interessante que, em sua refutação ao dogmatismo do século XIX, Scholem formule sua concepção da história judaica em termos similares ao utopismo de Hermann Cohen. Este último criticara o messianismo puramente restaurativo por encarar a história como um círculo fechado, enquanto ele definia o utopismo como orientado para um futuro aberto e desconhecido. Na condição de sionista, Scholem sente decerto muito mais simpatia para com as tendências restaurativas do messianismo, mas ele também adota uma abordagem utópica da história. Todavia, imprime-lhe uma torção antidogmática inteiramente diversa da de Cohen:

O fenômeno denominado judaísmo não termina em uma data particular e não creio que esteja destinado a terminar enquanto existir um judaísmo vivo. Mas o que ele tem de vivo está além de toda definição dogmática. [...] O judaísmo inclui aspectos *utópicos* que não foram ainda descobertos[28].

Como Cohen, Scholem vê a história judaica como um processo aberto em seu termo, mas conclui que, por isso mesmo, o judaísmo não pode ser dogmaticamente definido.

27. *SS*, pp. 282-283.
28. "*Education for Judaism*", p. 206. A ênfase é minha.

O estudo do apocalipticismo judaico, e do sabataísmo em particular, forneceu a Scholem uma arma poderosa para destroçar as definições dogmáticas do judaísmo mostrando como "heresias" censuradas na história judaica eram tão lídimas quanto as tradições normativas. O argumento de que o sabataísmo messiânico constituía parte integrante da história judaica converteu-se na pedra angular da contra-história desenvolvida por Scholem. Em conseqüência, seu estudo sobre *Sabatai Tzvi* atraiu severas críticas de parte de muitos pesquisadores israelenses, notadamente Baruch Kurzweil e R. J. Zvi Werblowsky, que viam nele a extrema expressão do modo como Scholem usava a historiografia a fim de destruir os conceitos tradicionais do judaísmo[29]. Tais críticos argumentavam que, ao pretender que o sabataísmo representasse um episódio central da história judaica e que a teologia sabataísta fosse uma doutrina tão importante quanto o pensamento rabínico normativo, Scholem havia subvertido toda e qualquer definição coerente do judaísmo. Voltaremos repetidas vezes à substância dessas acusações, em especial as de Kurzweil, nos restantes capítulos deste livro.

Como seu discípulo Isaiah Tishby assinalou[30], o esforço de Scholem para legitimar o sabataísmo na história judaica não se baseava apenas na pretensão de que um grande número de judeus acreditava em Sabatai Tzvi. Os teólogos sabataístas devem ser considerados legítimos pensadores judeus porque desenvolveram sua teologia radical utilizando o vocabulário de símbolos tradicionais judaicos. Enquanto os historiadores precedentes consideravam os sabataístas como rebeldes dementes destituídos de originalidade teológica, Scholem não só demonstrou a originalidade e sofisticação da teologia sabataísta, mas também argumentou que as raízes desta estavam firmemente implantadas na história da Cabala. O sabataísmo não era uma aberração da

---

29. Os primeiros artigos de Kurzweil apareceram no *Ha-Aretz*, em 25 de setembro de 1957 e em 2 de outubro de 1957. Todos esses artigos contra Scholem estão coletados em *Ba-ma'avak al Arkai ha-Yahadut*, Tel Aviv, 1969, pp. 99-243. As "Reflexões sobre o Sabatai Tzvi de Gershom Scholem" (hebraico), de Werblowsky, foram publicadas em *Molad* 15, novembro de 1957, pp. 539-547. As similaridades entre as críticas de Kurzweil e Werblowsky eram tão grandes que Kurzweil, que não morria de amores pelos acadêmicos de Jerusalém, ameaçou processar Werblowsky por plágio. Nos anos subseqüentes, Werblowsky chegou a moderar algumas de suas críticas e até traduziu para o inglês o *Sabatai Tzvi*, de Scholem. Para outra visão negativa do livo de Scholem, ver a resenha de Jacob Agus sobre *MI*, em *Judaism* 21, Verão, 1972, esp. p. 378.

30. "Sobre a Posição de Gershom Scholem acerca do Estudo do Sabataísmo" (hebraico), em sua *Netive Emuná u-Minut*, Ramat Gan, 1964, pp. 235-275. Ver pp. 241-245 para a defesa de Scholem por Tishby. Este dedica a maior parte de seu artigo ao questionamento das interpretações de Scholem sobre a personalidade de Sabatai Tzvi, seu papel no movimento e seu relato do curso real dos acontecimentos. Como tal, constitui talvez a mais séria e mais exaustiva crítica do livro.

história judaica ou um afastamento selvagem do judaísmo tradicional devido a influências não-judaicas, porém um movimento cujas raízes mergulhavam no coração da legítima tradição e cuja teologia herética se desenvolveu como um ramo plausível de conceitos reconhecidos.

A PREPARAÇÃO DIALÉTICA DO SABATAÍSMO

Embora Scholem haja tomado conhecimento do sabataísmo ainda quando estudante, graças a Zalman Rubaschoff, não parece que ele o tenha colocado no foco de sua pesquisa antes de 1927, quando descobriu em Oxford um manuscrito de autoria do sabataísta marrano Abraão Miguel Cardozo[31]. Seu artigo de 1928 sobre "Die Teologie des Sabbastianismus im Lichte Abraham Cardosos" (A Teologia do Sabastianismo à Luz de Abraão Cardoso) e seu estudo de 1936 sobre a "Mitzvá ha-Ba'á B'averá" (A Redenção pelo Pecado) mostravam que ele considerava a teologia apocalíptica e herética do sabataísmo como a culminação da história da Cabala[32]. Reconstruindo a história scholemiana da Cabala em termos de preparação para a explosão sabataísta, podemos ver a sua filosofia dialética da história em ação. A partir de uma doutrina messiânica espiritualizada interior, a Cabala converteu-se na força motriz por trás de um movimento messiânico de massa, no século XVII. O messianismo apocalíptico, que nunca se desvaneceu da consciência judaica, foi cultivado e nutrido até o momento de sua irrupção no palco da história sob a forma de sabataísmo. No sabataísmo, além do mais, os elementos apocalípticos do messianismo juntaram forças com a tradição subterrânea do gnosticismo na Cabala, para formar uma explosiva mistura que demoliria o mundo judaico tradicional.

Com exceção do *Sefer há-Temuná*, obra do século XIII que propunha uma teoria dos ciclos históricos, cada qual representado por diferentes e contraditórias *Torot*[33], a Cabala medieval anterior não manifestava especial interesse na escatologia. Ela se concentrava, em vez disso, em questões de teosofia e cosmogonia: o início mais do que o fim da

---

31. Scholem conta de novo esses eventos em "Sobre a História da Pesquisa Sabatiana" (hebraico), *La merhav*, 28 de junho de 1960. O primeiro artigo que Scholem leu sobre o sabataísmo foi o trabalho de Rubaschoff a respeito de Samuel Primo, em *Ha-Schiloá*, 1912, pp. 36-47.

32. "Die Theologie des Sabbatianismus im Lichte Abraham Cardosos", publicado pela primeira vez em *Der Jude* 9, Sonderheft 5 (dedicado a Martin Buber), 1928, pp. 123-139, republicado em *Judaica* I, pp. 119-147. "Redemption Through Sin", *MI*, pp. 78-142. Ver também "Zum Verständnis des Sabbatianismus", *Almanach des Schocken Verlag*, 1936-1937, pp. 30-42.

33. *MI*, p. 111, "O Sefer ha-Temuná e a Doutrina da Schmitot" (hebraico), *Ha-Aretz*, 19 de outubro de 1945, p. 506, e *Ursprung und Anfänge der Kabbala*, pp. 407-419.

história. A absorção extática e contemplativa em aspectos esotéricos da criação garantia "um tipo de redenção individual não-messiânica. [...] Não se deve considerar [os cabalistas anteriores] como seguidores de um movimento para alterar radicalmente o estilo e o ritmo da vida judaica"[34]. Há uma aparente contradição entre essa formulação e os critérios estabelecidos por Scholem a fim de definir o messianismo judeu. Ele pretende que o messianismo judeu é caracterizado por sua dimensão social e histórica, enquanto o cristianismo enfatiza a redenção espiritual, interior[35]. A Cabala primitiva, entretanto, que Scholem descreve como uma crença numa "redenção não-messiânica", parece ter desacentuado a tradicional preocupação judaica com a redenção nacional. Temos aqui outro exemplo, no caso de Scholem, de seu desejo de legitimar expressões messiânicas que seriam normalmente excluídas do judaísmo, mesmo à luz dos critérios do próprio Scholem.

A frase "redenção não-messiânica" sugere que a contemplação mística mais do que a atividade histórica traz libertação. Scholem toma o cuidado de indicar que ele não julga que a Cabala primitiva negasse o messianismo, mas que ela o havia "neutralizado". O termo "neutralização", que Scholem emprega pela primeira vez em 1934, num ensaio sobre a Cabala após a expulsão dos judeus da Espanha[36], significa a supressão dos elementos restaurativos e apocalípticos no messianismo, mas não a sua completa liquidação. Ao focalizar a harmonia primordial de Deus e do cosmo, a Cabala primitiva preparou o terreno para um deslocamento radical de ênfase no sentido da redenção social. Tal deslocamento resultou do trauma da expulsão da Espanha em 1492.

O anseio de redenção tornou-se agudo em conseqüência da expulsão e das perseguições acompanhantes. Os cabalistas responderam à crise histórica transpondo-a para um quadro cósmico: o desejo de redenção histórica foi reinterpretado como um símbolo do desejo místico de devolver o cosmo à sua harmonia original[37]. As preocupações meta-históricas dos cabalistas da fase anterior prepararam o caminho ao ingresso da Cabala no reino da história: "Tudo o que era interno se tornou externo: a penetração da Cabala nas profundezas da criação mudou inteiramente de natureza na época da grande revolução emocio-

---

34. "Após a Expulsão da Espanha" (hebraico), *Davar* (Musaf), 22 de junho de 1934, pp. 1-2, e *MI*, p. 245.
35. "Towards an Understanding of the Messianic Idea of Judaism", *MI*, pp. 1-2. Scholem foi criticado por causa de sua caracterização do messianismo cristão por um adepto da escola barthiana de teologia dialética. Sua vigorosa resposta, argumentando que a sua interpretação e não a barthiana é historicamente acurada, apareceu em *Grundbegriffe*, pp. 168-170.
36. Ver "The Neutralization of the Messianic Element in Early Hassidism", publicado pela primeira vez em *Journal of Jewish Studies*, 1970, republicado em *MI*, pp. 176-203.
37. *MT*, pp. 244-247.

nal e transmutou-se em atividade religiosa na comunidade"[38]. Scholem argumenta que a Cabala moveu-se a fim de preencher o vácuo espiritual decorrente do banimento da Península Ibérica: a teologia judaica tradicional não era capaz de dar uma explicação à crise histórica e oferecer consolo, enquanto a Cabala, tendo-se aprestado na calada do "subterrâneo", emergia como a autoridade teológica necessária a um judaísmo em crise.

Foi por meio da Cabala luriana, elaborada em Safed na metade do século XVI, que o misticismo judaico se tornou uma teologia pública, largamente aceita[39]. A Cabala de Luria propunha um mito cósmico de exílio e redenção que espelhava a experiência histórica real dos judeus. Luria descreveu o exílio e a redenção dos judeus como um símbolo de um movimento no interior de Deus mesmo: Deus criara o mundo a fim de purificar-se das sementes do mal. Nessa catarse – *tzimtzum* (autocontração) e *shevirat ha-kelim* (quebra dos vasos) –, uma parte de Deus se exilou dele mesmo. O processo de redenção, que na realidade começou no momento da catarse, consiste em restaurar as exiladas e dispersas centelhas da divindade à sua harmonia primordial. O processo de criação tornou-se, assim, sinônimo do exílio cósmico, e a redenção se identificou com a renovação, *tikun*, da ordem cósmica.

A pessoa do Messias era de pouca importância para Luria, visto que a redenção não chega "de repente, qual um ladrão na noite", mas é um longo e gradual processo cujo início remonta à criação. Luria dava ao homem um papel ativo na restauração das divinas fagulhas: cada geração deve cumprir sua quota de "restaurações". Ao contrário da crença de certos leigos, segundo os quais o messianismo judeu permanecera sempre passivo na Idade Média, a reiterada ênfase de Scholem na importância de Luria revela a potencialidade profundamente ativista da mística. Se a Cabala primitiva era quietista, ela se desenvolveu depois numa doutrina mística a ensinar o papel ativo do homem no cosmo.

O ativismo messiânico potencial, inerente à Cabala luriânica, tornou-se explícito no sabataísmo. A relação entre a Cabala de Luria e o sabataísmo constitui a pedra angular da teoria scholemiana de como a Cabala rompeu as paredes de seu claustro e tornou-se a força motivadora de um dos maiores movimentos de massa da Idade Média judaica. Na década de 1920, antes mesmo de seu primeiro estudo sobre o sabataísmo, Scholem já suspeitava da possível influência da "atmosfera apocalíptica em Safed" no século XVI sobre o movimento messiânico do século seguinte[40].

---

38. "Após a Expulsão da Espanha".

39. "Abraham Cardosos", *Judaica*, I, p. 120. Ver também *SS*, pp. 7 ss.

40. "A Cabala em Safed no Tempo do Ari" (hebraico), *Doar ha-Yom*, 17 de abril de 1924, p. 5.

Quando, em 1665, Natã de Gaza declarou que Sabatai Tzvi era o Messias, o messianismo cabalístico converteu-se num movimento social. O presumido completamento do restauro místico das divinas centelhas tornou possível que a nova era messiânica se manifestasse, por assim dizer, na pessoa de Sabatai Tzvi. O processo de transformação do messianismo cabalístico, a partir de uma preocupação pessoal, interna, na Cabala primitiva, em um mito histórico chegou a seu termo completo na teologia sabataísta. A mística "redenção não-messiânica foi transmutada em messianismo restaurativo, mas com uma dimensão cósmico-apocalíptica. Daí a dialética entre o messianismo utópico e o restaurador encontrar a sua expressão mais poderosa, não no messianismo político racionalista do Rambam, mas no apocalipticismo antinomista.

Como para simbolizar o fim do estágio místico interior e o começo de seu completamento histórico externo, Natã de Gaza baniu o emprego das *kavanot* luriânicas, que eram as meditações usadas para apressar a restauração das centelhas divinas[41]. Por acreditar que um éon inteiramente novo da história havia começado, Natan considerou obsoleta a Cabala luriânica, assim como, mais tarde, a teologia sabataísta consideraria obsoleto o corpo todo da Lei judaica: no sabataísmo, as potencialidades de caráter antinomista e revolucionário tornaram-se, no messianismo apocalíptico, terrivelmente atuais.

A Cabala de Luria preparou, portanto, o terreno para o sabataísmo, somente para ser por ele negada. A relação entre os dois movimentos serve a um certo número de importantes funções na obra de Scholem. Ele quer mostrar que a história da Cabala constituiu a principal fonte do sabataísmo e que, em conseqüência, a Cabala exerceu um difundido impacto histórico, a despeito de seu caráter esotérico. Como já mencionei, Scholem julga o sabataísmo como um movimento primordialmente religioso e, por isso mesmo, causado por um certo desenvolvimento na consciência religiosa. Esse papel, argumenta ele, só pode ter sido desempenhado pela Cabala luriânica, que proporcionou aos sabataístas seu vocabulário messiânico até quando estes radicalizaram o seu sentido. Retratando o sabataísmo como parte integrante da tradição religiosa judaica e não uma reação desesperada ao sofrimento, Scholem pretende dar-lhe autenticidade e legitimidade. Por fim, o amplo tratamento dispensado por ele ao sabataísmo baseia-se na assunção de que este foi um movimento de massa, englobando todas as áreas geográficas e grupos sociais do mundo judeu. A amplitude mundial do sabataísmo explica-se pelo fato de que sua principal fonte, a Cabala luriânica, tor-

---

41. *SS*, pp. 377-379. O texto relevante é a carta de Natan ao *chelbi* Rafael Iossef, publicado no *Zizat Novel Zvi*, de Jacob Sasportas, ed. Isaiah Tishby, Jerusalém, 1954, pp. 7-12; trad. em *SS*, pp. 270-275.

nara-se a teologia universal do judaísmo no decorrer do século que precedeu a erupção messiânica[42].

É permitido perguntar-se se Scholem não confundiu a causa histórica do sabataísmo com a justificação ideológica e teológica. O fato de os sabataístas terem adotado a imageria messiânica da Cabala luriânica pode nos dizer como eles concebiam a si mesmos e à sua missão, mas não nos informa necessariamente sobre as razões subjacentes pelas quais eles agiram como o fizeram. Essa questão aponta mais uma vez para uma característica fundamental da filosofia da história esposada por Scholem: sua ênfase nos movimentos intelectuais e nos esotéricos, em especial, como forças motivadoras na história.

Há também um problema imanente na sua caracterização do sabataísmo como um movimento apocalíptico instigado pela Cabala de Luria. O próprio Scholem nota que o messianismo luriânico estava na realidade mais próximo da noção de progresso gradual do que do apocalipticismo[43]. O ponto de ruptura em Luria ocorre no começo da história e não no seu fim. Além do mais, o típico apocalipticismo ensina que o homem é passivo em face da catástrofe vindoura; Luria, ao contrário, põe o acento no papel ativo do homem. Sem dúvida, a idéia de um mito cósmico englobando os eventos históricos é tipicamente apocalíptico, mas falta o elemento crucial de uma ruptura na história. Poderia parecer, pela descrição que o próprio Scholem faz da Cabala luriânica, que o elemento apocalíptico no sabataísmo não foi uma herança da Cabala, a qual assumira na realidade uma feição antiapocalíptica, mas da atmosfera de catástrofe reinante no mundo judeu durante os séculos subseqüentes à expulsão da Espanha. Em outras palavras, é difícil de compreender, a partir da apresentação scholemiana, como a noção luriânica de progresso converteu-se no apocalipticismo sabataísta, a não ser pela negação, e essa negação foi talvez incitada mais por causas externas à Cabala do que pela própria Cabala.

SABATAÍSMO E ILUMINISMO

A tese de Scholem, segundo a qual teve um caráter de massa a explosão de messianismo apocalíptico e antinomismo herético no limiar do período moderno, contradiz, implicitamente, a crença racionalista na progressão da história judaica das trevas para as luzes. Se o sabataísmo fosse apenas um movimento periférico, ele poderia ser posto de lado como algo irrelevante em relação à corrente principal da história judaica. A historiografia do século XIX mantinha que o período moderno do

---

42. Tudo em *SS* visa demonstrar essa tese fundamental. Ver em especial o capítulo 1.
43. *SS*, p. 65.

judaísmo fora inaugurado pelas influências externas da nova tolerância cristã e do Iluminismo do século XVIII. Scholem pretende, em compensação, que a idade moderna do judaísmo tenha constituído o produto de uma dialética no interior da história judaica: o sabataísmo abalou de dentro as bases do judaísmo tradicional[44]. O judaísmo religioso, uma vez que produziu a Cabala, que a seu turno produziu o sabataísmo, semeara os germes de sua própria destruição.

Em conformidade com sua crença no poder das idéias, Scholem pôs o foco de sua explicação acerca da influência oculta do sabataísmo no desenvolvimento dialético da teologia sabataísta. Seu primeiro estudo nesse domínio, consagrado à teologia herética de Abraão Cardozo, mostra como esse cabalista marrano transformou a Cabala de Luria em anarquismo moral[45]. Segundo a doutrina luriana da transmigração das almas, as ações em si não são nem morais nem imorais em si mesmas, mas devem ser julgadas em função da tarefa atribuída à alma no sentido de restaurar um número certo de centelhas divinas. O malogro no preenchimento da quota a ela consignada importava em retornar em outra vida a fim de cumpri-lo. A questão, já implícita na teoria de Luria, era se as más ações de uma pessoa demandavam punição uma vez que ela tivesse preenchido a tarefa de restauração que lhe cabia. Em outras palavras, o homem talvez não fosse mais responsável pelos maus atos praticados em uma encarnação anterior, o que anulava, pois, qualquer cálculo moral. Além disso, a ignorância em relação à vida anterior implicava no indivíduo o desconhecimento do que exatamente era a quota a ele atribuída e no que ele falhara. No pensamento de Cardozo, as ações humanas converteram-se num *Spiel* (jogo) ou numa *Theologie des Hasards* (teologia do acaso) que minava as certezas morais do judaísmo tradicional: "Assim, acontece que, antes de os poderes da história mundial desarraigarem o judaísmo no século XIX, sua realidade viu-se ameaçada a partir de seu próprio interior. Já nessa época [a do sabataísmo], a 'realidade dos hebreus', a esfera do judaísmo corria o perigo de tornar-se uma ilusão"[46]. Esse exemplo mostra

---

44. Para uma discussão bibliográfica sobre as origens da Ilustração judaica, ver Azriel Shochat, *Im Hilufei ha-Tekufot*, Jerusalém, 1960, pp. 242-246. A posição de Shochat mesmo, como a de Scholem, tenta mostrar a preparação interna da *Hascalá*, enfatizando o desenvolvimento da assimilação social um século antes de Moisés Mendelsohn. Para um ponto de vista que, embora acentue a importância de Mendelsohn, focaliza a desintegração interna da estrutura social tradicional, ver Jacob Katz, *Tradition and Crisis*, New York, 1961, pp. 213-230. V. também *Ha-Mahschava ha-Yehudit Ba-Et ha-Hadascha,* de Nathan Rotenstreich, (Tel Aviv, 1966, pp. 24-26, em que o autor começa sua história do pensamento judaico moderno com o sabataísmo. Rotenstreich estudou com Scholem de 1932 a 1937, na Universidade Hebraica, enquanto estava preparando o seu doutorado em filosofia.

45. *Judaica*, I, pp. 142-146.

46. *Idem*, p. 146. "A Realidade dos Hebreus" (Die Wirklichkeit der Habräer) refere-se ao neomágico, cabalístico livro do mesmo título, escrito por Oskar Goldberg e

uma vez mais, de maneira surpreendente, como Scholem, em 1928, já havia chegado a uma de suas hipóteses mais queridas, que ele iria desenvolver ao longo de toda a sua carreira: o sabataísmo abalou o judaísmo por dentro quase um século antes das Luzes.

No seu estudo de 1936 sobre "A Redenção pelo Pecado", Scholem explorou com mais detalhe a doutrina sabataísta da "santidade do pecado", que foi elaborada primeiro para explicar as estranhas ações antinomistas de Sabatai Tzvi e que, após a apostasia deste, converteu-se na ideologia central do movimento. Para aqueles que remanesceram no movimento na qualidade de crentes em Sabatai Tzvi, depois que este "vestiu a fez", duas opções eram possíveis: considerar as ações heréticas de Sabatai Tzvi como únicas e continuar a levar externamente uma vida ortodoxa, embora mantendo a fé interior numa nova realidade messiânica, ou então emular a apostasia dele. Scholem qualifica a primeira atitude de "sabataísmo moderado" e a segunda, de "radical".

Para os moderados, a distinção entre vida exterior e interior tornou-se um problema agudo. Nós já observamos como a teoria scholemiana do desenvolvimento do messianismo cabalístico a partir de uma doutrina puramente interna se transformou em um mito histórico na cabala luriânica e, ao fim, no extremo messianismo apocalíptico exteriorizado do sabataísmo. Mas, com o fracasso do movimento no plano histórico-político, a fé messiânica ficou de novo rachada: o crente vivia na convicção interior de que tudo no mundo havia mudado misticamente com o aparecimento do Messias, mas sua abjuração mantivera a evidência externa dessa mudança em suspenso. Tal "esquizofrenia mística" produziu um estado de espírito similar ao dos marranos e ela explica por que alguns cabalistas marranos, como Cardozo, foram atraídos pelo sabataísmo[47]. De acordo com Scholem, a nova dicotomia

---

publicado em 1925. Scholem tinha certas ligações periféricas com o círculo teosófico de Golberg, em Berlim, por intermédio de Walter Benjamin, que estava envolvido com o grupo através de Erich Unger, outro líder do grupo. Goldberg tentou atrair Scholem para o referido círculo ao ser informado de que Scholem possuía conhecimentos de primeira mão da Cabala, mas Scholem estava tão desinteressado na desbotada teosofia de Goldberg quanto estivera antes na *Erlebnismystik*, de Buber. Quando Goldberg publicou seu livro, Scholem escreveu uma longa crítica sobre ele, que enviou de Jerusalém para Walter Benjamin e Leo Strauss em Berlim. Ver *Walter Benjamin*, pp. 122-126. Scholem também comparou a exegese mágica de Goldberg com a do mação frankista do século XVIII, E. J. Hirschfeld, em "Ein verschollener jüdischer Mystiker der Aufklärungszeit", *LBIY* 7, 1962, p. 261.

47. "Redemption Through Sin", *MI*, p. 95. Cardozo compara explicitamente a apostasia de Sabatai Tzvi às conversões forçadas a que os marranos foram submetidos. Ver *Inyanei Schabtai Zevi*, ed. A. Frieman, 1913, p. 88. Y. H. Yerushalmi, em seu estudo sobre o irmão de Cardozo, Isaac, afirma que o marranismo não precisava levar necessariamente ao sabataísmo: Isaac Cardozo era um oponente do sabataísmo. Ver *From Spanish Court to Italian Ghetto: Isaac Cardoso*, New York, 1971, pp. 302-350.

entre interior e exterior conduziu à ruptura da identidade nos compartimentos privados e públicos peculiares ao judaísmo moderno. Afigurar-se-ia, entretanto, que o desenvolvimento da mentalidade sabataísta na Ilustração judaica requeria ao menos uma inversão a mais, da qual eu não encontro nenhum traço no estudo de Scholem: enquanto os sabataístas moderados permaneceram externamente judeus tradicionais, sendo apenas escatologicamente "livres" no foro íntimo, o *slogan* da Luzes era: "judeu em casa e homem na rua".

O sabataísmo radical, de outro lado, solveu o problema da bifurcação ou por meio da conversão aberta ao islã ou ao cristianismo ou por meio da violação secreta da lei judaica. A seita dos Dönmeh na Turquia e dos frankistas na Europa Oriental prefiguraram as tendências de caráter mais assimilacionistas do judaísmo moderno, porque escolheram a abjuração[48]. No caso de Jacob Frank e seus seguidores, a apostasia não significava aceitação sincera da nova religião, mas um niilismo dialético expresso sob a máscara do cristianismo. Com Frank, a doutrina da santidade do pecado atingiu sua expressão mais demoníaca. O niilismo frankista acabou por converter-se num desejo de libertação política, e certos panfletos frankistas sugerem a conexão entre as doutrinas místicas heréticas e os ideais políticos do iluminismo[49].

No plano teórico, portanto, o sabataísmo preparou o terreno para o moderno secularismo e as Luzes. A doutrina da santidade do pecado transformou-se em indiferença laica a todas as leis judaicas tradicionais. Num importante aforismo, Scholem sugere que o judaísmo reformado, que em substância baniu de sua prática judaica a *halakhá*, é um produto não só do sabataísmo, mas na realidade da Cabala antiga:

> Assim como a natureza, considerada do ponto de vista cabalístico, não é nada mais senão uma sombra do divino Nome, do mesmo modo se pode falar de uma sombra da Lei cuja projeção é cada vez mais longa ao redor da vida dos judeus. Mas, na Cabala, o pétreo muro da Lei se faz gradualmente transparente. [...] Essa alquimia da Lei, sua transmutação em transparência, é um dos mais profundos paradoxos da Cabala. [...] [O] fim lógico desse processo há de ser o advento da Reforma judaica: a pura humanidade abstrata, sem sombra, da Lei, destituída de todo e qualquer pano de fundo, mas também não mais irracional. A Reforma é assim um remanescente da dissolução mística da Lei[50].

---

48. Ver "Die krypto-jüdische Sekte der Dönme in der Türkei", *Numen* 7, 1960, pp. 93-122, trad. em *MI*, pp. 142-167. Sobre Frank e o frankismo, ver "Redemption Through Sin", *MI*, pp. 126-141.

49. *MT*, p. 320, e *MI*, pp. 137-141.

50. "Wie die Natur, kabbalistisch gesehen, nichts ist als der Schatten des göttlichen Namens, so kann man auch von einem Schatten des Gesetzes, den es immer länger und länger auf die Lebenshaltung des Juden wirft, sprechen. Aber die steirnene Mauer des Gesetzes wird in der Kabbala allmählich transparent. Diese Alchimie des Gesetzes, seine Transmutation ins Durchsichtige, ist eines der tiefsten Paradoxe der Kabbala... So musste am Ende dieses Prozesses logischerweise die judische 'Reform' stehen: die schattenlose,

Essa enigmática passagem requer alguma explicação. Segundo os cabalistas, a natureza é como uma sombra a ocultar o espiritual, a divina essência do mundo; a Lei é, de modo similar, apenas um tecido simbólico de uma realidade mais profunda. Scholem transforma esse motivo cabalístico em algo diferente: a Lei esconde a verdadeira essência da vida do povo judeu. Essa passagem deve ser lida como uma crítica implícita à Lei judaica.

Scholem então mescla suas metáforas chamando a Lei de *steinerne Mauer* (muro pétreo), que constitui uma tradução negativa de uma caracterização rabínica da Lei Oral como a *siyag la-torá* (cerca em torno da Torá). A Cabala quebrou esse muro, presumivelmente por sua teoria pluralista da exegese. O sabataísmo apocalíptico, que Scholem não menciona de modo explícito no aforismo, formou a terceira etapa nessa alquimia da Lei, antes de ela perder sua capacidade de lançar uma sombra em torno do judaísmo. Com o judaísmo reformado, a interação dialética entre a coerção da Lei e a força libertadora da mística desapareceu, pois a Lei se tornou puramente racional e abstratamente universal. A secularização da Lei, sustenta Scholem, selou o destino do misticismo judeu, na medida em que a mística requeria um judaísmo normativo como fole para a sua reinterpretação mística. O próprio exsurgir da Reforma, cujo racionalismo se opunha tanto à *halakhá* quanto à Cabala, constituiu, entretanto, a conseqüência de um desenvolvimento interno do misticismo. O racionalismo do século XIX e o laicismo representaram sem dúvida uma revolução na história judaica, mas foi uma revolução dialeticamente preparada pela tradição religiosa.

Juntamente com seus estudos teóricos do sabataísmo e das ocultas conexões intelectuais deste com o judaísmo laico e as Luzes, Scholem tentou provar a veracidade de suas arrojadas teses trazendo à luz os liames biográficos entre sabataístas do século XVIII e iluministas judeus. Ele afirma em especial que entre a burguesia judaica da Boêmia e da Morávia, famílias com tradições sabataístas ou frankistas lideraram amiúde a nova *Hascalá*:

> Mesmo enquanto ainda eram "crentes" – de fato, precisamente porque eram "crentes" – haviam começado a aproximar-se do espírito da *Hascalá*, de maneira que, tão logo a flama de sua fé se extinguiu por fim, reapareceram como líderes do judaísmo reformado, intelectuais seculares ou meros cépticos indiferentes[51].

No século XX, o historiador do ateísmo Fritz Mauthner, descendia justamente de uma família sabataísta, ao passo que Aarão Horin, um pioneiro do judaísmo reformado na Hungria, foi sabataísta em sua ju-

---

unhintergrundige, aber auch nicht mehr unvernunftige, rein abstrakte Humanitat des Gesetzes als ein Rudiment seiner mystischen Zersetzung", *Judaica*, III, p. 269.
51. *MI*, p. 140.

ventude[52]. Scholem também desenterrou algumas evidências extraordinárias de como um número de sabataístas da Boêmia e Morávia, notadamente E. J. Hirschfeld e Moisés Dobruschka, entraram em lojas maçônicas no fim do século XVIII e introduziram certas doutrinas cabalísticas radicais no ritual maçônico[53]. Dobruschka, talvez a mais fascinante de todo o elenco de figuras que trilharam esse caminho subterrâneo que levou do misticismo herético ao iluminismo secular, foi guilhotinado durante a Revolução Francesa com Danton, sob o pseudônimo de Julius Frey.

A fim de alicerçar a tese da penetrante influência do sabataísmo sobre o iluminismo judeu, Scholem sustenta que um vasto movimento sabataísta persistia ainda cem anos após a apostasia de Sabatai Tzvi. Até mesmo no século XVIII, Jacob Emden fez essa acusação e instituiu uma verdadeira caça às bruxas contra os cripto-sabataístas. Ele acusou Jonatã Eibeschütz, que era na época uma das maiores autoridades em matéria de Lei judaica, de nutrir simpatias sabataístas, deflagrando uma viva controvérsia que cindiu o mundo rabínico da Europa Central e Oriental. No século XX, a maior parte das comunidades ortodoxas veio a rejeitar os argumentos aventados por Emden com o fito de esmagar a possibilidade de que o sabataísmo fosse algo mais além de um fenômeno passageiro e a fim de salvar a reputação de um certo número de veneráveis rabis ortodoxos. Revivendo as suspeitas de Emden de que o sabataísmo era uma força poderosa no século XVIII[54], Scholem incorreu na ira do mundo ortodoxo. Um ataque combinado de vários *scholars* ortodoxos o forçou, pela primeira e única vez em sua carreira, a responder a seus acusadores numa revista ortodoxa[55]. Mais tarde, ele publicou um panfleto especial refutando de um modo sistemático seus oponentes[56]. A controvérsia constitui evidên-

---

52. *MI*, p. 80; Mauthner, *Erinnerungen*, Munique, 1918, p. 306. Sobre Hurin, ver *MT*, p. 304.

53. "Ein verschollener judischer Mystiker der Aufklarungszeit", *LBIY*, e "A Carreira de um Frankista: Moisés Dobruschka e sua Metamorfose" (hebraico), em *Mehkarim u-Mekorot le-Toldot ha-Shabta'ut ve-Gilguleha*, Jerusalém, 1974, pp. 141-219.

54. Resenha crítica de M. J. Cohen, *Jacob Emden: Um Homem de Controvérsia*, em *Kiryat Sefer* 16, 1939-1940, pp. 320-338, e "Episódios no Estudo do Movimento Sabataísta" (hebraico), *Zion* 6, 1940-1941, pp. 85-100.

55. Ver o breve artigo de Michael Ha-Cohen Brawer, "Sod ha-Razim", *Ha-Hed* 16 (9-12), 1940-1941, p. 21, e a resposta de Scholem na mesma revista, 17 (1-2), 1941-1942, p. 14.

56. *Leket Margaliot*, Tel Aviv, 1941. O folheto é sobretudo uma refutação da crítica do erudito ortodoxo, Reuben Margaliot, que havia publicado um folheto com dois ensaios em defesa de Eibeschütz intitulado *Sibat Hitnagduto schel Rabenu Jacob mi-Emden le Rabenu Yonathan Eibschütz*, Tel Aviv, 1941. A respeito da história da controvérsia e sua metamorfose moderna, ver F. Lachover "A Continuação de uma Controvérsia Histórica" (hebraico), *Moznayim* 13, 1940, pp. 177-186, e A. Shiloni, *La-Pulmus ha-Mehudach al Schabta-uto shel Yonatan Eibeschütz*, Jerusalém, 1952.

cia de que o sabataísmo continua sendo potencialmente um perigoso embaraço à ortodoxia moderna, pois, se forem corretas as afirmações de Scholem, elas mostram que o judaísmo religioso no século XVIII era bem mais heterogêneo do que os ortodoxos pensam hoje em dia.

O movimento sabataísta do século XVIII, a que Scholem devotou a maior atenção como parte do esforço para mostrar vinculações entre messianismo e iluminismo, é o frankismo. Os seguidores de Jacob Frank (1726-1791) converteram-se, em muitos casos, ao catolicismo e envolveram-se em vários movimentos ligados às Luzes. A atração ambivalente de Scholem pelos movimentos messiânicos revela-se, da maneira mais nítida, no tratamento que dispensa a Frank. De um lado, sentia-se manifestamente fascinado pelos frankistas e pelo caráter de suas idéias, que formavam uma ponte entre a concepção religiosa do mundo e a secular. De outro lado, denotava uma franca repulsa em relação ao próprio Frank e ao niilismo desenfreado de seu grupo. Em "A Redenção pelo Pecado", escreveu a respeito deles em termos tão negativos como jamais o fizera em suas discussão sobre Sabatai Tzvi:

> Jacob Frank será sempre lembrado como um dos fenômenos mais terrificantes de toda a história judaica: um chefe religioso que, por motivos puramente egoístas ou por alguma outra razão, mostrou ser em todas as suas ações um indivíduo verdadeiramente corrupto e degenerado. De fato, poder-se-ia plausivelmente argumentar que, a fim de esgotar de forma completa o seu aparentemente infindável potencial para o contraditório e o inesperado, o movimento sabataísta tinha justamente necessidade de um tal homem forte, um homem capaz de apagar suas derradeiras luzes interiores e perverter qualquer desejo de verdade e bondade ainda restantes nas confusas ruínas das almas dos crentes.

As conexões traçadas por Scholem entre sabataísmo e iluminismo se parecem com aquelas que outros pesquisadores já haviam demonstrado acerca da relação entre cristianismo e as origens da Ilustração européia. Desde Max Weber, vários estudiosos da questão tentaram retratar o curso dialético dos movimentos sectários cristãos gerados pela Reforma e sua projeção nas Luzes. Ao estudo consagrado por Max Weber à influência do calvinismo sobre o "espírito do capitalismo", seguiram-se investigações a respeito dos grupos heréticos mais radicais, tais como os socianos e os anabatistas[57]. Uma atenção espe-

---

Um aluno de Scholem, Moisés Perlmutter, examinou um dos mais controvertidos livros da polêmica do século XVIII e o identificou como sendo um panfleto sabataísta escrito por Eibeschütz. Ver o seu *Yonatan Eibeschütz ve-Yahaso el ha-Shabta'ut*, Tel Aviv, 1947.

57. Ver, por exemplo, Leo Strauss, *Spinoza's Critique of Religion*, New York, 1965, pp. 37-86; o estudo de Ernst Bloch sobre Thomas Münzer; e de Erich Seeberg, sobre Gottfried Arnold. A demonstração feita por Karl Mennheim acerca da ligação da utopia quiliástica e a liberal é também relevante. Ver *Ideologia e Utopia*.

cial tem sido também prestada às ligações entre o pietismo místico e o iluminismo[58].

Scholem situa o seu próprio trabalho nessa tradição historiográfica. A bem dizer, o seu argumento sobre o liame oculto entre o sabataísmo e as Luzes não é totalmente novo, pois, já no século XVIII, Gottfried Selig e Jacob Emden haviam sugerido tal laço[59]. Shai Hurwitz, no século XX, precedeu Scholem na descrição do sabataísmo como um movimento que abriu caminho para as Luzes[60]. A contribuição de Scholem foi a de sistematizar e escorar essas sugestões anteriores, bem como a de conectá-las com uma coerente e radical filosofia da história judaica.

O último capítulo da obra de Scholem, e talvez o mais ousado e mais original, é também o mais exposto a objeções. Como Jacob Katz apontou[61], a tese de Scholem é frágil tanto em termos de laços intelectuais quanto biográficos. A despeito das atitudes semelhantes em relação ao "jugo dos mandamentos", os iluministas não tinham necessidade de ir buscar suas idéias entre os sabataístas. Os exemplos dados por Scholem, de sabataístas que se tornaram partidários das Luzes ou reformadores, provocativos como são, representam apenas uma fração mínima dos judeus que abandonaram a ortodoxia a fim de adotar novas formas de judaísmo. Katz mostra que até alguns dos exemplos principais de Scholem, como o de Aarão Horin, talvez jamais tenham sido sabataístas ou, como o de E. J. Hirschfeld, talvez hajam descoberto o sabataísmo depois de terem já chegado às Luzes.

Os sabataístas foram por certo mais suscetíveis à assimilação por serem já proscritos da sociedade judaica ortodoxa. Mas esse é um argumento sociológico e, embora se possa presumir que Scholem não

---

58. Albert Ritschl, *Geschichte des Pietismus*, II, *e.g.*, 116, 159, 166, 222. Ver Gerhard Kaiser, *Pietismus und Patriotismus im literarischen Deutschland*, Wiesbaden, 1961, pp. 13-14, e 248n 47-51, para a bibliografia.

59. Ver os reparos de Emden a respeito de sabataístas e *Maskilim* em *Holi Ketem*, Altona, 1775, p. 24b: "As duas seitas [...] fazem os filhos de Israel desesperarem da futura redenção dizendo que Deus deixou a terra e não mais a observa nem exerce sua Providência sobre este mundo. Eles se julgam abandonados ao acaso". Embora Emden não acuse o sabataísmo por causar o Iluminismo, sua discussão das concepções sabataístas da providência sugere a conexão intelectual entre ambos. Para a abordagem de Selig, ver sua publicação *Der Jude*, 1779, p. 79. Scholem discute seus predecessores do século XVIII em "Die Metamorphose des häretischen Messianismus", *Judaica*, III, p. 216.

60. Sobre Hurwitz, ver capítulo 2. Scholem reconhece a contribuição de Hurwitz em *MT*, p. 418n 30. Ele também menciona V. Zacek, que publicou documentos demonstrando as ligações entre o sabataísmo tardio e o iluminismo em *Jahrbuch für Geschichte der Juden in der Tschechoslowakischen Republik* 9, 1938, pp. 343-410.

61. "Sobre a Questão da Conexão entre Sabataísmo, Ilustração e Reforma" (hebraico), *Studies in Honor of Alexander Altmann*. O professor Katz teve a bondade de pôr à minha disposição as provas tipográficas de seu artigo.

o rejeitaria, está longe de sua tese principal. Scholem, sem dúvida, tem razão quando diz que o sabataísmo ajudou a solapar o mundo rabínico tradicional muito mais do que tem sido admitido, porém sua pretensão de que houve uma ligação inerente entre o sabataísmo e o iluminismo é provavelmente improvável.

A teoria de Scholem sobre o modo pelo qual a heresia mística conduziu ao moderno período de secularismo e racionalismo constitui a culminação de sua tentativa de mostrar a influência oculta da mística na história judaica. Sua descrição do processo que levou o messianismo cabalístico à heresia apocalíptica e, por fim, ao iluminismo laico esteia-se na sua teoria da conjunção produtiva dos opostos: mito e monoteísmo, misticismo e racionalismo, messianismo apocalíptico e secularismo. Essa teoria deriva de sua interpretação do papel das forças demoníacas na história:

> O desejo de libertação total, que desempenhou um papel tão trágico no desenvolvimento do niilismo sabataísta, não foi de maneira alguma puramente uma força autodestrutiva; ao contrário, debaixo da superfície da ausência de lei, do antinomismo e da negação catastrófica, poderosas forças construtivas estavam em ação[62].

Como que oposta a uma teoria do progresso gradual, a história procede por rupturas violentas. No entanto, tais descontinuidades não significam que um período histórico não exerça influência alguma sobre a natureza do período que o sucede. A potencialidade construtiva do fator demoníaco sugere que mudança extrema e continuidade não são mutuamente exclusivas. Tão radicalmente diferente como o iluminismo possa parecer em contraste com o messianismo místico sabataísta, há uma conexão oculta entre eles, na medida em que o sabataísmo involuntariamente preparou o terreno para o racionalismo laico. Lá onde os historiadores precedentes viam só contradições e negações insolúveis, Scholem afirma que se pode estabelecer continuidades entre aparentes opostos. Essa era a meta que Hermann Cohen havia colocado para o filósofo do judaísmo confrontado por contradições entre fontes históricas. Mas enquanto Cohen impunha a harmonia por meio do conceito de razão, Scholem demonstra a existência de vinculações ocultas entre irracionalismo e racionalismo, e sua prova dessas conexões está em fontes históricas.

HASSIDISMO E MESSIANISMO

Numerosos autores nacionalistas judeus sentiram-se atraídos pelo estudo do hassidismo como um movimento popular de muita força

---

62. "Redemption Through Sin", *MI*, p. 84.

vital no passado. Por ter o nacionalismo judeu de defrontar-se com a questão do messianismo, as várias interpretações do hassidismo muitas vezes enfocam o caráter messiânico do movimento. Ben Zion Dinur e um dos alunos do próprio Scholem, Isaiah Tishby, argumentaram que o messianismo restaurativo tradicional desempenhou um papel crucial no hassidismo[63]. Dinur via no hassidismo um precursor do sionismo político. Tishby, por sua vez, mostrou que o messianismo hassídico surgira sem qualquer ligação especial com o declínio do sabataísmo na Polônia. O hassidismo usou fórmulas messiânicas tradicionais e não foi um produto nem positivo nem negativo do sabataísmo. A tese de Tishby era dirigida contra o ponto de vista de Scholem segundo o qual o hassidismo emergira como uma resposta ao malogro do sabataísmo.

Contra a interpretação messiânica do hassidismo, Schimon Dubnov e Martin Buber sustentaram que o hassidismo era antimessiânico na acepção tradicional do termo[64]. Buber rejeitava o apocalipticismo como um aspecto legítimo do messianismo judaico. Associava-o ao gnosticismo, que também era visto por ele como estranho ao judaísmo[65]. A opinião de Buber sobre a história da Cabala apresenta semelhanças em alguns pontos com a de Scholem, mas às vezes ele parece estar mais perto do século XIX. Buber acreditava que, na época do sabataísmo, a Cabala degenerara em gnosticismo, de modo que seu caráter apocalíptico era fundamentalmente antijudaico. Para Buber, o gnosticismo apocalíptico era uma fuga do mundo quotidiano, que é precisamente o mundo que o homem deve propor-se a santificar[66].

O hassidismo, como Buber o concebia, foi um movimento para reconduzir o judaísmo ao cuidado com o mundo do dia-a-dia. Em oposição à tendência gnóstica na Cabala, o pietismo hassídico empreendeu uma *Entschematisierung des Mysteriums* (desesquematização do mistério)[67]. A contribuição desse movimento pietista não residiu em alguma inovação teórica na Cabala, mas, ao contrário, naquilo que permitiu ao judaísmo escapar dos perigos da degenerescência. O hassidismo liquidou de forma decisiva o desastroso messianismo do movimento sabataísta investindo no caráter divino das ações diárias.

63. Isaiah Tishby, "A Idéia Messiânica no Advento do Hassidismo" (hebraico), *Zion* 32, 1967, pp. 1-45, e Ben Zion Dinur, *Be-Mifne ha-Dorot*, pp. 181-227.
64. Schimon Dubnov, *Geschichte des Chassidismus*, Berlim, 1931, I, p. 108, e Martin Buber, *The Origin and Meaning of Hasidism*, trad. Maurice Friedman, New York, 1960, pp. 107 e 111. Scholem discute a literatura bibliográfica em "The Neutralization of the Messianic Element in Hasidism", *MI*, pp. 178-179.
65. "Prophetie und Apokalyptik", *Werke*, II, pp. 925-942.
66. *The Origin and Meaning of Hasidism*, pp. 252-253, e *Hasidism and Modern Man*, trad. Maurice Friedman, New York, 1958, p. 27.
67. Introdução ao *Der Grosser Maggid*, Frankfurt, 1922.

A interpretação dada ao fenômeno hassídico por Buber coincidia com a sua filosofia geral. Embora nos primeiros escritos sobre o hassidismo, no período da *Erlebnismystik*, ele tenha enfatizado a qualidade extática do misticismo hassídico, após a Primeira Guerra Mundial passou a preocupar-se com o "aqui e agora" efetivo e a ver no hassidismo a santificação do mundo concreto, quotidiano. A redenção, acreditava agora Buber, podia sobrevir a cada indivíduo a qualquer momento no tempo. Assim, achou no hassidismo um modelo para a sua reinterpretação individualista do messianismo tradicional. Ainda que não lhe negasse a dimensão nacional, julgava que a libertação messiânica seria o resultado final de muitos atos concretos de santificação do "aqui e agora"[68].

Como Hermann Cohen, Buber definia o seu messianismo como utópico e antiapocalíptico[69]. Via no sionismo precisamente uma tal tentativa utópica de santificar o mundo concreto. O sionismo poderia, por conseqüência, tomar o hassidismo como o modelo de sua própria orientação espiritual:

> O hassidismo é uma grande revelação [...], em que a nação parece estar ligada por um laço interno com o mundo. [...] Somente por meio de semelhante contato será possível evitar que o sionismo siga o caminho do nacionalismo de nossa época, o qual, por demolir as pontes que o conectam com o mundo, está destruindo seu próprio valor e direito de existir[70].

A ênfase de Buber na redenção no "aqui e agora" afigura-se surpreendentemente apocalíptica. Como Karl Mannheim escreveu, "a única verdadeira [...] característica identificadora da experiência quiliástica é a absoluta presentidade"[71]. Muito embora Buber pregasse a urgência de um retorno à ação histórica, a categoria da história servia-lhe mais como uma metáfora do presente existencial do que de um *continuum* histórico.

A posição de Scholem no tocante ao hassidismo é iconoclástica. Rejeitando quer a interpretação messiânica e antimessiânica do hassidismo, ele propõe uma terceira posição, segundo a qual o hassidismo neutralizou o messianismo tradicional:

> O hassidismo representa uma tentativa de preservar aqueles elementos do cabalismo que eram capazes de evocar uma resposta popular, mas despidos de seu sabor messiânico aos quais deviam o seu principal êxito durante o período precedente. [...] Talvez se deva falar antes de uma "neutralização" do elemento messiânico. [...] Estou [entretanto] longe de sugerir que a esperança messiânica e a crença na redenção tenham desaparecido do coração dos *hassidim*[72].

---

68. *The Origin and Meaning of Hasidism*, pp. 106-112.
69. Ver Buber, *Paths in Utopie*, trad. R. F. C. Hull, New York, 1958, pp. 1-6.
70. *The Origin and Meaning of Hasidism*, p. 218.
71. Mannheim, *Ideology and Utopia*, p. 215.
72. *MT*, p. 329.

Essa declaração significativa demarca sua alternativa em face das interpretações prevalentes. Contra Dinur e, mais tarde, Tishby[73], Scholem assevera que o hassidismo era "quietista": evitava qualquer ação para apressar a vinda do Messias e adiava os tempos messiânicos para um futuro distante. Citando Hillel Zeitlin, Scholem pretende que no hassidismo "cada indivíduo é o redentor, o Messias do seu próprio e pequeno mundo"[74]. Ele procura demonstrar que o hassidismo surgiu dos vestígios do sabataísmo na Europa Oriental como uma tentativa deliberada de subjugar os inerentes perigos apocalípticos[75].

Tais argumentos são quase idênticos aos de Buber e, de fato, a posição de Scholem parece estar bem mais próxima da de Buber do que talvez estivesse disposto a admitir. Scholem e Buber partilhavam, pois, de uma postura política similar no que diz respeito à relação do sionismo com o messianismo. Ainda assim, a concepção de Scholem acerca da neutralização do messianismo dirigia-se contra Buber não menos do que contra Dinur e Tishby. Em seu artigo na revista *Commentary* de 1961, Scholem acusou Buber de falsificação histórica do hassidismo. Enquanto o autor do *Eu e Tu* teria tentado encontrar no hassidismo o seu próprio existencialismo religioso, Scholem afirmava que, na realidade, o hassidismo não santificava o concreto "aqui e agora": "Pois não é a realidade concreta das coisas que aparece como o resultado ideal da ação mística, porém algo da realidade *messiânica* em que todas as coisas foram restauradas ao seu devido lugar no esquema da criação e, destarte, profundamente transformadas e transfiguradas"[76]. Scholem sustenta que a redenção pessoal das centelhas divinas não constituía uma glorificação existencialista do mundo concreto, como Buber a julgava, porém uma tentativa gnóstica de aniquilá-lo. O elemento messiânico que o hassidismo retinha, conquanto despido de sua dimensão nacional, era gnóstico e apocalíptico. Um entendimento

---

73. "The Neutralization of the Messianic Element in Early Hasidism". Ver também o trabalho do aluno de Scholem, Joseph Weiss, "Via Passiva in Early Hasidism", *Journal of Jewish Studies* 11, 1960, pp. 137-157, e Rivka Schatz, "O Princípio Messiânico no Pensamento Hassídico" (hebraico), *Molad*, n.s. 1, 1967, pp. 105-111, e *Ha-Hasidut ki-Mistika*, Tel Aviv, 1968. A principal colocação de Schatz, baseada nos estudos dos escritos do Maguid de Mezritch, é que o hassidismo é uma versão judaica quietista do pietismo alemão.

74. *MI*, p. 202. Ver também *MT*, p. 337.

75. Scholem argumenta que o misterioso Rabi Adam Baal Schem que, de acordo com a lenda, foi um dos mestres de Israel Baal Schem Tov era na realidade Heshel Tsoref, um cripto-sabataísta do século XVIII. O hassidismo emergiu das tradições sabataístas do período tardio e sua rejeição do apocalipticismo sabatiano era consciente. Ver *MT*, pp. 331-333, e "Demut Ba'al Schem Shabta'i", *Ha-Aretz*, 22 de dezembro de 1944, p. 6.

76. *MI*, p. 243. "Martin Buber's Interpretation of Hasidism", que apareceu primeiro em *Commentary* 32, outubro de 1961, pp. 305-316; ampliado em *MI*, pp. 227-251.

histórico do hassidismo revela que ele é efetivamente mais estranho do que Buber havia pensado; em vez de tornar-se um modelo para o homem moderno, emergia como um produto do messianismo cabalístico com os elementos mais radicais neutralizados. Buber interpretara erroneamente o hassidismo porque partira de uma definição de messianismo muito distante do verdadeiro caráter da idéia messiânica no judaísmo, em particular do modo como este a desenvolveu na Cabala[77].

A famosa controvérsia acerca do hassidismo na década de 1960 remonta a 1921 quando Scholem leu o manuscrito do *Der grosse Maggid* (O Grande Pregador), em que Buber expressou pela primeira vez as sua concepções a respeito da oposição entre hassidismo e gnosticismo. Ele escreveu então a Buber argumentando que o hassidismo não devia ser entendido como uma rejeição do gnosticismo cabalístico, porém como um desenvolvimento dialético no interior deste[78]. O empenho de Buber em estudar o hassidismo como um fenômeno independente da Cabala, e talvez até oposto a ela, não podia ganhar crédito a menos que radicado na história da própria Cabala. Scholem estava pronto a concordar que os *hassidim* não tinham inovado no campo da Cabala teórica, mas isso não foi porque rejeitavam a tradição cabalística.

A disputa sobre o hassidismo oferece, portanto, um interessante exemplo da diferença entre Buber e Scholem no terreno do estudo da história. Para Buber, um movimento histórico pode ser compreendido se encontramos nele pontos de identificação com a nossa própria experiência de vida. O fenômeno histórico, por conseqüência, perde seu contexto e plano de fundo históricos. Para Scholem, nenhum fenômeno histórico existe no vácuo. A ligação com seus predecessores intelectuais determina seu caráter, e a única maneira pela qual se pode entender uma tradição passada e estranha não é arrancando-a da história, mas, ao contrário, localizando-a precisamente em sua realidade histórica original.

Definindo o hassidismo como uma neutralização do messianismo, Scholem sugere como este se insere na história do messianismo cabalístico. Cabe lembrar que ele havia caracterizado a Cabala do século XIII em termos virtualmente iguais. A Cabala luriânica "desneutralizara" o messianismo e, por essa via, causara no século seguinte a explosão apocalíptica do sabataísmo. Seguindo o sabataísmo, o impulso messiânico foi mais uma vez neutralizado. A terminologia de Scholem leva à conclusão de que o hassidismo usou a linguagem da Cabala luriânica a fim de restaurar o messianismo cabalístico em seu estado original, pré-luriânico. O messianismo não foi banido, mas desativado.

77. *MI*, p. 240.
78. Buber, *Briefwechsel*, II, pp. 86-89, 15 de outubro de 1921; a resposta de Buber, pp. 90-91, 19 de outubro de 1921.

Ao contrário de muitos de seus contemporâneos em ambos os lados da controvérsia sobre o hassidismo, Scholem nem sempre vê com simpatia o movimento hassídico. Por afirmar que o messianismo apocalíptico era como um "pé de vento anárquico" na bem ordenada casa do judaísmo halákhico, ele parece crer que a neutralização de tais forças iria estorvar qualquer mudança histórica revolucionária. Como Shai Hurwitz, Scholem julga o sabataísmo muito mais dinâmico e historicamente significante do que o hassidismo, que ele caracteriza como "quietista". De outra parte, sua avaliação do papel histórico das forças apocalípticas não quer dizer obrigatoriamente uma identificação com elas. Scholem reconhece no messianismo o potencial niilista que se tornou ativo no sabataísmo. No começo de seu livro sobre *Sabatai Tzvi*, ele observa: "A historiografia judaica optou em geral por ignorar o fato de que o povo judeu pagou um altíssimo custo pela idéia messiânica"[79]. Ele concebe sua própria historiografia como uma advertência quanto ao preço que essa idéia pode cobrar do povo judeu. A posição pessoal de Scholem no tocante ao messianismo é necessariamente complexa, pois ele crê que as forças vitais da mudança na história judaica são potencialmente demoníacas e destrutivas; no entanto, podem produzir inesperadas conseqüências positivas. Em contrapartida, a realização do messianismo significaria o fim da tradição histórica, da luta entre interpretações contraditórias da revelação. Comprometido com a idéia do fluxo pluralista da tradição, Scholem não podia deixar de ser, no mínimo, ambivalente com respeito ao término messiânico da história, pois o Messias como a autoridade final é o representante último da interpretação monolítica do judaísmo.

Na conclusão de seu ensaio sobre "A Idéia Messiânica no Judaísmo", Scholem explica por que o messianismo é, em si, problemático:

> No judaísmo, a idéia messiânica compeliu a uma vida vivida em diferimento, em que nada pode ser feito de modo definitivo. [...] Mais precisamente, não há nada de concreto que possa ser realizado pelo não redimido. [...] A assim chamada *Existenz* judaica possui uma tensão que nunca encontra verdadeira distensão; nunca se extingue. E quando em nossa história ela se descarrega, então é tolamente depreciada como pseudomessianismo[80].

Ao contrário de Buber, Scholem entende o messianismo como "a real idéia antiexistencialista". O paradoxo do messianismo é que ele exige a realização de anseios meta-históricos no reino concreto da história, mas, como no sabataísmo, a infusão de uma doutrina cósmica no universo concreto pode levar ao niilismo, visto que o mundo real

---

79. *SS*, XII. A frase "pagar um preço muito alto" é uma das expressões favoritas de Scholem. A respeito dessa avaliação do messianismo, ver também "With Gershom Scholem", *JJC*, p. 26.
80. *MI*, p. 35.

jamais pode refletir plenamente uma realidade mística. A fim de manter a dialética crítica da história judaica, o messianismo não podia ser nem realizado nem totalmente suprimido: a tensão de uma vida vivida em deferimento tanto preservou a tradição judaica quanto lhe deu dinamismo.

Para Scholem, o malogro do movimento messiânico não é "a enorme mentira [...] do grande ator e impostor", como os oponentes de Sabatai Tzvi o indigitavam. Trata-se antes, escreveu, citando uma lenda que corria entre os crentes do sabataísmo, de uma "vitória dos poderes hostis mais do que o colapso de uma coisa vã"[81]. Para Scholem, os poderes hostis são menos sobrenaturais do que inerentes ao paradoxo do messianismo. Não há algo como um pseudomessianismo, pois, assim como o messianismo apocalíptico procura inevitavelmente descarregar-se no universo concreto, do mesmo modo está não menos inevitavelmente condenado ao malogro. E, não obstante, as forças do messianismo, mesmo quando neutralizadas, nunca desapareceram da história judaica.

---

81. *SS*, p. 929.

5. A Política da Historiografia

Scholem vê no sabataísmo o grande divisor de águas entre o período medieval e o moderno na história judaica: todos os movimentos subseqüentes, como o da *Hascalá* (a Ilustração) ou do hassidismo, tiveram uma relação aberta ou oculta com ele, mesmo se o "neutralizavam". O messianismo apocalíptico abalou o mundo judeu em seus fundamentos, mas a dialética da rebelião e da continuidade, da revolução e do conservantismo, proporcionou à história judaica sua vitalidade ainda agora corrente.

Dada a centralidade do sabataísmo em sua concepção da história judaica, Scholem teria de relacionar o sionismo a esse grande movimento do século XVII. De fato, o sionismo conjurou necessariamente a questão do messianismo judaico, na medida em que se propunha a realizar ao menos parte da promessa messiânica: a restauração da soberania política do povo judeu na terra de Israel. Alguns autores, como Dinur, viram no sionismo o cumprimento do sonho messiânico, enquanto outros, como Buber, mostraram-se muito relutantes em utilizar a imageria messiânica tradicional em seu pensamento sionista, sem reinterpretá-lo de maneira radical.

Vimos que Scholem adotou a avaliação de Shai Hurwitz, segundo a qual o sabataísmo constituía o principal evento libertador da história judaica moderna. Hurwitz encarava o sabataísmo como um modelo para o sionismo, e Sabatai Tzvi como um Herzl do século XVII. Considera Scholem o sionismo um sabataísmo modernizado? Verificar-se-á neste capítulo que ele rejeita a identificação do sionismo com o messianismo apocalíptico e define o sionismo como algo que eu chamaria de "messianismo neutralizado". Se a mensagem do messianismo apocalíptico prega a obliteração da tradição histórica, Scholem encara o sionismo, ao inverso, como a "retirada utópica *para dentro* da história judaica". Caso o sionismo não seja um movimento do "fim dos dias", qual é a sua relação com a história judaica como um todo? Tendo desenvolvido seu interesse inicial pela historiografia do misticismo judaico em estreita proximidade com seu empenho no nacionalismo judeu, a posição de Scholem a respeito do sionismo pode servir de prova de tornassol para suas teses historiográficas. Pelo exame de sua ideologia sionista, começaremos a resolver o problema que sempre atormentou seus críticos: qual é a postura pessoal de Scholem no que tange aos fenômenos históricos por ele descritos?

Vimos no capítulo anterior que, após a publicação da edição hebraica do estudo sobre *Sabatai Tzvi*, um certo número de críticos israelenses pretendeu haver encontrado uma conexão positiva entre as pesquisas históricas de Scholem e sua atitude para com o sionismo. Baruch Kurzweil e R. J. Zvi Werblowsky censuraram Scholem em bases similares, por ter ele glorificado o sabataísmo como um exemplo de autêntico judaísmo e como um precursor do sionismo. Ambos interpretaram a historiografia de Scholem como uma força niilista, antitradicionalista, estruturalmente semelhante ao sabataísmo.

As críticas de Kurzweil, de longe as mais acerbas e vituperativas, provocaram uma resposta irada de alguns colegas de Scholem, embora o próprio Scholem não entrasse na refrega[1]. Malgrado o estilo com freqüência hiperbólico, há muita coisa nos argumentos de Kurzweil que merece séria atenção. Ele acusou Scholem de esconder sua teologia anarquista detrás da máscara de historiador objetivo. A seu ver, Scholem estava distante de ser imparcial em relação ao sabataísmo, pois tratava os sabataístas com exagerada simpatia, enquanto desancava seus opositores ortodoxos que recebiam a pecha de fanáticos de mentalidade tacanha. Scholem, afirma ele, sucumbiu à crença num "irracionalismo demoníaco"[2]. Sua concepção do judaísmo, que Kurzweil considerava em linhas gerais idêntico ao de Natã de Gaza, levou diretamente à relativização secular do judaísmo:

[As pesquisas de Scholem sobre o sabataísmo] constituem uma grandiosa e perigosa tentativa de prestar à interpretação secular do judaísmo – e em especial nos termos em que ela vem se apresentando desde o advento do sionismo secular – a força de continuidade que é imanente ao próprio judaísmo religioso[3].

1. Ver a disputa entre Kurzweil e Jacob Katz no *Ha-Aretz*, 16 de abril de 1965, p. 5; 14 de maio de 1965, pp. 10-11; e 28 de maio de 1965, pp. 10-11. Ver também Isaiah Tishby em *Davar*, 15 de janeiro de 1965, e no seu livro *Nitive Emuná U-Minut*, pp. 235-275.
2. Kurzweil, *Ba-ma'avak*, p. 134.
3. *Idem*, p. 111.

As vigorosas acusações de Kurzweil contra Scholem refletem sua atitude geral para com o sionismo secular. Nos seus ensaios literários, que vão desde os escritores hebreus do fim do século XIX até o movimento "canaanita" das décadas de 1940 e 1950, Kurzweil exprobrou ao sionismo laico um desastroso e estéril abandono da tradição judaica[4]. Em suas análises a respeito de Scholem, ele afirmava que este legitimara um perigoso precedente de "niilismo" na história judaica. Por que, pergunta o crítico, não reemergiria no movimento sionista semelhante niilismo messiânico? A historiografia scholemiana era, para ele, tanto mais perigosa quanto o autor encapotara sua ruptura revolucionária com a tradição judaica numa reinterpretação da própria tradição vista como revolucionária. O desacordo de Kurzweil com Scholem era, além do mais, de natureza fundamentalmente pedagógica: ele acusou Scholem de educar toda uma geração de israelenses na crença de que o sabataísmo constituía um efetivo judaísmo e que a tradição jurídica normativa tinha apenas uma significação marginal.

Kurzweil reconheceu, entretanto, que Scholem fizera referência em seu livro "ao alto preço que o povo judeu havia pago pela idéia messiânica" e que isso representava uma atitude mais cautelosa em face do messianismo. Ele sugeriu que as concepções de Scholem tinham por certo passado por uma revisão substancial desde sua alegada simpatia pelo antinomismo de "A Redenção pelo Pecado" de 1936 até a posição mais ambígua em *Sabatai Tzvi*:

> Scholem acabou por compreender que a revolta antitalmúdica, anti-rabínica, não resolveu nada. Auschwitz, de um lado, e o Estado de Israel como sua antítese [...] contradisseram sua concepção anterior. [...] Hoje, Scholem está longe de sua rebeldia inocente e entusiástica. Parece-me também que ele se desiludiu há algum tempo com o judaísmo e a realização do sionismo, de modo que se entrincheirou numa torre de marfim da "pura ciência"[5].

A despeito da crescente moderação de Scholem, Kurzweil insistiu que os pontos de vista de Scholem ainda exerciam um profundo, mesmo se não pretendido, efeito antinomiano. O próprio Scholem podia ter compreendido o alto preço do messianismo, mas ao sustentar que a heresia sabataísta era legitimamente judaica, conduzira a juventude israelense a um entendimento errôneo da essência do judaísmo.

Não creio que Scholem haja jamais considerado sua historiografia como algo independente de seu sionismo ou que jamais se tenha retirado para uma torre de marfim. Minha tese fundamental é que, no problema do messianismo, assim como em tantas outras questões básicas com as quais se defrontou, Scholem tomou suas decisões muito

---

4. Outros artigos de Kurzweil que tratam dessas questões foram coletados em *Sifruteinu ha-Hadascha – Hemshekh O Mahapekhá?*, Tel Aviv, 1965, pp. 225-300.

5. Kurzweil, *Ba-ma'avak*, p. 226.

cedo e se manteve nelas com poucas alterações substanciais. Kurzweil errou ao pensar que houve mudança na posição de Scholem após o Holocausto e a criação do Estado judeu, pois um exame cuidadoso do primeiro ensaio de Scholem sobre o sabataísmo, em 1928, revela que ele já estava cônscio dos perigos que o messianismo extremo representava para o sionismo. Ele escreveu nessa época:

> A fraseologia messiânica do sionismo, especialmente em seus momentos decisivos, não é a menor daquelas tentações sabataístas que poderiam levar a um desastre a renovação do judaísmo. [...] Tão transitórias no tempo quanto todas as construções teológicas, inclusive as de Cardozo e Jacob Frank, talvez o mais profundo e mais destrutivo impulso do sabataísmo, a *hybris* dos judeus, permanece presente[6].

A despeito da inequívoca negação, por parte de Scholem, de qualquer conexão positiva do sabataísmo com o sionismo, cumpre conceder a Kurzweil que declarações como essas parecem contradizer muitas das outras asserções de Scholem acerca das ocultas conseqüências positivas do messianismo apocalíptico. Alem disso, é difícil evitar a impressão de que Scholem tentou encontrar um precursor, para a sua própria teologia anarquista, no antinomismo sabataísta. Estaremos tratando aqui com uma contradição no pensamento de Scholem? Será ele capaz de conciliar sua atração pelos elementos demoníacos e destrutivos no messianismo apocalíptico e sua consciência dos riscos políticos que oferecem? Ou será que sua moderada posição sionista contradiz sua historiografia, em que está bem mais propenso a dar rédea livre à heresia e destruição? Vou tentar responder a essas questões voltando-me para a evolução política pessoal de Scholem nos anos de 1920 e 1930. Assim como a crucial Primeira Grande Guerra forjou sua decisão de trocar a Alemanha pela Palestina e de empreender o estudo acadêmico da Cabala, do mesmo modo os tumultuosos acontecimentos políticos na primeira década de sua vida na Palestina moldaram sua interpretação do sionismo na história judaica. Creio ser possível estabelecer um paralelo entre a declaração em 1928 no artigo sobre Cardoso e a posição política de Scholem na mesma época.

SCHOLEM E O *BRIT SHALOM*

A fim de se compreender as atividades políticas de Scholem na Palestina, nos anos de 1920 e 1930, é importante efetuar uma breve descrição do contexto político da época[7]. A cultura política da Palesti-

---

6. *Judaica*, I, p. 146.
7. Para o plano de fundo histórico sobre a vida política no *Yishuv* (comunidade

na de então deixa pouco espaço para a característica política liberal dos estamentos profissionais e acadêmicos judaicos na Europa Central e Ocidental. No âmbito da população judaica na Terra Santa, os artesãos e os operários tendiam a sustentar os vários partidos do trabalhismo socialista, enquanto os pequenos proprietários e comerciantes vindos da Polônia, em meados do 1920, apoiavam ou os sionistas gerais ou o nacionalista Partido Revisionista de Jabotinsky. As políticas liberais do gênero que a maioria dos judeus da república de Weimar esposava, encontravam-se notavelmente ausentes da paisagem política, em parte porque os judeus alemães não começaram a vir em grande número para a Palestina senão após 1933. As opções mais radicais prevalecentes na vida política judaica da Europa Oriental tendiam a dominar a cena. Mesmo depois de 1933, os judeus alemães exerceram relativamente pouca influência política, embora já formassem porção substancial da população.

É certo que Scholem e seus colegas em Jerusalém amiúde demonstraram nítidas simpatias pelo movimento trabalhista, mas ainda se achavam politicamente isolados. Seu sionismo era mais o resultado de uma revolta cultural e moral contra a cultura burguesa alemã do que uma reação nacionalista ao anti-semitismo político ou um desejo de estabelecer uma utopia socialista. Quando a *intelligentsia* liberal, muitos de cujos membros provinham da Europa Central, tentou ingressar na arena política, sua motivação era com mais freqüência moral do que pragmaticamente política ou fanaticamente ideológica.

À medida que a intelectualidade liberal veio a cristalizar-se numa força política, ela o fez por causa da criação de instituições independentes dos órgãos sionistas oficiais. Uma das mais eminentes dessas instituições foi a Universidade Hebraica de Jerusalém, estabelecida em 1925, e cujo corpo docente reuniu professores e pesquisadores da Europa Oriental e da Alemanha. Seu primeiro chanceler, o dirigente judeu americano Judah L. Magnes, concebeu a universidade segundo linhas vigentes nos Estados Unidos, como uma instituição a serviço de todo o povo judeu, sem filiação a qualquer partido político[8]. Essa autonomia apartidária, rara na Palestina daquela época, quando tudo virtualmente era controlado por um partido político, criou como que um enclave liberal em Jerusalém. Em seguimento à imigração em massa de judeus alemães para a Terra Santa, nos anos de 1930, o grupo de acadêmicos liberais em Jerusalém viu-se fortalecido, pois a universidade absorveu um bom número de refugiados em suas faculdades. Muitos deles tiveram grande dificuldade em assimilar a cultura hebraica com a qual se depararam na Palestina, e retiveram as maneiras culturais e

---

judaica de Israel), ver Noah Lucas, *The Modern History of Israel*, New York, 1975, e Walter Laqueur, *A History of Zionism*, New York, 1972, pp. 270-337.

8. Para a biografia de Magnes, ver Norman Bentwich, *For Zion's Sake*, Filadélfia, 1954.

políticas trazidas da Alemanha. Por terem criado uma "pequena Berlim" em Jerusalém e nas outras cidades em que se instalaram, não poucos imigrantes judeu-alemães permaneceram politicamente isolados. Scholem, de sua parte, que chegara ao país em 1923 com um sólido conhecimento do hebreu, não se defrontou com tais problemas de assimilação, mas seu ambiente social continuou sendo a comunidade intelectual, peculiarmente homogênea de Jerusalém, que Sch. I. Agnon retratou com uma pena satírica, mas afetuosa em muitas de suas histórias[9].

Outra influência que se fez sentir no meio da *intelligentsia* liberal foram as atividades do comerciante e editor judeu alemão Zalman Schocken[10]. Ele amealhara uma fortuna na Alemanha com grandes lojas de departamentos, mas, motivado por intensas preocupações judaicas, abrira uma casa editora em Berlim no início da década de 1930. Depois que os hitleristas chegaram ao poder, Schocken, um ardente sionista, começou a transferir algumas de suas operações para a Palestina e comprou um jornal diário, *Há-Aretz*, que se tornou um foro aberto aos intelectuais liberais. Fundou uma casa editora em Tel Aviv, correspondente à operada na Alemanha, que os nazistas fecharam pouco antes da Segunda Guerra Mundial. Por intermédio de sua empresa editorial e de seu jornal independente e liberal, Schocken desempenhou importante papel na criação de uma pequena "contracultura" de caráter liberal, na Palestina daqueles anos, ao lado da cultura trabalhista e socialista dominante. A exemplo de outros intelectuais, como Agnon e Buber, Scholem estabeleceu estreitos laços com Schocken que, a partir de meados dos anos de 1930, publicou muitas de suas obras em alemão, hebraico e, mais tarde, em inglês. Scholem começou também a escrever no *Há-Aretz*, informando em detalhe sobre suas pesquisas cabalísticas para o conhecimento do público em geral.

A primeira organização política da nascente *intelligentsia* acadêmica foi o *Brit Shalom* (Aliança da Paz), formado em 1925[11]. Destinado originalmente a servir de foro de discussão do problema árabe-judeu, tornou-se uma espécie de moscardo político ao propor que o

---

9. Em seu relato "Edo ve-Enam", por exemplo, Agnon retrata um erudito excêntrico em Jerusalém, que muitos dizem ter sido moldado a partir de Scholem. Seu romance *Shira* também trata da comunidade acadêmica de Jerusalém, e há quem descubra Scholem desempenhando o papel de uma das personagens principais.
10. Sobre Schocken, ver Gershom Schockem, "Ich werde seinesgleichen nicht mehr sehen", *Der Monat* 20, novembro de 1968, pp. 13-30; Siegfried Moses, "Salman Schocken: His Economic and Zionist Activities", *LBIY* 5, 1960, pp. 73-104; e Steven Popell, "Salman Schocken and the Schocken Verlag", *LBIY* 17, 1972, pp. 93-117.
11. Sobre o *Brit Shalom*, S. L. Hattis, *The Bi-national Idea in Palestine During Mandatory Times*, Haifa, 1970; Lucas, *The Modern History of Israel*, pp. 146-150.

movimento sionista renunciasse à sua aspiração de *status* majoritário. O *Brit Shalom* baseava suas posições políticas no 'Livro Branco', de Churchill (1922), que advogava uma estrutura política binacional na Palestina, sob mandato britânico. A seus inimigos, o *Brit Shalom* parecia conclamar o movimento sionista a abandonar os princípios cardinais da livre imigração e da soberania política e, ao invés, buscar a "levantinização" da comunidade judaica na Terra de Israel. Embora jamais conseguisse atrair maior apoio popular além do círculo de intelectuais de tendência liberal ligados à universidade, o *Brit Shalom* foi objeto de uma atenção assaz desproporcional devido ao peso intelectual de alguns de seus membros. Scholem mesmo desempenhou um papel ativo nesse grupo desde a sua formação até a sua dissolução em 1933. Ele escreveu uma série de editoriais para a revista do *Brit Shalom*, bem como para a imprensa diária[12].

A postura conciliatória do *Brit Shalom* tornou-se um assunto de debate público na esteira dos violentos motins árabes de agosto de 1929. A irrupção da hostilidade árabe provocou amargas discussões na imprensa hebraica sobre o caráter e as metas do sionismo, e Scholem ficou envolvido numa das mais reveladoras trocas de argumentos sobre a relação do sionismo com o messianismo, nas páginas da revista sindical *Davar*, de novembro-dezembro de 1929[13]. O romancista hebreu Iehuda Burla atacou o *Brit Shalom* por tentar cortar os laços nacionais entre a comunidade judaica palestinense e a Diáspora mundial, ao concitar à limitação do influxo imigratório e à forjadura de uma identidade comum entre judeus e árabes. A acusação desfechada por Burla, de que o *Brit Shalom* procurava para os judeus da Palestina uma identidade especificamente israelense em oposição a uma identidade judaica, constitui uma ironia, bem como um erro, pois nas décadas de 1940 e 1950 esse programa tornar-se-ia a divisa do movimento "canaanita" – ou "jovem hebreu" – cujas origens políticas estavam precisamente nas antípodas do liberalismo do *Brit Shalom*, e ao qual Scholem haveria de denunciar vigorosamente anos mais tarde. A conseqüência última do programa do *Brit Shalom*, sugeria Burla, era "profanar o santo dos santos da nação – sua esperança de completa redenção. Nossa histórica esperança messiânica subsiste até hoje no coração do novo homem israelense, sob a forma de sionismo político, de um modo muito mais integral do que ela existiu outrora no coração do judeu religioso".

---

12. Para o relato do próprio Scholem sobre a sua atividade no *Brit Shalom*, cf. "With Gershom Scholem", *JJC*, pp. 43-45. Ver seus editoriais em *She'ifoteinu* 2: "Ha-Matará ha-Sofit", agosto de 1931, "Ahad Ha-am ve Anahnu", setembro de 1931 e "B'mai Ka Mi'palgi", setembro de 1931.

13. Y. Burla, "Brit Kishalon", *Davar*, 27 de novembro de 1929, e a resposta de Scholem, "Três Pecados do Brit Shalom" (hebraico), *Davar*, 12 de dezembro de 1929, p. 2.

Scholem replicou a Burla rejeitando a identificação do messianismo com o sionismo político:

> Eu nego absolutamente que o sionismo seja um movimento messiânico e que tenha o direito de empregar a terminologia religiosa para fins políticos. A redenção do povo judeu, que eu como sionista desejo, não é de modo algum idêntica à redenção religiosa que espero [ver realizada] no futuro. [...] O ideal sionista é uma coisa e o ideal messiânico é outra, e os dois não se encontram, exceto na fraseologia pomposa dos comícios de massa, que amiúde infundem em nossa juventude o espírito de um novo sabataísmo destinado inevitavelmente a malograr. O movimento sionista nada tem em comum com o sabataísmo[14].

Vemos aqui uma declaração política que corresponde à conclusão de Scholem no primeiro artigo sobre o sabataísmo, em que menciona os perigos do messianismo. Os estudos acerca do sabataísmo, empreendidos por Scholem uns dois anos antes das controvérsias políticas de 1929, forneceram-lhe um modelo histórico daquilo que o sionismo devia a todo custo evitar.

O alvo evidente da referência à "fraseologia pomposa dos comícios de massa" era o revisionismo. O Partido Revisionista fora fundado em 1925 por Vladimir Jabotinsky, que se demitira do Executivo sionista em 1923[15]. Jabotinsky convertera em plataforma central de sua facção nacionalista a instalação de uma maioria judaica em ambas as margens do Jordão. Ele também profetizava o advento de uma catástrofe apocalíptica para os judeus da Europa e os exortava à imediata emigração em massa para a Palestina. O revisionismo obteve forte apoio entre os sionistas da classe média judaica da Europa Oriental, que não podiam aceitar a ideologia socialista dos partidos trabalhistas, mas tinham uma postura mais militante do que os Sionistas Gerais de Weizmann. Jabotinsky criou um movimento juvenil denominado *Betar*, que adotou organização e uniforme de tipo militar. Após os distúrbios de 1929, os revisionistas conquistaram considerável apoio na Palestina, pois muitos judeus, sacando conclusões opostas às do *Brit Shalom*, passaram a ver no *status* majoritário e nas táticas militantes a única esperança de evitar futuros massacres. Elementos do *Betar* palestinense, encabeçados pelo ideólogo Abba Ahimeir, formaram as primeiras unidades da militância clandestina que, anos mais tarde, deu origem aos ulteriores grupos terroristas *Irgun* e *Stern*[16].

---

14. "Três Pecados do *Brit Shalom*".
15. Laqueur, *A History of Zionism*, pp. 338-383; Joseph Schechtman e Y. Benari, *History of the Revisionist Movement*, Tel Aviv, 1970, vol. 1; e Joseph Schechtman, *The Jabotinsky Story*, New York, 1956-1961, vols. 1 e 2.
16. Ver Abba Ahimeir, *Ha-Zionut ha-Mahapekhanit*, Tel Aviv, 1966, e seu *Brit ha-Biryonim*, Tel Aviv, 1972. Sobre o autor, ver a introdução de Iossef Nedava ao volume de Ahimeir. Este era o líder ideológico do grupo *Brit Biryonim*, que simpatizava com

O revisionismo, sobretudo em seu ramo palestinense, foi motivado por uma forma aguda de messianismo laicizado. Talvez o mais explicitamente apocalíptico dentre os grupos gerados pela ação revisionista tenha sido o dos *Lehi* (Combatentes pela Liberdade de Israel), que, sob a liderança do poeta Abraão Stern, separou-se do *Irgun* em 1940[17]. Em um de seus poemas, Stern descreveu a si mesmo como um soldado do Rei Messias da geração que iria "forçar o fim", a expressão tradicional usada pelos rabis, desde a época do *Talmud*, para condenar os messianistas apocalípticos[18]. Stern converteu o dito pejorativo em grito de batalha. Seus adeptos concebiam a batalha final contra os britânicos como uma catarse apocalíptica da qual só podiam sair mortos. A partida dos ingleses e o estabelecimento do Estado judeu sob a égide dos socialistas, em 1948, pareceu-lhes algo de um prosaísmo deprimente, uma vitória sem revolução[19].

As raízes desse apocalipticismo secular remontam pelo menos aos anos de 1920, ao tempo da emergente ideologia do revisionismo palestinense. O poeta Uri Zvi Greenberg que, após um breve flerte com o socialismo, tornou-se um dos principais ideólogos revisionistas dos anos de 1920, crivou sua poesia épica de imagens apocalípticas e, em *Rehovot há-Nahar* (Os Caminhos do Rio), ele até adotou a forma literária do *Apocalipse*[20]. Outro desses primeiros mentores ideológicos do revisionismo palestinense inspirados pelo messianismo judeu foi o historiador da literatura Iossef Klausner. Em 1902, ele havia sustenta-

o fascismo italiano. Ahimeir, como Berdichevsky, desenvolveu uma contra-história do militarismo judeu.

17. O *Irgun Zvai Leumi* não era precisamente uma filial do Partido Revisionista, embora existissem laços entre eles, e o *Irgun* considerasse Jabotinsky seu líder ideológico até a morte deste, em 1940. O *Irgun* na realidade originou-se de uma cisão da *Haganá* (a força de defesa organizada pela Agência Judaica) no fim da década de 1930. O *Lehi* separou-se do *Irgun* após a irrupção da Segunda Guerra Mundial por causa da questão do prosseguimento das operações terroristas contra os britânicos durante a guerra e, mais tarde, por problemas táticos. A independência desses grupos em relação ao Partido Revisionista oficial é demonstrada pelo fato de que, em 1949, nas eleições para a *Knesset* (parlamento israelense), o movimento de resistência clandestina concorreu com uma lista própria, *Herut*, que eclipsou de maneira considerável os revisionistas. Em todas as eleições subseqüentes, estes nem sequer se apresentaram como partido: os grupos do *underground* os engolira com sucesso.

18. *Ketavim: Lohamei Herut Yisrael*, Tel Aviv, 1959, I, p. 134.

19. Ver as memórias da líder do *Lehi*, Geula Cohen, *Woman of Violence*, trad. Hillel Halkin, New York, 1966, pp. 269-270: "Em nossa visão extática da redenção sempre nos pareceu que a vitória na guerra coincidiria com a realização do sonho de todas as eras [...]. [Nós] acreditávamos que, quando o último soldado britânico, deixasse o país, os tempos messiânicos chegariam".

20. No início do poema, o poeta relata que sua obra é na realidade um velho livro recém-descoberto, sugerindo a clássica identificação apocalíptica de uma antiga e oculta profecia com o verdadeiro entendimento dos acontecimentos contemporâneos, *Rehovot ha-Nahar*, Tel Aviv, 1950-1951, p. 1.

do uma tese de doutorado em Heidelberg sobre *As Idéias Messiânicas do Povo Judeu no Período dos* Tanaim, que publicou numa ampliada tradução hebraica, na Palestina, nos anos de 1920. No prefácio da segunda edição hebraica (1927), Klausner revelou a filosofia política que está por trás de seu estudo histórico.

Não é a concepção social hebraica, a profética, a israelita-messiânica, que se converteu na base para realizar a redenção na terra da visão e promessa, mas, sim, uma concepção social estrangeira ligada ao materialismo econômico e histórico, a cujos olhos o idealismo profético é uma brincadeira. [...] A política social sionista não pode estear-se num materialismo autoritário [...], deve ser profética, embebida da idéia messiânica judaica[21].

O ascenso do revisionismo na Palestina tem muito a ver com o desejo da classe média judaica de encontrar uma ideologia política para contrapor-se ao marxismo do movimento trabalhista. Klausner subministrou um messianismo nacionalista que fortalecesse o *ethos* capitalista do revisionismo. Embora seu messianismo incluísse uma dimensão universalista, ele considerava o messianismo profético equivalente ao nacionalismo judaico que devia servir de exemplo a todos os outros nacionalismos[22].

O messianismo revisionista de Klausner reveste-se de particular importância para a nossa discussão, porque este historiador foi provavelmente o único revisionista proeminente com quem Scholem teve significativos encontros pessoais. Klausner foi um dos mais importantes professores da nova Universidade Hebraica, e encabeçou a oposição nacionalista de estudantes e corpo docente ao liberalismo do *Brit Shalom*. Conquanto a universidade estivesse firmemente em mãos dos liberais, Klausner pôde mobilizar suficiente ativismo estudantil para criar distúrbios. Em 1927, Scholem escreveu ao Chanceler Magnes para queixar-se de que o projeto de instituir uma cadeira de filologia ídiche estava ameaçado por uma "terrível agitação chauvinista"[23]. Os nacionalistas consideravam o estudo do ídiche na Universidade Hebraica como nada menos do que uma traição aos ideais da renovação nacional da língua hebraica. De acordo com Scholem, Klausner havia ameaçado conduzir pessoalmente os estudantes à sala de preleção no primeiro dia de aula para interromper o professor, caso ele fosse nomeado. A agitação chefiada por Klausner teve o efeito desejado e a cátedra não foi estabelecida. Mas a ameaça de transformar a universidade em campo de batalha política não permaneceu de modo algum como letra morta, pois vários anos depois estudantes direitistas conse-

---

21. Joseph Klausner, *The Messianic Idea in Israel*, trad. W.F. Stinespring, New York, 1955, X.
22. *Idem, ibidem*, p. 531.
23. Arquivo Buber (Biblioteca Nacional do Povo Judeu, Jerusalém), VIII/709.

guiram interromper uma preleção de Norman Bentwich, que havia sido procurador geral durante o mandato britânico e era simpático ao *Brit Shalom*[24].

Após os motins de 1929 no Muro das Lamentações, o próprio Scholem foi envolvido pessoalmente num incidente que ilustra a atmosfera histérica da época. Findos os distúrbios, o *Va'ad Leumi* (Conselho Nacional) instituiu um comitê presidido por David Yellin para pleitear a causa judaica junto à comissão britânica incumbida de investigar o incidente. O comitê pediu a Scholem, em sua condição de especialista universitário na Cabala, que lhe indicasse obras cabalísticas relativas ao Muro, presumivelmente a fim de fortalecer as reivindicações históricas e religiosas dos judeus. Scholem recusou-se a permitir à Comissão o acesso aos livros de sua biblioteca particular. Numa carta ao *Doar ha-Yom*[25], A. Babakov atacou severamente Scholem por sua falta de cooperação, pintando-o como um raivoso anti-sionista. Em sua resposta[26], Scholem argumentou que não julgava que o problema do Muro devesse ser decidido por um órgão judicial, pois se tratava de uma questão que devia ser objeto de negociações políticas. Por trás da recusa de Scholem de emprestar a sua autoridade de especialista à defesa dos direitos judaicos sobre o Muro das Lamentações, estava a sua crença de que as disputas políticas com os árabes precisavam ser solucionadas no plano político, independentemente de considerações religiosas. Aqui, como no seu ataque à "política do misticismo", de Isaac Breuer, publicado por volta da mesma época, Scholem se opunha à prostituição da mística e da religião em geral na arena política[27].

Os acontecimentos que se seguiram aos distúrbios de 1929, notadamente a força crescente dos nacionalistas militantes e a polêmica contra o *Brit Shalom*, provocaram uma espécie de crise no pensamento de Scholem. Embora já fosse um rebelde em relação ao sionismo "oficial" na Alemanha, via-se agora em substância isolado das tendências políticas gerais do *ischuv* palestinense. Em 22 de maio de 1930, escreveu a Martin Buber, que simpatizava com o *Brit Shalom* e que mais tarde liderou o movimento sucessor do *Brit Shalom*, o *Ichud*. Nesta carta

---

24. Bentwich narra o incidente em suas *Mandate Memoirs*, New York, 1965, p. 150.
25. *Doar ha-Yom*, 20 de fevereiro de 1931.
26. *Idem*, 24 de março de 1931, p. 3.
27. "Politik der Mystik: Zu Isaac Breuers 'Neum Kusaril' ", *Jüdische Rundschau*, 17 de julho de 1934, pp. 1-2, trad. em *MI*, pp. 325-335. Breuer, o neto do rabino alemão neo-ortodoxo S. R. Hirsch, tentou converter a defesa racionalista da ortodoxia realizada pelo avô numa alternativa mística ao sionismo. Breuer defendeu o estabelecimento de um "reino de Deus" em Israel, no lugar do experimento sionista secular. No último parágrafo de sua crítica a Breuer, Scholem compara explicitamente o messianismo místico anti-sionista de Breuer com o revisionismo apocalíptico. Ambos injetam considerações meta-históricas nas questões políticas.

dizia que "seria inútil negar que o semblante do movimento sionista carregou-se com respeito a nós [ao *Brit Shalom*] de um modo catastrófico"[28]. A questão não residia apenas na controvérsia política com os árabes, mas, o que era mais importante, no caráter interno do sionismo. Os revisionistas e suas pretensões messiânicas constituíam a maior ameaça ao empreendimento sionista. Como ele se expressou em 1934, o sionismo "não encontrará salvação, seu *tikkun*, no apocalipticismo selvagem dos revisionistas"[29].

No rasto do Congresso Sionista de 1931, Scholem endereçou a Walter Benjamin uma longa carta que trai igual desespero e angústia no tocante ao futuro do sionismo[30]. Durante os trabalhos do Congresso, os revisionistas haviam exigido que a Organização Sionista definisse de maneira explícita como seu objetivo final o estabelecimento de um *status* majoritário em toda a Palestina. Muito embora o programa revisionista não fosse adotado, o líder moderado Chaim Weizmann foi forçado a resignar por uma votação interpretada em geral, ainda que erradamente, como uma vitória para o revisionismo[31]. Scholem compreendeu que a resolução proposta pelos revisionistas era principalmente dirigida contra o *Brit Shalom* e, em sua carta a Benjamin, desacreditava a tentativa de banir do sionismo o *Brit Shalom*. Ele insistia no fato de que a Organização Sionista não tinha direito de definir quem era e quem não era sionista. Na política, como na historiografia, Scholem não alimentava nenhuma simpatia pelo dogmatismo.

A questão que mais inquietava Scholem em sua carta a Benjamin, assim como em vários artigos publicados por ele, mais ou menos na mesma época, na revista do *Brit Shalom*, era a da incapacidade do sionismo de resolver a "questão judaica". Todos os discursos grandiloqüentes sobre imigração de massa e o *status* majoritário pareciam-lhe, em 1931, não ser mais que um sonho quimérico. O sionismo havia fracassado precisamente porque fora bem-sucedido:

> Ele antecipou sua vitória no domínio espiritual e, com isso, perdeu o poder de alcançá-la materialmente. Ele realizou, por certo, sob condições das mais difíceis, uma função que não havia de modo algum previsto. Ganhamos cedo demais. [...] Quando o sionismo foi vitorioso em Berlim [...] ele não podia mais [ter êxito] em Jerusalém[32].

A dialética do sucesso era tal que, tendo criado um sentimento de orgulho judaico entre os judeus europeus, o sionismo fez com que se

---
28. Buber, *Briefwechsel*, II, pp. 380-381.
29. "Politics of Mysticism", *MI*, p. 334.
30. Scholem publicou a carta em *Walter Benjamin*, pp. 211-217.
31. Sobre esse incidente, ver Laqueur, *A History of Zionism*, pp. 494-497.
32. *Walter Benjamin*, p. 216. A mesma formulação aparece em seu artigo "B'mai Ka Mi'palgai", *Sche'ifoteinu*, setembro de 1931, pp. 193-203.

sentissem mais à vontade na Europa e, assim, involuntariamente, obstruiu a emigração em massa que procurava promover. Nessa interessante análise, podemos ouvir ainda o eco de antigas críticas de Scholem ao movimento da juventude sionista alemã por não ter colocado a emigração para a Palestina entre os itens principais de sua agenda. Mas, se na época da Primeira Guerra Mundial ele acreditava que uma mudança na ideologia seria capaz de encorajar o processo emigratório, por volta de 1931 tornou-se bem mais pessimista e julgou que, no plano histórico, o sionismo estava condenado inevitavelmente a uma vitória de Pirro. Não é preciso dizer que Scholem não poderia antever a fuga dos judeus alemães para a Palestina após 1933; talvez tenha considerado as advertências catastróficas de Jabotinsky apenas como mais um indício do apocalipticismo inerente ao revisionismo. Entretanto, em retrospecto depois do Holocausto, a predição de Scholem de que a massa dos judeus não viria para a Palestina parece por mais do que presciente.

A desesperança de Scholem quanto à possibilidade da imigração em massa e à solução imediata da questão judaica o levou a rejeitar as promessas messiânicas de alguns de seus contemporâneos sionistas. As expectativas messiânicas eram irrealistas, porquanto a Palestina não poderia resolver o problema de todos os judeus. Mas "a redenção completa por meio do sionismo" era também uma "falsificação" das metas sionistas[33]. A ênfase revisionista na redenção total conduzia ao "imperialismo": "O movimento sionista não se libertou ainda da imagem reacionária e imperialista que lhe deram não só os revisionistas, como todos aqueles que se recusam a levar em conta a realidade de nosso movimento no Oriente que desperta"[34]. Scholem acreditava que esse sionismo messiânico-político estava fatalmente falhado: "se o sonho do sionismo são números de habitantes e fronteiras e se nós não podemos existir sem eles, então o sionismo há de malograr ou, mais precisamente, já malogrou"[35].

Apesar da revolucionária retórica anti-imperialista desses ataques ao revisionismo, Scholem rejeitava do mesmo modo o desejo sionista socialista de "normalizar" o povo judeu. O objetivo do sionismo não devia ser o de converter os judeus numa "nação como as outras nações". O *slogan* da normalização parecia-lhe uma forma de assimilação e uma negação da singularidade da história judaica[36].

---

33. "Ahad Ha-am ve-Anahnu", *She'ifoteinu*, p. 186: "Como nós [Ahad Ha-am] vê a promessa da completa redenção através do sionismo como uma falsificação de sua missão".
34. "Ha-Matará ha-Sofit", p. 156.
35. *Idem, ibidem.*
36. *Walter Benjamin*, p. 215: "Ich glaube ja nicht, dass es etwas gibt wie eine 'Lösung der Judenfrage' im Sinne einer Normalisierung der Juden, und glaube gewiss

Essas polêmicas contra a normalização e a solução política da questão judaica refletem a motivação pessoal que impeliu Scholem a tornar-se sionista. Vimos que o caminho para Sião, trilhado por ele próprio, não resultou de experiências anti-semitas na Berlim de sua juventude. Ainda que o anti-semitismo político existisse na Alemanha desde 1880, e que alguns judeus da Europa Central, como Herzl e Nordau, se tivessem convertido ao nacionalismo judaico por causa do ascenso do anti-semitismo no Ocidente, a experiência da maior parte dos judeus centro-europeus não era a de um anti-semitismo virulento. Para Scholem, como para muitos jovens judeus, o sionismo não representava tanto uma solução política e econômica para a questão judaica, quanto uma revolta cultural contra a geração dos pais e uma busca de novos valores. A definição de sionismo dada por Scholem num artigo de 1950 ainda reflete a sua própria experiência juvenil: "[O sionismo era] um movimento de juventude em que fortes motivos românticos desempenhavam necessariamente um certo papel; era um movimento de protesto social cuja inspiração alçava-se tanto do antigo mas ainda vital chamado dos profetas de Israel, quanto das soluções do socialismo europeu"[37]. Embora Scholem estivesse obviamente cônscio da necessidade política e econômica cada vez mais premente de um Estado nacional para os judeus da Europa, sua relação pessoal com o sionismo era mais romântica do que política.

A INTERPRETAÇÃO SCHOLEMIANA DE AHAD HA-AM

Mais preocupado com o problema cultural do judaísmo do que com a questão política judaica, Scholem rejeitou as soluções propostas respectivamente pelos revisionistas e pelos sionistas socialistas, advogando em seu lugar o "sionismo cultural" de Ahad Ha-am. Já na época da Primeira Guerra Mundial, ele havia encontrado em Ahad Ha-am o mais relevante guia espiritual, e tinha concordado com o publicista judeu-russo que a principal meta do sionismo devia ser a de construir um centro cultural e nacional na Palestina a fim de rejuvenescer o judaísmo no mundo inteiro. Embora amargamente sarcástico aos seus contemporâneos que deixaram de emigrar para a Palestina, Scholem compreendia que a Diáspora não estava em vias de desaparecer e que o sionismo devia ter por função central assegurar-lhe a vitalidade espiritual[38]. Essa filosofia constituía um motivo importante na posição do

---

nicht, dass in einem solchen Sinn in Palastina diese Frage gelöst werden kann". Ver também "With Gershom Scholem", *JJC*, pp. 34-35.

37. "Israel und die Diaspora", *Judaica*, II, pp. 58-59.

38. Ver sua expressão da crença na necessidade de uma ponte entre Israel e a Diáspora, *Judaica*, II, pp. 75-76, trad. em *JJC*, pp. 244-260.

Brit Shalom a respeito do papel do sionismo, ainda que seus oponentes o acusassem de querer cortar a comunidade judaica palestinense do resto da Diáspora. No órgão do *Brit Shalom*, Scholem atacou duramente os que pediam a excomunhão de Ahad Ha-am do sionismo[39].

Mas há algo de problemático no apego de Scholem a Ahad Ha-am. Este, na sua filosofia da história, estava próximo da idéia liberal do século XIX sobre o progresso uniforme e gradual: o sionismo poderia revigorar a Diáspora se não propusesse uma ruptura radical com a tradição judaica[40]. Fora contra essa noção conservadora do sionismo e da história judaica que Berdichevsky dirigira sua polêmica nietzschiana, argumentando que a história procede por uma dialética de destruição e construção[41]. Dado o fato de Scholem, em seus estudos sobre mito e messianismo, sustentar uma teoria similar sobre as mudanças históricas, não era de esperar que ele pudesse concordar com Ahad Ha-am no tocante à relação do sionismo com a história judaica. A questão nos reenvia ao problema levantado originalmente por Kurzweil: Será que a filosofia revolucionária da história, adotada por Scholem, aplica-se igualmente às suas posições relativas ao sionismo?

O próprio Scholem é cônscio da natureza problemática de seu relacionamento com Ahad Ha-am. Ele define a si mesmo como "um seguidor radical do pensamento de Ahad Ha-am"[42]. Entre aqueles que vêem o sionismo como uma continuação e um cumprimento da história judaica e aqueles que o vêem como uma ruptura radical, Scholem busca uma terceira via. Como Ahad Ha-am, concebe o sionismo como essencialmente secular e, no entanto, como parte da tradição judaica[43]. Durante todo o tempo em que as forças extremadas e "heréticas" da história judaica contribuíram para a continuidade da tradição, elas podiam ser consideradas legitimamente judaicas. Tão logo passaram a negar todo e qualquer laço com a tradição e degeneraram em apostasia, como foi o caso do cristianismo e do sabataísmo radical, elas quebraram o *continuum* histórico. Em última análise, a ambivalência de Scholem para com o sabataísmo e a crítica quer dos movimentos da juventude sionista alemã quer dos revisionistas repousam sobre as tentativas de ambos para obliterar a tradição histórica.

---

39. Nas páginas do *Davar*, S. Yavnieli atacou Ahad Ha-am e o excluiu do rol dos que promoveram o sionismo. Scholem respondeu em "Ahad Ha-am", *Sche'ifotenu*, setembro de 1931, pp. 185-186, defendendo Ahad Ha-am, ainda que não concordasse com as "concepções sociais burguesas" deste último.

40. Para a filosofia da mudança histórica de Ahad Ha-am, ver *Selected Essays of Ahad Ha-am*, trad. Leon Simon, New York, 1962, pp. 54-55 e 96.

41. Ver particularmente a "Carta Aberta a Ahad Ha-am" (hebraico), em *Ha-Shiloah* I, 1896, pp. 154-159.

42. *Judaica*, II, p. 62.

43. "Zionism, Dialectic of Continuity and Rebellion", *Unease in Zion*, pp. 273-275.

A prova disso pode ser encontrada nas declarações políticas de Scholem após a criação do Estado de Israel, nas quais ele criticava o movimento "canaanita". Os "canaanitas" desejavam liquidar toda a história judaica e ressuscitar um mítico-bíblico povo cananeu na terra de Israel[44]. Scholem vergasta-os impiedosamente por "assassinato educacional", com o que alude à tentativa "canaanita" de desligar-se da tradição histórica[45]. Como Hans Joachim Schoeps, cometem o erro de pretender retornar à pura religião ou cultura bíblica sem levar em conta toda a tradição histórica posterior à Bíblia[46]. Um salto tão grande por cima da história é impossível.

Scholem enxerga a profunda conexão interna entre a interpretação radical da história proposta no começo do século XX por Berdichevsky e a revolta "canaanita" nas décadas de 1940 e 1950[47]. O movimento "canaanita", um ramo radical do revisionismo palestinense[48], pode ser tomado como um símbolo extremo de todos os movimentos apocalípticos no sionismo, que Scholem rejeita porque tentam cortar o laço com a tradição.

De outro lado, Scholem vê no caráter revolucionário do sionismo a força motora desse movimento. Aqui, seu ponto de vista está muito mais perto de Berdichevsky do que de Ahad Ha-am. Os pioneiros socialistas, *halutzim*, formavam uma vanguarda revolucionária movida pelo desejo de erradicar o exílio, e o sionismo deve muito de seu sucesso a

---

44. Sobre os "canaanitas", ver Ya'akov Shavit, "A Relação entre Idéia e Poética na Poesia de Yonatan Ratosh" (hebraico), *Ha-Sifrut* 17, outono de 1974, pp. 66-91 (inclui extensa bibliografia), e "A Ideologia do Anti-Sionismo Israelense", tese de mestrado na Universidade de Tel Aviv, 1972. Existem paralelos entre os "canaanitas" e movimentos similares, como os "faronitas", no mundo árabe.

45. "Zionism, Dialectic of Continuity and Rebellion", pp. 277 ss. Ver também "With Gershom Scholem", *JJC*, p. 34.

46. O interessante é que os "canaanitas", como Schoeps, tendiam para o autoritarismo e mesmo o fascismo. Eles podem ser interpretados como uma revolta *völkisch* (populista) contra a democracia liberal, do mesmo modo que Schoeps era motivado por idéias *völkisch* alemãs. O desejo romântico de retornar a um período pré-histórico e mítico do autêntico *Volk* é a característica de todos esses movimentos.

47. *Unease in Zion*, p. 278. Como Berdichevsky fizera, os "canaanitas" construíram uma contra-história em que tudo na história judaica desde a Bíblia, e até incluindo-a, suprimira a verdadeira identidade "canaanita" e "hebréia" do povo. Seus escritos históricos, que parecem sugerir um mito de origem canaanita, destinavam-se realmente a desmitologizar a história devolvendo o povo à sua identidade original: eles consideram o próprio judaísmo um mito. Os "canaanitas" eram mais radicais do que Berdichevsky, na medida em que viam o movimento sionista como uma continuação do mito do judaísmo e eles, por isso, definiam-se como anti-sionistas.

48. Ratosh, talvez o mais proeminente líder dos "canaanitas", foi redator de um dos jornais revisionistas na Palestinas ao fim dos anos de 1930. Ele se separou dos revisionistas por volta da mesma época que o *Lehi*, mas, enquanto este grupo passou à luta armada, ele e seus seguidores assumiram uma atitude política passiva.

eles[49]. Scholem pensa que as forças conservadoras e revolucionárias no sionismo estão dialeticamente interligadas: continuidade e mudança radical constituem partes do mesmo *continuum*. Ele pergunta: "Poderia não existir entre as tendências conservadora-restaurativa e revolucionária-utópica [do sionismo] um entendimento ou, ao menos, algo vinculativo, em que elas pudessem se encontrar sem anular e negar uma à outra?"[50]

Cabe notar que, para formular a sua pergunta, Scholem usa precisamente os mesmos termos aplicados por ele à história do messianismo judaico: o messianismo é uma dialética frutuosa entre forças restauradoras e utópico-apocalípticas. Ele exige uma realização no mundo concreto, mas toda tentativa de levar a cabo tal efetivação está votada a malograr e ser condenada como "falso messianismo". O sionismo conjura necessariamente semelhantes pretensões messiânicas, mas também utiliza as energias inerentes a elas: os pioneiros socialistas estavam motivados por um messianismo inconsciente e por um anseio apocalíptico de liquidar o velho éon de exílio e sofrimento. No seu afã de entrar no domínio concreto, o sionismo abeira-se do abismo messiânico e apela para as energias messiânicas do povo. Se ele se entregar inteiramente ao messianismo apocalíptico e cortar o laço com a história judaica, irá falhar como o sabataísmo falhou. Mas, caso se dissocie totalmente da tradição messiânica, perderá sua dinâmica vital. O momento revolucionário do messianismo é, ao mesmo tempo, necessário e mortalmente perigoso.

Para Scholem, o excesso tanto do messianismo quanto do antimessianismo constituem igualmente uma ameaça para a continuidade e o desenvolvimento da tradição judaica. Há uma interpretação radical do pensamento de Ahad Ha-am que preserve um sionismo "limitado", sem perder as energias messiânicas? Creio que Scholem sugere semelhante solução em seu conceito da neutralização do messianismo que encontramos na discussão sobre o hassidismo. Vemos aí a interpretação scholemiana de que o hassidismo não liquidou o messianismo, mas o neutralizou, redirecionando suas energias para o domínio pessoal, mais do que nacional. O hassidismo, ao modo quietista, transferiu a redenção nacional para o futuro distante. O tratamento dispensado por Scholem ao hassidismo trai certo desdém por essa neutralização passiva do messianismo; sente-se bem mais atraído pelo dinamismo sabataísta. Ele concebe, é óbvio, o movimento sionista como mais revolucionário do que o hassidismo porque prega o ativismo judaico e não aceita fazer paz com o exílio.

---

49. *Unease Zion*, pp. 273-274, e "Israel und die Diaspora", *Judaica*, II, pp. 61-62.
50. *Judaica*, II, p. 60.

Em sua réplica a Burla, entretanto, Scholem declara que a redenção messiânica à qual aspira não é idêntica ao sionismo, e ele o difere para o futuro longínquo. Como o hassidismo, o sionismo deve dirigir as energias messiânicas para o mundo concreto, embora o hassidismo o fizesse erradamente, anulando a realidade. Scholem opõe-se ao uso de imagens messiânicas no sionismo: a linguagem da ideologia sionista deve ser puramente política e nunca religiosa. Nesse sentido, o seu sionismo é de todo diferente do hassidismo ou, neste ponto preciso, da *Hascalá*, que transferia a imageria messiânica a governantes europeus. Mas o que todos os três movimentos compartilham, na concepção de Scholem, é a utilização das energias messiânicas para outros propósitos que a imediata redenção nacional de Israel. Se é justo adotar e ampliar a fórmula scholemiana da "neutralização do messianismo", que ele aplica, apenas em um sentido específico, ao hassidismo e à Cabala primitiva, pode-se argumentar que o sionismo, como o hassidismo e a *Hascalá*, é também uma resposta ao sabataísmo. Enquanto movimento de messianismo neutralizado, o sionismo nada mais é senão uma tentativa de aproveitar as energias messiânicas libertadas ao alvorecer da idade moderna e redirecioná-las para fins construtivos.

Esses movimentos pós-sabataístas, a despeito de suas significativas diferenças, constituíam todos neutralizações do messianismo, porque tinham uma relação similar com a história judaica. Torciam a tradição hstórica, mas contanto que não tenham terminado em apostasia, não rompiam inteiramente com ela. O sionismo utilizou as energias messiânicas da vanguarda pioneira, mas esta sempre esteve cônscia de suas responsabilidades para com o povo e a tradição como um todo: era uma vanguarda que estava sempre olhando para trás sobre seus ombros[51]. Essa caracterização lembra o ponto de vista de Scholem acerca da elite cabalística dos períodos anteriores: conquanto ostensivamente isolados do povo como uma totalidade, os cultores da Cabala tinham um forte senso da ressonância psicológica de suas doutrinas esotéricas. Ao contrário dos filósofos, que de um modo deliberado se separavam das massas incultas, os cabalistas, na reconstrução de Scholem, sempre mantiveram o dedo no pulso emocional da nação. Eram uma vanguarda consciente de que tinha seguidores, mesmo se estes não tinham consciência de estar seguindo-a. Os pioneiros socialistas também se mostravam cônscios de sua ligação com o povo. Muito embora proclamassem, como postura ideológica, que desejavam acabar com a definição religiosa do judaísmo, não queriam romper com o povo judeu. Scholem definiu o sionismo como a assunção de "*responsabilidade* por nossa vida como uma comunidade em todos os planos, quer se trate de [nossa] natureza secular, quer sagrada ou reli-

---

51. *Idem*, p. 66.

giosa como judeus, e tão-somente como judeus"[52]. Nessa passagem escrita em 1967, podemos discernir um eco de uma das antigas polêmicas de Scholem contra os movimentos da juventude, em que também definia o sionismo como uma assunção de *Verantwortung* (responsabilidade)[53].

A essência dessa responsabilidade reside na relação da elite sionista com a história judaica. Como Scholem argumentou contra George Steiner, o crítico literário que encareceu o papel social criativo do intelectual judeu cosmopolita: "[Steiner] tenta viver fora da história, enquanto nós, em Israel, vivemos responsavelmente, dentro da história"[54]. Viver de maneira responsável significa viver dentro de uma tradição histórica e atuar na história. Não fica muito claro por que Scholem supõe que a ação no seio da história só é possível no quadro de uma estrutura política nacional judaica, quando é manifesto que muitos judeus atuam "historicamente" e o fazem como judeus, mesmo na Diáspora. Como quer que seja, ele vê os sionistas como aqueles que carregam o fardo da história: "A construção do país da Bíblia e a fundação do Estado de Israel representam, se me permitirem o emprego de uma formulação ousada, uma retirada utópica dos judeus para dentro de sua própria história"[55]. A noção de retirada para o interior da história nos recorda, de pronto, o caminho do próprio Scholem em direção ao sionismo durante e após a Primeira Guerra Mundial, quando ele se retirou, por assim dizer, da Europa para a Palestina e, literalmente, para o estudo da história como uma fonte possível da identidade judaica.

A retirada para dentro da história é utópica para Scholem porque se abebera na promessa messiânica dos séculos. Entretanto, não é apocalíptica porque situa a redenção final no futuro. Por dirigirem seus esforços às tarefas concretas de edificar a nação, seu impulso revolucionário é transmutado em efetivação realista da história e não na sua ab-rogação apocalíptica: "as diferença entre sionismo e messianismo residem no fato de que o sionismo está atuando no seio da história, enquanto o messianismo remanesceu no plano utópico"[56].

Nota-se, de novo, como o modo de Scholem entender o messianismo se assemelha ao de Hermann Cohen, ao diferir os tempos messiânicos para o futuro. Ambos são "utópicos" em sua crença de que a história do judaísmo é um processo que permanece em aberto: Scholem encara o sionismo apenas como mais uma etapa na tradição. A diferen-

---

52. "Rede über Israel", *Judaica*, II, p. 48. Sublinhado por mim.
53. "Abschied", *Jerubbaal*, p. 129: "Schweigen, Arbeit und Erkenntnis, Reinheit, Strenge, und Verzicht, und welches die Ordnungen sein mögen, die sich im Dasein des Zionisten entfalten sollen, sie alle vollenden in einem: Verantwortung". Trad. em *JJC*, p. 60.
54. *Unease in Zion*, p. 263.
55. *Judaica*, II, p. 49.
56. *Idem*, p. 72, e *Unease in Zion*, p. 269.

ça radical entre eles está no alvo do utopismo, pois Cohen o direciona para um universalismo abstrato, ao passo que Scholem o vê como uma retirada do universalismo para as preocupações nacionais judaicas. Cohen e Scholem também bifurcam seus caminhos no que diz respeito à avaliação do apocalipticismo. Ambos renunciam ao messianismo apocalíptico, porém a forma como Scholem entende a dialética da história judaica leva-o a crer que o apocalipticismo não é superado por uma negação direta, mas unicamente pela neutralização dialética de suas capacidades destrutivas.

A conexão com a história é o freio que impede o sionismo de escorregar para dentro do abismo messiânico. Como Scholem concluiu, na sua crítica a Schoeps: "A ligação do histórico com um eterno presente só pode ser realizada, creio eu, por duas vias, que não são mutuamente exclusivas: a do meio apocalíptico ou da tradição"[57]. Scholem escolhe uma síntese: energias apocalípticas moderadas pela tradição, uma solução que nele está em paralelo com o anarquismo teológico em que a tradição regula a liberdade de interpretação.

A submissão à tradição é, por certo, um negócio perigoso, uma vez que pode sufocar o crescimento. Scholem julga que a interpretação antiquária do judaísmo no século XIX, bem como a ortodoxia religiosa, socavaram a vitalidade do judaísmo vivo. Tais interpretações minaram o judaísmo ao impor uma definição dogmática daquilo que Scholem considera uma pluralidade anárquica de crenças. O sionismo é uma revolução contra a ortodoxia e, ao mesmo tempo, contra a forma diluída de judaísmo peculiar ao século XIX. Ele saca sua vitalidade e sua estabilidade da história judaica precisamente porque constitui um retorno à *totalidade* da história judaica: "O [sionismo] estava pronto para identificar-se com o destino dos judeus no todo. Eu digo, no todo, todos seus aspectos – religiosos e seculares igualmente"[58]. Somente o sionismo é por definição antidogmático porque se ergue acima de todas as interpretações particulares do judaísmo e é o único denominador comum que une todos os judeus, que aceita todas as definições – religiosas e laicas – de "quem é judeu"[59].

Kurzweil tinha de fato razão de dizer que o sionismo de Scholem é inseparável de sua historiografia, pois Scholem tenta integrar o sionismo na história judaica, mostrando que é um produto da tradição judaica, mesmo quando se revolta contra parte dela. O sionismo de Scholem

---

57. "Offener Brief", *Bayerische Israelitische Gemeindezeitung*, p. 244.
58. *Judaica*, II, p. 39.
59. "Quem é judeu" (trad. hebraica), *Devarim be-Go*, p. 597. Ver também *Unease in Zion*, pp. 283-284. Scholem opôs-se fortemente à decisão da controvérsia sobre "Quem é judeu" por um ato legal do governo israelense. Visto que ele considera a identidade judaica como uma questão de natureza não dogmática, ele não aceita que qualquer autoridade, religiosa ou secular, legisle uma definição dogmática.

não é, entretanto, em nenhum sentido, uma versão moderna do sabataísmo. Suas inflexíveis denúncias daqueles que, no sionismo, desde os revisionistas até os canaanitas, quiseram fugir das responsabilidades da tradição histórica, sugerem que sua posição política nunca foi tão "niilista" ou "apocalíptica" quanto Kurzweil pensava. A interpretação scholemiana da história judaica e do lugar do sionismo nessa história é tanto uma objeção aos laicistas radicais como aos ortodoxos dogmáticos. O sionismo deve neutralizar o niilismo laico, de um lado, e o dogmatismo religioso, de outro, mas deve fazê-lo sem destruir nem um nem outro.

Scholem jamais voltou a um ativo envolvimento político do tipo em que estivera engajado no fim da década de 1920 e início da de 1930. Sente-se, das cartas que escreveu a Walter Benjamin nos anos subseqüentes à ascensão de Hitler ao poder, uma espécie de profundo pessimismo acerca da política. Durante esses anos, suas preocupações deslocaram-se, passando das soluções dos problemas árabes-judaicos para a desesperada necessidade de salvar os judeus europeus. Em particular, as cartas a Benjamin refletem seus vãos esforços para ajudar seu irmão Werner, que foi preso em abril de 1933 por ser comunista e assassinado num campo de concentração em 1940. Apesar de suas persistentes predições de que a vida judaica era impossível na Alemanha, a experiência dos anos de 1930 e 1940 deve ter constituído, para Scholem, um trauma absolutamente imprevisto.

Não obstante o seu afastamento da política na década de 1930, ele nunca ficou inteiramente silencioso, como Kurzweil pretendeu. De tempo em tempo, Scholem se juntou a outros intelectuais na tentativa de influenciar as políticas do governo de Israel. Um desses casos foi a famosa carta escrita por intelectuais, em agosto de 1967, concitando Israel a não anexar os territórios ocupados na Guerra dos Seis Dias. Ele também assinou a petição do movimento *Shalom Akhschav* (Paz Agora) contra a colonização da margem ocidental do Jordão, e denunciou os messianistas do *Gush Emunim* como "sabataístas dos tempos recentes". A rejeição, por Scholem, de todo sionismo messiânico, permaneceu tão forte no fim de sua vida quanto fora nos dias do *Brit Shalom* e, de fato, os debates dessa época sobre o sionismo e o messianismo continuam a agitar hoje a cena política israelense. Aqueles que vêem o sionismo como um movimento messiânico tornaram-se ainda mais poderosos nos últimos anos. Os próprios estudos de Scholem a respeito do sabataísmo foram inclusive utilizados por alguns a título de advertência contra os perigos de um messianismo renovado. Scholem mesmo, muito ao par dos perigos e das promessas do messianismo, declarou:

> Não é de admirar que ecos do messianismo hajam acompanhado a moderna disposição judaica para a ação irrevogável no domínio concreto, quando ela empreendeu o utópico retorno a Sião. [...] Se a história judaica estará ou não apta a suportar essa

entrada no domínio concreto sem perecer na crise da reivindicação messiânica que foi virtualmente conjurada – tal é a questão que [...] o judeu de nosso tempo coloca a seu presente e a seu futuro[60].

---

60. "Messianic Idea in Judaism", *MI*, p. 36.

6. Teologia, Linguagem e História

A filosofia scholemiana da história judaica argumenta, contra o racionalismo dogmático do século XIX, que a história judaica consiste de uma produtiva conjunção de opostos: mito e racionalismo, messianismo restaurativo e apocalíptico. A tradição judaica é governada por um incessante conflito dinâmico entre essas forças que se opõem. Por trás dos cuidadosos estudos dos textos cabalísticos efetuados por Scholem está essa concepção fundamentalmente dialética do desenvolvimento da história. Eu afirmo que tal filosofia dialética da história está enraizada em uma teologia particular que pode ter algo a contribuir ao debate contemporâneo sobre a teologia judaica.

Scholem foi, é certo, primordialmente um historiador, e secular nesse trabalho. No entanto, como sugere a carta a Zalman Schocken, não se pode negar o impulso metafísico que espreitava por trás de sua decisão de estudar a Cabala. Recompondo a posição teológica de Scholem, podemos descobrir uma fascinante tentativa de um historiador para casar a historiografia secular com a tradição religiosa. Ao assim proceder, veremos por que a importância de Scholem se estende além da disciplina acadêmica da história para uma arena mais ampla do moderno pensamento judeu. Somente pelo entendimento da filosofia que se encontra atrás dos estudos históricos podemos começar a apreciar Scholem como um porta-voz do judaísmo moderno e como um historiador de suas primeiras manifestações.

As reflexões teológicas de Scholem devem ser consideradas contra o pano de fundo da crise da teologia judaica no século XX. Em parte como resposta aos desenvolvimentos na teologia cristã liberal, os teólogos judeus do fim do século XIX procuraram definir uma *Wessen des Judentums* (essência do judaísmo)[1]. Esse movimento, cuja melhor representação talvez seja o livro epônimo de Leo Baeck, não era mais do que a culminação de esforços similares já assinalados por nós na historiografia judaica anterior. Do mesmo modo que a sua contrapartida cristã, a "essência" do judaísmo foi, em geral, definida como ética, racional ou "profética", para demonstrar a identidade entre o judaísmo e a cultura moderna. Mas também como a sua contrapartida cristã, a teologia judaica racional defrontou-se rapidamente com uma crise[2]. Quando os teólogos puseram-se a questionar os pressupostos da cultura contemporânea, eles redefiniram o judaísmo como basicamente *estranho* à cultura moderna. A tese de Buber, segundo a qual o judaísmo é uma religião oriental, era parte dessa rejeição geral da cultura ocidental.

A crise da teologia judaica é mui claramente ilustrada na obra de Hermann Cohen (1842-1918), que articulou em seus primeiros escritos a versão mais extrema da religião racional. Cohen reduziu a religião a uma ética racional e argumentou que Deus nada mais é senão um princípio metodológico. Em seus escritos posteriores e, em especial, em seu tratado póstumo *A Religião da Razão Segundo as Fontes do Judaísmo*, ele altera sua posição. Sem abandonar seu abstrato Deus metodológico, Cohen afirmava agora que a religião não pode ser reduzida a uma ética universal, visto que a religião está às voltas com o homem enquanto indivíduo. O homem requer algo além da ética a fim de poder lidar com a sua situação existencial. Essa postura tardia de Cohen tornou-se a base do moderno existencialismo judaico, tal como desenvolvido por Franz Rosenzweig e Martin Buber e, na verdade, este último tirou a sua terminologia do *Eu e Tu* do próprio Cohen[3].

---

1. Adolf von Harnack, *Wesen des Christentums*, Leipzig, 1900; cf. também Ernst Troeltsch, *Die Absolutheit des Christentums und die Religionsgeschichte*, Tübingen-Leipzig, 1902; Uriel Tal, "Theologische Debatte um das 'Wesen' des Judentums", em *Juden im Wilhelminischen Deutschland 1890-1914*, ed. Werner Mosse, Tübingen, 1976, pp. 599-633; Alexander Altmann, "Theology in Twentieth Century German Jewry", *LBIY* 1, 1956, pp. 193-217, e "Zur Auseinandersetzung mit der 'dialektischen Theologie'", *MGWJ* 79, 1935, pp. 358-361; Hans Liebschütz, *Von Simmel zu Rosenzweig*, Tübingen, 1970.

2. A crise do cristianismo foi expressa na idéia de que o cristianismo, enquanto movimento originalmente apocalíptico, é em essência alheio às preocupações éticas da cultura moderna. Ver esp. Franz Overbeck, *Christentum und Kultur*, Basiléia, 1919, e Albert Schweitzer, *Geschichte des Lebens-Jesu Forschung*, 2ª ed., Tübingen, 1913.

3. *Der Begriff der Religion im System der Philosophie*, Giessen, 1915, e *Religion der Vernunft aus den Quellen des Judentums*, Frankfurt, 1919, pp. 13-27, "Entweder nämlich stellt es sich heraus, dass die Religion, als Lehre vom Menschen, in die Ethik hineinfällt, so wird zwar ihr Zusammenhang mit der Vernunft unzweifelhaft, aber ihre *Selbständigkeit*, als Religion der Vernunft, wird dadurch bedroht" (14).

Os existencialistas judeus contestaram a redução do judaísmo a um princípio de razão. Buber, na sua perspectiva de anarquista religioso, rejeitou a noção de uma autorizada revelação e tradição histórica[4]. Em decorrência de sua hostilidade ao judaísmo *halákhico* ortodoxo e à filosofia racional judaica, ele recusou o fardo da tradição e criou sua contra-história por um subjetivo, mitopoético "ato de decisão". Scholem também se rotula anarquista religioso, mas veremos que tem em mira com isso algo bem diferente do que Buber. De fato, a teologia de Scholem deve ser considerada um ataque consistente e uma alternativa ao existencialismo. Como Buber, Scholem revoltou-se contra a tentativa de definir uma essência do judaísmo e sustentou que este consiste efetivamente de uma pluralidade anárquica de fontes. Todavia, enquanto a rejeição do racionalismo levou Buber a um irracionalismo anistórico, ela conduziu Scholem à historiografia.

Buber e Scholem oferecem ambos respostas à crise da teologia racional judaica. Creio que a diferença fundamental em suas respostas resida em seu desacordo acerca da capacidade da tradição histórica comunicar-se com o judeu laico. Uma vez que a possibilidade de comunicação com uma tradição religiosa depende em última análise da concepção que se tenha da natureza e da eficácia da linguagem para transmitir a divina revelação, minha análise da dimensão teológica da controvérsia Buber-Scholem focalizará em larga medida a linguagem. Muito embora nem Buber nem Scholem jamais hajam entrado em aspectos técnicos da filosofia da linguagem, os dois desenvolveram a respeito dela concepções que foram cruciais para as respectivas teologias. Veremos que a posição de Scholem é especialmente próxima da de Walter Benjamin e pode muito bem ser derivada em parte das primeiras especulações metafísicas de Benjamin sobre a linguagem.

O problema da linguagem é particularmente agudo na avaliação das experiências místicas, já que o místico tem de exprimir suas experiências do infinito em linguagem finita. Além do mais, a maioria dos místicos sente um desejo extraordinário de comunicar sua experiência, mesmo quando reconhecem a impossibilidade de fazê-lo. Como é que o historiador da religião pode avaliar tais expressões lingüísticas? Há duas soluções discerníveis. A primeira é a de argumentar que a linguagem possui um *status* inferior ao da revelação e é incapaz de comunicar algo mais do que uma pálida sombra da experiência original. Em face da revelação, o homem fica literalmente emudecido e só mais tarde tenta traduzir o silêncio divino em inadequada fala humana. A essência da experiência mística é o silêncio: não há nenhuma relação entre ela e a linguagem utilizada para descrevê-la. Essa seria a posição de Buber.

---

4. Para a análise de Scholem a respeito do anarquismo religioso de Buber, ver "Martin Buber's Interpretation of Hasidism", *MI*, p. 245.

A segunda posição adotada por Scholem e Benjamin pretende que a própria linguagem seja de origem divina e que a experiência da revelação é lingüística. Uma vez que a linguagem é ambiguamente divina e humana, existe uma base para empregá-la a fim de comunicar uma experiência do divino. A profunda implicação do problema da linguagem é se a revelação divina deve permanecer uma experiência silente e individual ou se pode tornar-se uma tradição pública, comunicável, pois um tradição confiável exige a crença na linguagem em que é veiculada.

O MISTICISMO ANISTÓRICO DE BUBER

A *Erlebnismystik* de Buber era uma das alternativas oferecidas à teologia racional judaica no começo do século XX. Embora sua doutrina dialógica do *Eu e Tu*, posterior à Primeira Guerra Mundial, seja melhor conhecida, enfocarei o pensamento buberiano anterior, por ter sido ele que exerceu maior impacto sobre o pensamento de Scholem.

Buber combinava suas especulações metafísicas com investigações na história das religiões. Nos anos anteriores à guerra, ele estava interessado em coletar experiências místicas de toda espécie. Suas ecumênicas antologias de escritos místicos, em especial suas *Ekstatische Konfessionen* (Confissões Extáticas, 1909), contribuíram para o crescente interesse pelas tradições irracionais. Como o filósofo da religião, Rudolf Otto, cuja obra clássica *Das Heilige* (O Sagrado) apareceu em 1917, Buber queria estabelecer uma certa experiência supraracional comum a todas formas de misticismo e, na verdade, a todas as religiões genuínas[5]. Vimos que ele definiu essa experiência como *Erlebnis* (vivência) ou união mística com o Absoluto. A exemplo de Hermann Cohen em seu período tardio, Buber queria estabelecer a irredutibilidade da experiência religiosa a qualquer outro conceito: a experiência do mundo numenal era ontológica epistemologicamente diferente de qualquer outra experiência.

Na introdução às *Confissões Extáticas*, Buber desenvolveu uma teoria da linguagem no contexto de sua metafísica geral. Seguindo Hume, argumenta que o mundo por nós percebido com os nossos sentidos nada mais é senão um fragmentado feixe de percepções: "Eu dou ao feixe um nome e o denomino Mundo, mas o nome não é aquela unidade que é intuitivamente experimentada (*erlebt wird*) [...]. A lin-

---

5. O *Ich und Du*, de Buber, pode ser considerado uma polêmica contra *Der Heilige*, de Otto. Neste, a concepção de Deus como sendo inteiramente *das Andere* (Outro) parece impedir toda comunicação humana-divina, ao passo que a filosofia dialógica de Buber tenta transpor o abismo entre Deus e o homem. A *Erlebnismystik* buberiana do préguerra, com sua silente, intuitiva experiência do Absoluto, pode muito bem ser considerada uma precursora da filosofia da religião de Otto.

guagem é conhecimento perceptivo (*Erkenntnis*), porém a experiência do êxtase não é essa espécie de conhecimento"[6]. Segundo essa concepção da linguagem, que Buber parece ter tomado de Fritz Mauthner[7], a linguagem se desenvolveu a partir da "nominação" de percepções. Não há efetivamente distinção entre percepção e linguagem: elas são do ponto de vista cognitivo idênticas. A linguagem portanto nunca significa algo mais do que o dado perceptivo com o qual está conectada. O que quer que eu chame "mundo" se refere apenas às minhas percepções sensoriais e não capta a essência do mundo.

Segundo Buber, a *Erfahrung* (experiência perceptiva) não é o único tipo de experiência disponível ao homem. A experiência extático-intuitiva (*Erlebnis*, vivência) produz não uma "pintura" fragmentária do mundo, porém uma unidade viva. Enquanto a *Erfahrung* pode ser conceituada em palavras e, de fato, é essencialmente lingüística, a *Erlebnis* está além de todas as palavras e percepções: "A unidade do eu [...] agora não é mais um feixe [de percepções]; é um fogo"[8]. A verdadeira experiência extática, declara Buber citando Mestre Eckhardt, é silente: "O um de que eu falo aqui é sem palavra"[9]. Porque a *Erlebnis* é totalmente silenciosa, o místico está completamente só: "Ele não tem mais com ele nenhuma comunidade, nenhuma coletividade. A linguagem, entretanto, é a função da comunidade". Sem dispor de uma efetiva linguagem para comunicar sua experiência, o místico está condenado a ficar inteiramente sozinho, embora Buber postule uma comunidade teórica de todos aqueles que tiveram uma genuína *Erlebnis*. Essa abstrata comunidade, no entanto, não requer qualquer comunicação entre seus membros. Não fica também claro se a comunidade de místicos pode possuir qualquer continuidade histórica ou se deve permanecer somente um construto teórico.

A despeito do inerente silêncio da experiência mística, o místico é forçado a articular sua experiência. Buber chama a isso de "vontade de

---

6. Buber, *Ekstatische Konfessionen*, Jena, 1909, pp. 11 e 16.
7. Ver seus *Beiträge zur Kritik der Sprache*, Leipzig, 1923. O estudo definitivo sobre a filosofia lingüística de Mauthner é de Gershon Weiler, *Mauthner's Critique of Language*, Cambridge, 1970. Mauthner foi talvez o mais relevante filósofo do ateísmo no século XX. Mas a partir do ceticismo lingüístico, que foi a posição desenvolvida por ele em sua obra principal, chegou a uma concepção singularmente similar à de Buber: "Tentarei... dizer o indizível... Aquilo que eu posso experienciar (*erleben*, vivenciar) não é mais mera linguagem. Aquilo que eu experiencio é real. E eu posso experienciar por algumas poucas horas que nada mais sei sobre o princípio da individuação, que então cessa de haver uma diferença entre o mundo e eu. Que eu me torno Deus? Por que não?" (citado em Weiler, p. 295).
8. *Ekstatische Konfessionen*, p. 15.
9. *Idem*, inscrição no início. O interesse de Buber pelo misticismo cristão remonta à sua dissertação de doutorado, "Zur Geschichte des Individuationsproblems", 1904, que trata de Nicolau de Cusa e Jacob Boehme. Ver Flohr, "Kulturmystik", pp. 64 ss.

dizer o indizível" – *Sagenwollen des Unsagbaren*[10]. O místico tenta salvar da memória de sua experiência algo do "sem-tempo no tempo". Essa memória torna-se a origem do mito, que para Buber era uma representação – *Sinnbild* – simbólica da experiência original. Embora Buber sustente que o mito surgido da experiência mística é algo mais do que mera fantasia psicológica, ele é vago a respeito de sua capacidade de comunicar a essência da experiência. Os símbolos, sugere Buber, poderiam na realidade bloquear a *Erlebnis*: "Sob a direção do sacerdote [...], o símbolo tornou-se um substituto [no judaísmo] de uma comunhão viva com Deus"[11].

A aplicação dessas idéias ao misticismo judaico pode ser encontrada nas *Histórias do Rabi Nakhman*, relatadas por Buber, obra que serviu para estabelecer as "credenciais" místicas dos judeus. Buber pretende que a orientação do judeu para a ação mais do que para as percepções sensoriais o condicionem para a *Erlebnis*. A "alma" judaica está especialmente predisposta à experiência não-auditiva, intuitiva:

> Há na alma do judeu um núcleo, uma certeza, uma substância [que não é] a bem dizer, sensorial, objetivo, mas antes ativo [e] subjetivo. Isso é o patos. [...] O patos é amiúde bastante degradado em retórica [...], mas, sempre de novo, o patos se libera e torna-se mais puro do que antes. [...] Quando comunica a si mesmo, porque não pode fazer outra coisa, ele sente, não obstante, a inconfiabilidade de toda comunicação, a inefabilidade de toda experiência intuitiva[12].

Os judeus alimentam um saudável ceticismo acerca da linguagem, característica dos místicos. Buber admira em especial a relutância de Rabi Nakhman de registrar em escritura os seus ensinamentos. Com Nakhman, a Cabala tornou-se aquilo que nunca fora antes verdadeiramente: uma tradição *oral* "capaz de criar seu poder não a partir dos livros, mas a partir da vida real com os homens e dentro deles"[13].

Seguindo a escola da crítica bíblica do fim do século XIX, a *Formgeschichte* (história da forma), Buber dá maior valor às tradições orais do que aos textos escritos. Se toda comunicação era suspeita, a palavra escrita constituía um infrator particular. Em sua obra sobre as histórias do Baal Schem Tov, o fundador do hassidismo, Buber sustenta que a autenticidade dos relatos era sugerida por sua pré-história oral, uma afirmação que Scholem, bem mais desconfiado das tradições orais, critica duramente[14]. Daí por que Buber considerou os ensina-

---

10. *Ekstatische Konfessionen*, pp. 5 e 21.
11. *On Judaism*, p. 88.
12. Buber, *Die Geschichten des Rabbi Nachman*, p. 7.
13. *Idem, ibidem*, p. 25.
14. Buber, "Alguns Comentários sobre a Teoria do Hassidismo" (hebraico), *Amot* 2.7, 1963-64, pp. 43 ss. Sobre as histórias do Baal Schem, ver a "Introdução" de Buber para a sua coletânea de *Die Legende des Baalschem*, Frankfurt, 1922 (*A Lenda do Baal Schem*, São Paulo, Perspectiva, 2003). Para a crítica de Scholem à confiança de Buber

mentos de Nakhman, à medida que este deixou de expô-los por escrito, como particularmente dignos de confiança.

De acordo com Buber, Nakhman tinha uma teoria de que existiam dois tipos de discurso:

> Ele evitava a palavra que proporciona apenas uma apressada e inconfiável impressão sensorial (*Sinneseindruck*) [...], mas a palavra que surge do cerne da alma como uma forma orgânica, uma rica e profunda vivenciar (*Erlebens*) era para ele uma grande coisa. [...] A palavra formou-se tarde. Com ele, o ensinamento é antes de tudo uma vivência (*Erlebnis*) e só depois torna-se pensamento que é [a] palavra[15].

Essa passagem algo mistificadora parece significar que a maior parte da linguagem está ligada ao mundo sensível, embora a *Erlebnis* produza outro tipo de linguagem que, assim mesmo, ainda está consideravelmente afastada da experiência mesma. O segundo tipo de linguagem "elevada" pode corresponder à linguagem mítica à qual as *Ekstatische Konfessionen* aludem.

Será que esse discurso elevado comunica uma verdade essencial? Segundo Buber, rabi Nakhman acreditava que seus ensinamentos estavam "sem roupas". Os próprios relatos tornaram-se as vestimentas de suas experiências místicas: tinham o propósito de despertar os discípulos e "plantar as verdades da vida em [seus] corações"[16]. Não escrevendo seus ensinamentos, e, em vez, vestindo-os de histórias orais, o rabi procurava incitar os seus discípulos, eles próprios, a escreverem as histórias: "a partir delas e não da alma do Mestre a palavra nasce"[17]. Em outros termos, o relato que o próprio místico faz de suas experiências não possui conteúdo relevante por si mesmo. Seu propósito é provocar uma resposta emocional em um auditório que não se priva da própria experiência. A escritura torna-se a tarefa do discípulo e o relato escrito não carrega nenhuma relação essencial com a experiência original: o discípulo obtém sua iluminação mística em segunda mão. Buber considerava a sua própria tarefa como similar à dos discípulos de Rabi Nakhman, embora estivesse talvez um passo a mais afastado da *Erlebnis* original. Em "recontando mais do que traduzindo" a assim articulada experiência dos místicos, não pretendia comunicar o conteúdo dos encontros pessoais deles com o Absoluto, porém ape-

---

nos relatos orais, cf. "Buber's Interpretration of Hasidism", *MI*, pp. 233-234. Ver também "A Imagem Histórica de Israel Baal Shem Tov" (hebraico), *Molad*, pp. 144-145, setembro-outubro 1960, pp. 335-357.

15. *Geschichten des Rabbi Nachman*, pp. 28-29. Em *Daniel* (1913), trad. M. Friedman, New York, 1964, p. 31, Buber argumentava que existe um significado elevado para palavras desconhecidas ao uso comum. Sobre as teorias do silêncio esposadas por Rabi Nakhman, ver seu *Likute ha-Muharan*, Jerusalém, 1969, sec. 64.

16. *Rabbi Nachman*, p. 4.

17. *Idem*, p. 30.

nas tentar tanger uma corda simpática em seu leitor, ajudando-o quiçá a ter a sua própria *Erlebnis*. Se o leitor já tiver tal experiência, ele nunca poderá saber se ela é em termos ontológicos similar à original do místico, porquanto a experiência em que a linguagem original é veiculada possui apenas valor pedagógico.

O ceticismo místico de Buber acerca da linguagem se alterou apenas ligeiramente após a Primeira Guerra, com a nova filosofia dialógica então formulada. Em um de seus ensaios na década de 1930, ao traduzir a Bíblia, ele nota:

> A Palavra da Bíblia nunca é mera "expressão" de uma preocupação intelectual ou espiritual, seja de gênero "ético" ou "religioso", nem de um conteúdo fatual, histórico ou legendário, mas é uma *Palavra* transmitida, uma Palavra que foi outrora forma falada. [...] A cunhagem dessa Palavra é em si mesma sua própria essência, sua natureza original [...], seu ritmo é a forma necessária em que ela se revelou e se confiou à memória do povo[18].

O novo modo de Buber ver as palavras e a comunicação ainda repousa sobre uma concepção algo céptica da linguagem. A *palavra* de Deus não tem conteúdo fatual, nem transmite qualquer conteúdo; sua essência reside em seu ritmo e seus padrões sonoros poéticos mais do que em sua substância comunicativa. A tradução da Bíblia, concebida por Buber para ser lida em voz alta, devia exercer um impacto lírico sobre o ouvinte[19].

O *Eu e Tu* (1923) também revela que a posição ulterior de Buber com respeito à linguagem não havia mudado de maneira acentuada em relação à sua *Erlebnismystik* (mística da vivência). O verdadeiro diálogo de um Eu com um Tu está além da linguagem: "Só o silêncio para com o Tu, o silêncio de todas as línguas, a espera taciturna no mundo não-formado, indiferenciado, pré-lingüístico deixa o Tu livre e se mantém com ele em reserva lá onde o espírito não se manifesta mas é. Toda resposta liga o Tu ao Isso-mundo"[20]. A palavra básica (*Grundwort*) proferida entre "essências espirituais" (*geistigen Wesenheiten*) é a mais alta forma do diálogo, mas ocorre além da linguagem quotidiana: "Nós não ouvimos o Tu mas nos sentimos como que invocados [...], com o nosso ser pronunciamos a palavra básica, incapazes

---

18. "Ein Hinweis", em *Die Schrift und ihre Verdeutschung*, Berlim, 1936, pp. 311-312. Ver também o seu ensaio de 1960, "Das Wort, das gesprochen wird", *Werke*, Munique, 1962, I, pp. 442-453.

19. Ver Martin Jay, "Politics of Translation – Siegfried Kracauer and Walter Benjamin on the Buber-Rosenzweig Bible", *LBIY* 21, 1976, pp. 3-24. Jay atribui a Buber uma atitude metafisicamente positiva em relação à linguagem, que se aplica de um modo mais apropriado a Rosenzweig.

20. *Werke*, I, p. 103, trad. em *I and Thou*, trad. de Walter Kaufman, New York, 1970, p. 89.

de proferi-la com a nossa boca"²¹. Essa forma de comunicação não é linguagem humana, mas ocorre em algum silencioso espaço etéreo: "O homem recebe, e o que ele recebe não é um 'conteúdo', porém uma presença, uma presença como força"²². A silente experiência da presença do Tu parece ontologicamente muito similar a anterior *Erlebnis* de Buber, embora o objeto da experiência não seja mais o Absoluto, porém por um Outro concreto.

O ceticismo lingüístico de Buber resultou em sua depreciação da história e da tradição. Se a linguagem é incapaz de comunicar a essência de uma experiência "revelatória", então como pode uma tradição baseada na Revelação ter qualquer autoridade? A tradição é meramente convencional e artificial: é parte do domínio lingüístico da *Erfahrung*, uma vez que não pode comunicar efetivamente *Erlebnis*. A tradição poderia ter a qualidade de inspiração pedagógica que Buber atribuía aos relatos de rabi Nakhman, mas não pode transmitir verdade divina. Ao contrário, Buber sustentava que a tradição na realidade barrava o caminho da revelação. Como escreveu a Rosenzweig, na importante troca de cartas que realizaram, nos anos de 1920, sobre a revelação como fonte da Lei: "É só por meio do homem em sua autocontradição que a revelação se torna legislação... Eu não posso admitir a Lei transformada pelo homem no reino de minha vontade, se devo me manter igualmente pronto para a palavra não mediada [de Deus dirigida a uma determinada] hora"²³. Como vimos, a "palavra não mediada de Deus" era, para Buber, algo essencialmente diferente da linguagem comum. A revelação divina não tem conteúdo autorizado: não pode criar uma tradição contínua. O anarquismo religioso de Buber era o resultado dessa bifurcação da revelação e da tradição normativa. Uma vez que a tradição é "meramente" uma criação humana, ela não tem autoridade sobre um homem transfigurado pela libertadora experiência da revelação.

A revelação, para Buber, é um evento fora da história. Ele a denomina um "fenômeno primordial no presente" (*gegenwärtiges Urphänomen*)²⁴. A revelação quebra o *continuum* do mundo quotidiano; ela não tem existência fora do *Jetzt und Hier* (aqui e agora). Numa passagem que lembra o "eterno retorno do mesmo" nietzchiano, Buber diz que a respeito da relação da revelação com a história:

> As revelações [...] são, consoante sua natureza, nada mais do que a eterna, sempre presente revelação, a revelação do aqui e agora. Nunca e em parte alguma aconteceu alguma coisa que não haja também acontecido no aqui e agora. Mas também

---

21. *Werke*, I, p. 81.
22. *Idem*, p. 153, trad. em *I and Thou*, p. 158.
23. Buber, *Briefwechsel*, II, 196, 24 de junho de 1924, trad. em Franz Rosenzweig, *On Jewish Learning*, trad. Nahum Glatzer, New York, 1965, p. 111.
24. "Ich und Du", *Werke*, I, p. 152.

existe uma história; há não obstante uma diferença qualitativa [entre] momentos históricos[25].

A história e o tempo são criações humanas. Da perspectiva de Deus, a revelação é sempre no aqui e agora, mas, de uma perspectiva humana, ela ocorre no tempo. Buber subentende que aquele que está verdadeiramente aberto à revelação transcende a história feita pelo homem e apropria-se da perspectiva divina do aqui e agora. Desse ponto de vista, a história e a tradição perdem sua força constrangedora.

Vimos que Buber não considerava as experiências místicas como capazes de gerar uma significativa história da tradição. Daí sua contra-história não ser, na realidade, história em geral, porém mera reconstrução subjetiva, ou um "reconto", de experiências místicas destinadas a edificar ou inspirar seus leitores. O "verdadeiro" judaísmo não tinha efetivamente uma história, visto que a própria teologia de Buber minava a própria possibilidade de uma história. Como Graetz, Buber não acreditava em absoluto que o misticismo judaico possuísse uma história, mas, ao contrário de Graetz e dos historicistas racionais, ele converteu essa conclusão numa virtude: a falta de uma história é a marca daquelas experiências superiores que não podem ser comunicadas.

OS PRIMEIROS ESCRITOS DE SCHOLEM SOBRE LINGUAGEM E TEOLOGIA

Em seus primeiros ataques à *Erlebnismystik*, Scholem procurava afirmar a validade da história e da tradição para o judeu secular. A fim de fazê-lo, adotava uma atitude muito mais positiva em relação à linguagem como veículo para a transmissão da tradição. Contra o "misticismo do silêncio", preconizado por Buber, Scholem desenvolveu uma teologia em que a tradição e a revelação eram experiências lingüísticas: ele baseou a autenticidade da tradição na eficácia da linguagem. Visto que Scholem não era místico, seria grave erro pretender, sem cuidadoso exame, que sua posição se assemelhasse àquela que ele atribui à Cabala. Entretanto, a partir de um certo número de artigos, antigos e ulteriores, cabe discernir que existe notável similaridade entre suas concepções e a Cabala.

A filosofia da linguagem constituiu um dos primeiros interesses acadêmicos de Scholem. Como estudante de matemática, escreveu um trabalho para o seminário de Bruno Bauch defendendo a lógica mate-

---

25. Buber, *Religion als Gegenwart*, conferências pronunciadas no Jüdisches Lehrhaus, Frankfurt, de 15 de janeiro a 12 de março de 1922, e que não foram publicadas. Arquivo Buber, MS B/29, VIII, pp. 10-12, citado em Flohr, p. 179 (trad. inglesa, 337n276).

mática como via legítima de abordar a linguagem. Em 1916, leu as *Sprachphilosophische Schriften* (Escritos Filosófico-lingüísticos), de Wilhelm von Humboldt, e as *Beiträge zur einu Kritik der Sprache* (Contribuições a uma Crítica da Linguagem), de Fritz Mauthner[26]. Depois de transferir o foco de seus estudos universitários da matemática para a Cabala, cogitou de início escrever uma dissertação sobre a teoria lingüística na Cabala, um projeto que ele completaria apenas cinqüenta anos mais tarde[27]. Impõe-se, pois, a evidência de que as origens intelectuais de Scholem não podem ser compreendidas sem uma referência ao seu interesse pela filosofia da linguagem.

De 1917 a 1923, Scholem traduziu numerosos textos do hebraico e do ídiche para o alemão. Seu interesse na tradução e na linguagem em geral constituía em parte resultado de seu fervoroso apego ao hebraico, que provocou o amargo debate com o *Blau-Weiss*. Em carta a Scholem em 1917, depois de ter recebido sua tradução do *Cântico dos Cânticos* para o alemão, Benjamin escreveu:

> Seu amor pela língua hebraica só pode expressar-se em alemão como respeito em face da essência da linguagem e da palavra. [...] Em outros termos, seu trabalho permanece apologético porque exprime o amor e o honor de um objeto que não está em sua esfera própria. Pois bem, não é fundamentalmente impossível que duas línguas possam caminhar juntas numa mesma esfera: ao contrário, isso constitui toda grande tradução. [...] Entretanto, para você, a língua alemã nunca será realmente tão próxima quanto a hebraica, e por essa razão, você não é o tradutor "eleito" do Cântico dos Cânticos[28].

Essa passagem é uma das primeiras reflexões de Benjamin sobre a teoria da tradução, desenvolvida mais tarde em "A Tarefa do Tradutor", segundo a qual o tradutor deve considerar todas as línguas como igualmente reflexivas da linguagem pura. Embora seja possível que a crítica de Benjamin fosse exata na época em que Scholem era jovem, nos anos ulteriores este chegou a encarar o alemão virtualmente com a mesma reverência.

Sob a influência da tradução de Píndaro por Hölderlin[29], Scholem adotou a concepção, similar à de Benjamin, de que a tradução não deveria tornar a leitura do texto mais fácil, uma vez que as grande obras de literatura e suas traduções não foram escritas "com o leitor em mente"[30]. Numa resenha crítica de três traduções do ídiche para o

26. *Walter Benjamin*, pp. 33, 66 e 136.
27. *Walter Benjamin*, pp. 107-118. Scholem publicou o ensaio em 1970 sob o título de "Der Name Gottes und die Sprachtheorie der Kabbala".
28. Benjamin, *Briefe*, I, p. 142, 17 de julho de 1917. A tradução do Cântico dos Cânticos, feita por Scholem, foi publicada pela casa editora do pai dele, em 1916.
29. Mais precisamente, o livro de Norbert Hellingrath sobre a tradução de Píndaro por Hölderlin. Carta de Scholem, 31 de março de 1978.
30. Benjamin, "Task of the Translator", *Illuminations*, ed. Hannah Arendt, trad. Harry Zohn, New York, 1969, p. 69.

alemão por Alexandre Eliasberg[31], Scholem argumenta que o ídiche é uma língua difícil de traduzir porque o seu estrato religioso é preservado em hebraico. A tradução dos termos religiosos em alemão destrói os níveis que tornam o ídiche uma síntese única em seu gênero, de muitas línguas. Sob o encanto do "culto dos *Ostjuden* (judeus do Leste)", Scholem refere-se ao ídiche como língua "quente" (já que combina o hebraico e o alemão) em oposição ao alemão, que é "frio". Eliasberg respondeu que Scholem parecia querer não uma tradução, porém uma transliteração do texto ídiche em caracteres latinos[32]. Como Ernst Simon notou, em sua própria tradução de textos místicos, Scholem amiúde preserva certos termos-chave na língua original do escrito a fim de refletir o seu sentido técnico, embora possam ser também estranhos ao original[33].

Scholem também se mostrou crítico em relação às primeiras amostras da tradução da Bíblia efetuada por Buber e Rosenzweig, que apareceram nos anos de 1920[34]. Ele expôs suas reservas numa série de cartas a Buber, a partir de 1926, quando Buber lhe enviou a tradução do *Gênese*[35]. O próprio Buber considerou os comentários de Scholem como "os mais sérios com que me deparei, na realidade a única crítica séria"[36]. Scholem afirmava que Buber havia adotado um estilo elevado, *Tonhöhe*, ou, mais precisamente, um *nigun* (melodia) para as passagens em prosa do *Gênese*. Buber impusera o refinado *Jugendstil*, que ainda gozava de seu favor, a textos cujo caráter original era muito mais prosaico. Anos mais tarde, depois que sua posição sobre a linguagem havia mudado um pouco, Buber diminuiu o tom altamente poético das traduções feitas nos anos de 1920. Scholem elogiou a versão final quando ela apareceu em 1961, notando a "distinta urbanidade de sua [de Buber] nova versão", em oposição ao "elemento de fanatismo" na primeira[37].

O problema de Buber nas primeiras traduções, ao ver de Scholem, era que ele considerava a revelação uma experiência extática merecedo-

---

31. "Zum Problem der Übersetzung aus dem Jidischen", *Jüdische Rundschau*, 12 de janeiro de 1917, pp. 16-17.
32. *Idem*, 26 de janeiro de 1917, pp. 35-36.
33. Ernst Simon, "Über einige theologische Sätze von Gershom Scholem", *Mitteilungsblatt der Irgun Olej Merkaz Europa*, 8 de dezembro de 1972, pp. 3 ss.
34. Benjamin mostrou-se bem mais hostil à tradução e sugeriu a impropriedade de uma tradução da Bíblia para o alemão numa época em que o hebraico estava sendo revivido. Ver *Brief*, I, p. 432, carta a Scholem, 18 de setembro de 1926, e trad. em Jay, "Politics of Translation", p. 20. Ver também Benjamin para Scholem, 29 de maio de 1926, em *Briefe*, I, p. 429, e Benjamin para Karl Thieme, 9 de março de 1928, *Briefe*, II, pp. 744-745.
35. Buber, *Briefwechsel*, II, pp. 251-253, 27 de abril de 1926, pp. 371-373, 10 de abril de 1930, pp. 380-381, 22 de maio de 1930.
36. Buber para Scholem, *Briefwechsel*, II, p. 375, e *MI*, p. 315.
37. "At the Completion of Buber's Translation of the Bible", *MI*, pp. 316-317.

ra da linguagem poética do patos. Buber acreditava que a incapacidade do místico de comunicar sua experiência força-o à expressão imprecisa, poética. Scholem atacou pela primeira vez essa idéia em 1922, em sua crítica ao livro de Meier Wiener *Lyrik der Kabbala*, inspirado na *Erlebnismystik* buberiana. Scholem rejeitou a asserção de Wiener segundo a qual "a religião é demasiado *ungenau* (imprecisa) para que possamos apreender todo o seu ser":

> Temos aí, na realidade, a mais notável e bem-sucedida formulação de um conceito infundado de religião que só pode ser estabelecido ou confirmado captando-se o fato central da religião, isto é, a revelação, como uma *Erlebnis* (experiência) amorfa, extática que só (tem sentido), se o tem em geral, no plano da interioridade, enquanto suas emoções externas permanecem inteiramente vagas. [A revelação deve ser antes entendida] como um fenômeno auditivo, que sempre pareceu tanto a filósofos da religião quanto a teóricos da linguagem, bem como aos místicos, [inclusive] os cabalistas, como exatamente definível, *exakt bestimmbar*[38].

Wiener traduzira mal textos místicos por ter suposto que os místicos exprimem suas experiências em brumosa linguagem poética. Se as fontes místicas parecem às vezes indistintas não é porque o místico estava confuso, mas porque o leitor moderno não é capaz de decifrar o texto. Para quem não sabe latim, até as *Guerras Gálicas*, de Júlio César podem se afigurar "místicas"[39].

Em seus primeiros escritos sobre religião, Scholem já começara a desenvolver uma posição diferente acerca da natureza do misticismo e da revelação. A revelação não é uma *Erlebnis* silenciosa, mas uma experiência auditiva que pode ser expressa na linguagem[40]. A tradução de textos cabalísticos é possível porque os próprios cabalistas consideravam a sua linguagem um preciso vocabulário técnico e não uma poesia arbitrária e emotiva. Esses textos não são bem servidos por traduções poéticas; eles clamam pela filologia científica. A concepção mesma que os próprios cabalistas medievais tinham de sua atividade define a espécie de método de pesquisa necessário para decodificar seus textos. Uma vez que encaravam a linguagem de maneira positiva, Scholem julgava, junto com a *Wissenschaft des Judentums*, que um filólogo, cujo pressuposto de trabalho é a continuidade da tradição lingüística, constitui o intérprete apropriado dos textos cabalísticos.

Se nas primeiras resenhas críticas (1920-1922) Scholem parece incluir todas as religiões em seu argumentos, é bem mais cauteloso em suas formulações ulteriores, preferindo referir-se apenas ao judaísmo e distinguir cuidadosamente entre a Cabala e outras tradições místicas. Enquanto Buber e outros historiadores da religião no começo do sécu-

---

38. "Lyrik der Kabbala?", *Der Jude* 6, 1921-22, p. 60.
39. "Über die jungste Sohar Anthologie", *Der Jude* 5, 1920-21, p. 364.
40. Cf. Benjamin, *Briefe*, I, p. 197: "[Die] Offenbarung... die vernommen werden muβ, d.h. in der metaphysische akustischen Sphäre liegt".

lo XX tentavam estabelecer a base comum de toda experiência religiosa[41], Scholem sustenta que, do ponto de vista histórico, cada tipo de misticismo possui a sua própria e única tradição: "Somente em nossos dias ganhou terreno a crença de que existe algo como uma religião mística abstrata"[42]. Sem negar as similaridades entre as tradições místicas, Scholem focaliza obstinadamente o misticismo judaico como uma tradição histórica autônoma.

O MISTICISMO LINGÜÍSTICO DA CABALA

Na introdução às *Grandes Correntes da Mística Judaica*, na qual procura estabelecer as características únicas do misticismo judeu, Scholem focaliza a questão da linguagem e, numa nota de pé de página, sugere ter sido esta a área de seu maior desacordo com Buber:

> [Os místicos] queixam-se contínua e amargamente da completa inadequação das palavras para expressar seus verdadeiros sentimentos, mas, apesar de tudo isso, vangloriam-se deles; abandonam-se à retórica e nunca se cansam de tentar exprimir o inexprimível em palavras. Todos os que escreveram sobre a mística acentuaram esse ponto. O misticismo judeu não constitui exceção, no entanto ele se distingue por duas características inusuais, que podem estar de alguma forma inter-relacionadas. [...] Em primeiro lugar, a impressionante reserva observada pelos cabalistas no referente à suprema experiência; e, em segundo, sua atitude metafisicamente positiva para com a linguagem como instrumento de Deus mesmo[43].

Os cabalistas estavam menos interessados em descrever suas próprias experiências do que no comentário místico acerca de textos de seus predecessores. A literatura biográfica, pretende Scholem, é na mística judaica muito inferior à teórica. Portanto, o misticismo judeu difere de muitas outras tradições em sua falta de interesse na experiência pessoal e em sua ênfase na tradição do comentário erudito. Os estudos cabalísticos do próprio Scholem concentram-se na Cabala "teórica" e sua ocasional abordagem da Cabala prática "experiencial", como o cabalismo profético de Abraão Abuláfia[44], destina-se a provar a regra por referência à exceção.

Scholem acredita que a característica definidora do misticismo judeu como comentário sobre uma tradição secreta tem sua origem numa

---

41. Ver especialmente Rufus Jones, *Studies in Mystical Religion*, Londres, 1909; Rudolph Otto, *Mysticism East and West*, New York, 1932; e Evelyn Underhill, *Mysticism. A Study in the Nature and Development of Man's Spiritual Consciousness*, Londres, 1926.
42. *MT*, p. 6.
43. *MT*, p. 15. Na p. 354n13 Scholem refere-se explicitamente às *Ekstatische Konfessionen*, de Buber com o seu exemplo para a interpretação do misticismo que enfatiza a inadequação da linguagem.
44. *MT*, pp. 119-155.

atitude única e explicitamente positiva em relação à linguagem. O comentário é não apenas o modo próprio da mística judaica, mas é uma exigência efetiva por causa da origem divina dos textos tradicionais. Existe uma conexão essencial entre o comentador e o texto devido ao caráter divino da linguagem: "A linguagem em sua forma mais pura, isto é, o hebraico [...] reflete a natureza fundamentalmente espiritual do mundo [...]. A fala alcança Deus porque ela vem de Deus [...]. Tudo o que vive é expressão da linguagem de Deus"[45].

Em seu artigo sobre "O Nome de Deus e a Teoria Lingüística da Cabala"[46], Scholem afirma que o misticismo lingüístico se desenvolveu em dois estágios. No *Sefer Ietzirá*, que ele data como do século II ou III, as vinte e duas letras do alfabeto hebraico e os dez números cardinais eram as ferramentas da criação: "a clara opinião do autor é que toda coisa criada tem uma essência lingüística que é composta por qualquer combinação concebível dessas letras fundamentais. [...] Essa concepção da essência da Criação liga-se estreitamente à concepção lingüística da magia"[47]. No século XIII, entretanto, a magia lingüística tornou-se misticismo lingüístico: as letras e os números não eram instrumentos criados por Deus com propósitos mágicos, porém emanações da própria essência divina. O nome de Deus era concebido como equivalente à sua essência e como o meio pelo qual Ele criou o mundo. A Criação era um processo lingüístico em que o nome de Deus se tornou material.

Para os cabalistas do século XIII, criação e revelação constituíam dois acontecimentos idênticos: ambos eram "auto-representações" lingüísticas de Deus[48]. A Torá, lida em termos místicos, nada mais era senão uma série de esotéricos nomes divinos. A estrutura oculta da Torá era o equivalente da estrutura do mundo, e a tarefa do cabalista consistia em decifrar a essência lingüística comum da criação e da revelação: "A Torá, como os cabalistas a concebiam, não é por conseqüência separada da essência divina, nem criada no sentido estrito da palavra; é, antes, algo que representa a vida secreta de Deus, que a teoria da emanação cabalística tenta descrever"[49].

Segundo os cabalistas, a linguagem divina compõe-se somente dos nomes de Deus e não tem gramática. Scholem nota que, para os cabalistas, paradoxalmente, o nome essencial de Deus "não tem 'significado' na acepção tradicional do termo. [...] Não possui significação

---

45. *MT*, p. 17.
46. "Der Name Gottes und die Sprachtheorie der Kabbala", apresentado primeiro como palestra na conferência de Eranos de 1970, publicado em *Judaica*, III, pp. 7-71, trad. inglesa em *Diogenes* 79, 1972, pp. 59-80, e 80, 1972, pp. 164-194.
47. "The Name of God", *Diogenes* 79, 1972, pp. 75-76.
48. "The Meaning of the Torah in Jewish Mysticism", *KS*, p. 41.
49. "The Name of God", p. 62.

concreta"⁵⁰. Deus não é falto de sentido, mas, poder-se-ia dizer, é "metassignificativo": Ele é a fonte de toda significação. As palavras, de outro lado, não têm significado, visto que seu propósito é comunicar informação. Como, então, a linguagem divina, que não possui significado concreto, se converte na fonte de toda significação? Contra a idéia buberiana da "não mediada palavra de Deus", Scholem argumenta que os cabalistas criam que a revelação deve ser mediada, pois a comunicação com Deus só pode ocorrer por meio de um discurso indireto⁵¹.

A tradução dialética da revelação divina em linguagem humana é possível por causa da equivocidade do nome divino. O paradoxo de uma linguagem divino-humana é inerente à frase hebraica que designa o Tetragrama (YHVH), *shem há-meforash*. Scholem mostra como o cabalista do século XVI, Moisés Cordovero, ofereceu duas etimologias para essa expressão: ela podia significar "explícito" (*l'faresh* – tornar explícito) ou "escondido-separado" (*l'hafrish* – separar)⁵². Que a expressão hebraica para o nome essencial de Deus contenha essas significações contraditórias sugere que a própria língua, que se origina no nome de Deus, é equívoca. No processo de criação e revelação, o nome oculto de Deus se torna uma palavra explícita, comunicável. O nome divino faz-se dialeticamente a fonte de toda significação.

Scholem afirma que a faculdade da linguagem de ser ao mesmo tempo divina e humana reside na sua capacidade de simbolizar⁵³. Ele considera que, para os cabalistas, os símbolos são os meios para descrever Deus indiretamente. Ao contrário da alegoria, o símbolo não é imposto de modo arbitrário a um evento místico, mas tem o poder intrínseco de evocar uma compreensão intuitiva:

> Se a alegoria pode ser definida como a representação de algo exprimível, o símbolo místico é uma representação exprimível de algo que se encontra além da esfera da expressão e da comunicação, algo que vem de uma esfera cuja face está, por assim dizer, voltada para o interior e fora de nós. [...] O símbolo não "significa" nada e não comunica nada, mas torna algo transparente que está além de toda expressão⁵⁴.

---

50. *Diogenes* 80, 1972, p. 194. A fonte de Scholem é Moisés Cordovero, no *Pardes Rimonim*, cap. 19, sec. 1. Scholem deixa de informar que, para Cordovero, o Tetragrama tem um significado; isto é, o de todas as dez *sefirot* juntas, embora o *ain sof* (Sem Fim) não se inclua. Cordovero parece operar com um distinção entre *Sinn* (sentido) e *Bedeutung* (significado) do mesmo modo que Frege propôs distinguir entre significado e referência. Para uma discussão dessas questões, ver F. v. Kutschera, *Sprachphilosophie*, Munique, 1971.
51. Simon, "Über einige theologische Sätze", nota o paralelo entre a noção do discurso indireto segundo Scholem e Kierkegaard.
52. "The Name of God", p. 70.
53. *Idem*, p. 60.
54. *MT*, pp. 27 e 244-255.

Os símbolos, como o nome divino, não têm significação concreta, mas se tornam dialeticamente a expressão da fonte inexpressável de significado.

Para os cabalistas, os símbolos não são arbitrários ou subjetivos, mas possuem uma interna conexão essencial com aquilo que simbolizam. Eles são portanto o resíduo de nomes divinos na linguagem humana. A grande fé dos cabalistas na linguagem resultava de sua crença de que os símbolos eram a ponte entre a linguagem humana e divina. No moderno mundo tecnológico em que as fantasias do ser humano foram isoladas num mundo isolado de simbolismo subjetivo, o desaparecimento dos símbolos públicos converteu-se, segundo Scholem, na "grande crise da linguagem"[55]. Poderíamos aditar que o ceticismo lingüístico de Buber constituía um reflexo de seu próprio secularismo, uma vez que ele não podia mais acreditar que a linguagem fosse capaz de simbolizar o inefável.

A CONCEPÇÃO PLURALISTA DA TRADIÇÃO NA CABALA

A noção cabalística de revelação, segundo Scholem, é uma experiência auditiva em que o nome de Deus é traduzido para a linguagem humana e faz-se, destarte, compreensível. O nome divino "não é uma comunicação que proporciona compreensão [...], torna-se uma comunicação compreensível apenas quando é mediada"[56]. A revelação é, portanto, uma experiência desprovida de significado até ser mediada pela linguagem humana, e essa mediação justifica-se devido à origem divina da linguagem:

> Aqui a revelação, que ainda não tem significado específico, é aquilo que, na palavra, dá uma riqueza infinita de significações. Despida de significado, em si mesma, ela constitui a própria essência da interpretabilidade. [...] Defrontamo-nos agora com o problema da tradição tal como se apresentava aos cabalistas. Se a concepção da revelação como absoluta e portadora de significado, mas ela mesma desprovida de sentido, for correta, então também deve ser verdadeiro que a revelação virá a desvelar seu significado infinito [...], somente em seu constante relacionamento com a história, a arena em que a tradição se desdobra[57].

Como "não há aplicação imediata, não dialética, da palavra divina", a revelação só adquire significado concreto numa tradição histórica. A revelação é a fonte de toda significação e, na verdade, de toda a vida. Nas palavras do cabalista do século XVI, Meier ibn Gabbai, a

---

55. "With Gershom Scholem", *JJC*, p. 48, E "The Name of God", *Diogenes* 80, 1972, p. 194.
56. "Revelation and Tradition as Religious Categories in Judaism", *MI*, p. 294.
57. *MI*, pp. 295-296.

quem Scholem cita amplamente, a revelação não é um evento que ocorre uma só vez, porém "uma fonte [que] nunca é interrompida. [...] Se fosse interrompida, sequer por um só momento, todas as criaturas remergulhariam em seu não-ser"[58]. A revelação é continuamente necessária para sustentar o mundo, mas sem uma tradição de comentário e interpretação para traduzir a palavra divina em realidade concreta, a revelação não teria relação com o mundo e a "fonte" cessaria.

Como é que os cabalistas compreendiam a tradição interpretativa criada pela revelação? Eles viam a si mesmos claramente como legítimos intérpretes da revelação, até quando suas interpretações pareciam contradizer o sentido literal da Escritura. De fato, os cabalistas justificavam o caráter paradoxal de suas exegeses por meio de categorias teológicas. Ibn Gabbai, por exemplo, escreveu que a "fonte sempre manante" gera muitas "vias diversas de interpretação", mas

as diferenças e as contradições não se originam de diferentes domínios, porém de um só lugar em que nenhuma diferença e nenhuma contradição é possível. O significado implícito desse segredo é que ele deixa a cada erudito insistir em sua própria opinião e citar provas em seu favor extraídas da Torá: somente dessa maneira [...] é que a unidade [dos vários aspectos da corrente da revelação] é alcançada. Portanto, incumbe a nós ouvir as diferentes opiniões[59].

Toda interpretação tem sanção divina e, na verdade, o conflito de opiniões é exigido para "unir a corrente". Contra uma concepção monolítica ou dogmática do judaísmo, Ibn Gabai pleiteava um mercado aberto de interpretações.

Scholem crê que as doutrinas cabalísticas da revelação e da tradição são o oposto mesmo das dos racionalistas do século XIX, cuja "meta era uma apologia baseada na possível racionalidade do judaísmo num contexto que parecia admitir apenas inequívocas formulações dogmáticas"[60]. Para os cabalistas, uma vez que a fonte da revelação é um nome que não está preso a nenhum significado específico, cada palavra na Torá pode, *em sua equivocidade*, ser interpretada segundo um número infinito de modos. A quinta-essência da revelação, diz Scholem,

não é mais o peso dos enunciados que alcançam comunicação, mas o número infinito de interpretações a que está aberta. O caráter do absoluto é reconhecível por seu número infinito de interpretações possíveis. [...] Uma multiplicidade infinita de luzes queima em cada palavra. [...] Cada palavra da Torá tem setenta – segundo alguns, 600 mil – faces ou facetas. Sem abandonar a tese fundamentalista do divino caráter das Escrituras, tais teses místicas conseguem, não obstante, um assombroso afrouxamento do conceito de Reve-

---

58. *MI*, p. 298.
59. *MI*, p. 300.
60. "Reflections on Jewish Theology", *JJC*, p. 296. Em sua publicação original, o ensaio apareceu sob o título de "Jewish Theology in Our Time", *Center Magazine 7*, março-abril de 1974, pp. 57-71.

lação. Aqui, a autoridade da Revelação constitui também a base da liberdade na sua aplicação e interpretação. [...] A legitimidade também era concedida à progressiva introvisão e especulação, que podia combinar um elemento subjetivo com o que era dado objetivamente. [...] Em princípio, então, cada membro da comunidade de Israel tinha seu próprio acesso à Revelação, que está aberta unicamente a ele e que ele próprio deve descobrir[61].

O direito de interpretar a revelação num número infinito de maneiras potencialmente contraditórias provém da própria revelação[62]. Não só a lei foi revelada no Sinai, mas também foi revelado o direito, até obrigatório, de interpretar e reinterpretar a revelação.

Scholem argumenta que essa teologia potencialmente anarquista é moderada e regulada pelo conceito de tradição[63]. Os cabalistas acreditavam que a tradição é autorizada porque ela se baseia na revelação. O infinito significado da revelação só se desvela numa tradição histórica que é aberta, presume-se, no tocante a seu termo, visto haver um número infinito de possíveis interpretações. Em qualquer momento dado na história, a realidade imediata da revelação não pode ser recapturada sem o recurso à mediação da tradição. Em outras palavras, não há nenhuma experiência pura da revelação, mas somente uma tradição de interpretações da revelação à qual a gente pode referir-se. A bem dizer, a revelação garante a santidade de qualquer interpretação, mas somente para quem se submete a toda tradição histórica da interpretação. O reconhecimento da autoridade da tradição também concede a liberdade de reinterpretá-la de modos novos e radicais. "A voz que do Sinai conclama sem cessar recebe sua articulação e tradução humana na Tradição, que passa adiante a inexaurível palavra da Revelação em qualquer tempo e por meio de todo 'erudito' que se sujeite à sua continuidade"[64].

A TEOLOGIA ANARQUISTA DE SCHOLEM

Quando Scholem fala de "todo erudito" estará ele se referindo também a si mesmo? Nos vários artigos acima aludidos com respeito à linguagem e à teologia, ele escreve com o tom imparcial de um histo-

---

61. *Idem*, pp. 268-270. Para as várias idéias na Cabala acerca da natureza multifacetada da Torá, ver "The Meaning of the Torah in Jewish Mysticism", *KS*, pp. 32-87.
62. Scholem cita a passagem no Talmud da Babilônia, *Menahot* 29b, sobre como Moisés ouve Rabi Akiva expor interpretações da Torá que ele (Moisés) não entende, mas que, pretende Akiva, são "ensinamentos dados a Moisés no Sinai". A implicação é que a Moisés foram ministrados ensinamentos que ele não compreendeu, mas que seriam clarificados somente por futuras gerações de eruditos. *MI*, p. 283.
63. "Jewish Theology", *JJC*, p. 270. Para o tratamento mais amplo da questão, por Scholem, ver "Religious Authority and Mysticism", *KS*, pp. 5-32.
64. "Jewish Theology", *JJC*, p. 271.

riador da Cabala, e é amiúde extremamente difícil discernir se ele se identifica ou não com os pontos de vista de suas fontes. Suas torturantes, mas reticentes, alusões de que ele próprio poderia estar defendendo tais posições levaram ao desespero alguns de seus intérpretes[65]. Nosso exame de seus primeiros escritos sugere a existência de certas semelhanças entre as suas próprias concepções acerca da linguagem e da teologia e as que ele atribuiu mais tarde à Cabala. Ademais, há um artigo pouco conhecido, redigido em 1932, em que Scholem fala com voz própria e não oculta sua teologia atrás da máscara da Cabala.

O trabalho em questão é uma resenha crítica do livro de Hans Joachim Schoeps, *Jüdischer Glaube in dieser Zeit* (As Crenças Judaicas de nosso Tempo)[66]. Schoeps, um conhecido historiador da religião, é um dos mais curiosos produtos da simbiose germano-judaica[67]. Monarquista prussiano, acreditava, nos anos anteriores à chegada dos nazistas ao poder, que os judeus alemães, ao contrário dos *Ostjuden* (judeus do Leste europeu), podiam viver em harmonia com um Estado alemão nacionalista. No início dos anos de 1930, desenvolvia ativa propaganda política de suas idéias *Völkisch* (populistas) de direita. Nem é preciso dizer que suas concepções políticas, que eram um verdadeiro anátema para a maioria dos judeus alemães, bastavam para garantir, às suas reflexões teológicas, uma recepção hostil na comunidade judaica, mas ele aumentava suas dificuldades com uma posição teológica radical permeada do protestantismo dialético de Karl Barth[68].

Como muitos judeus de sua geração, Schoeps criticava fortemente a teologia liberal racionalista do século XIX, e buscava uma solução

---

65. Ver, por exemplo, Gershon Weiler, "Sobre a Teologia de Gershom Scholem" (hebraico), *Keshet* 71, 1976, p. 123. Baruch Kurzweil, em seus numerosos artigos sobre Scholem, com freqüência se queixa de um problema similar. Simon, em "Über einige theologische Sätze von Gershom Scholem" converte a questão numa chave para o entendimento de sua noção teológica e lingüística de comunicação indireta.

66. "Offener Brief an den Verfasser der Schrift, 'Jüdischer Glaube in dieser Zeit'", *Bayerische Israelitische Gemeindezeitung*, 15 de agosto de 1932, pp. 241-244.

67. Para a posição política de Schoeps, cf. *Wir deutschen Juden*, Berlim, 1934, e *Bereit für Deutschland: Der Patriotismus deutscher Juden und der Nazionalsozialismus*, ensaios escritos em 1930-1939, publicados em Berlim, 1970. A respeito de Schoeps, ver George Mosse "The Influence of the Volkish Idea on German Jewry", em *Germans and Jews*, pp. 107-111. Schoeps foi influenciado por idéias Volkish e, embora rejeitasse as concepções raciais nazistas, sustentou a noção de uma "terceira força" na Alemanha para combater tanto o bolchevismo como o liberalismo ocidental.

68. Ver Alexander Altmann, "Zur Auseinandersetzung mit der 'dialektischen Theologie' " *MGWJ* 79, n.s. 43, 1925, pp. 358-361, que é uma discussão e refutação das posições de Schoeps. Ver também a nota editorial no *Bayerische Israelitische Gemeindezeitung* que precede a resenha crítica de Scholem: "der hier unternommene Versuch einer Neugrundung der jüdischen Glaubenslehre mißlungen sei. Eine Reihe von Zuschriften der besten Sachkenner hat dieses Urteil bestätigt".

religiosa radical para o problema da secularização. Ele rejeitava a Lei Oral e toda a tradição jurídica judaica; queria fazer ressurgir uma teologia bíblica baseada numa doutrina da revelação irracional. O homem crê em Deus não porque a revelação está em harmonia com a razão, mas precisamente o contrário, porque o conteúdo da revelação é paradoxal. Schoeps tomou emprestado de Kierkegaard e Barth uma boa parte de sua terminologia existencialista, mas também encontrou uma fonte judaica para as suas idéias no teólogo iconoclasta do século XIX, Salomão Ludwig Steinheim. Em *Offenbarung nach dem Lehrbegriff der Synagogue* (A Revelação segundo a Doutrina da Sinagoga), Steinheim professava que a crença na criação *ex nihilo* (a partir do nada) é o dogma central do judaísmo e ela vai contra os ensinamentos da filosofia racional. Em oposição aos racionalistas liberais do século XIX, Steinheim considerava o judaísmo uma religião da revelação irracional. Do mesmo modo que Kierkegaard, com quem Schoeps o compara, Steinheim acreditava que a revelação não tinha conteúdo inteligível e que a tradição judaica era meramente convencional e artificial[69].

Schoeps adotou a idéia steinheimiana da reconstrução da suposta fé bíblica numa revelação irracional como uma solução para a crise da teologia racional judaica. Como Scholem, Buber e outros, ele descobriu uma contra-tradição no judaísmo, estendendo-se de Iehudá Halevi a Steinheim, a qual aclamava a mensagem irracional singular da revelação judaica[70]. Ao mesmo tempo, atacava os sionistas porque tentavam colocar o judaísmo em bases laicas. Para Schoeps, o judaísmo era primordialmente uma fé religiosa e, em estudos da interação histórica entre judeus e alemães, ele afirmava que, de uma perspectiva secular, os judeus constituíam parte da Alemanha.

Como se poderia esperar, Scholem objetava vivamente a identificação schoepsiana do destino secular judaico com a Alemanha. Embora ele mesmo tivesse criticado a "laicização sionista do judaísmo", Scholem considerava o destino judaico, tanto secular quanto religioso, como único e distinto da Europa. Censurava particularmente a ênfase de Schoeps nos judeus alemães, que, a seu ver, distorciam o caráter nacional singular da história judaica como produto da totalidade do judaísmo mundial. A própria contra-história de Schoeps era uma distorção, visto que se apoiava em fontes filosóficas, quando poderia ter encontrado uma fonte bem mais frutuosa na Cabala. Construindo sua crítica irracionalista ao racionalismo judeu do século XIX a partir

---

69. Ver S. L. Steinheim, *Die Offenbarung nach dem Lehrbegriff der Synagogue*, Frankfurt, 1835, I, 88, e a carta de Geiger a Derembourg em 1836, publicada na *Allgemeine Zeitung des Judentums*, 1896, p. 130. Sobre Steinheim e Kirkegaard, ver Schoeps, *Steinheim zum Gedenken*, Leiden, 1966, p. 32.

70. *Steinheim zum Gedenken*, p. 34: "unterirdische Kontinuität des Denkens".

de uma contra-tradição filosófica, Schoeps caíra na mesma armadilha que os apologistas: construíra um dogma do judaísmo que excluía a totalidade das fontes judaicas.

Scholem confessa a sua admiração pelo inconformismo irracionalista de Steinheim, mas rejeita o dogma irracional tão veementemente quanto o racional. Ao querer voltar a uma teologia bíblica de *creatio ex nihilo*, que se afigura a Scholem anacrônica, Schoeps havia atacado o conceito judaico de tradição. Scholem compara a "neutralização da consciência histórica judaica", operada por Schoeps, ao caraísmo na esfera judaica e à teologia de Karl Barth no mundo protestante. Se Schoeps pretendia superar a história com uma fé anistórica, por que rejeitou ele apenas a Lei Oral? Não era a revelação bíblica igualmente absurda para todo o homem moderno preocupado com "a compreensão contemporânea da existência" – *heutigen Daseinsverständnis*?

Contra a ab-rogação schoepsiana da tradição, Scholem sugere a sua própria posição teológica numas poucas sentenças formuladas em termos virtualmente idênticos aos que atribui à Cabala:

> A revelação ainda é, a despeito de sua singularidade, um meio. Ela é [o] absoluto outorgante semântico, mas ela própria despida de significação, que se torna explicável, *das Deutbare*, somente por meio da contínua relação com o tempo, com a Tradição. A palavra de Deus, em sua absoluta plenitude simbólica, seria destrutiva se fosse ao mesmo tempo significativa de um modo imediato [não dialética]. Nada no histórico exige mais concretização do que a "absoluta concretitude" da palavra da revelação[71].

Não há algo como uma imediata palavra concreta de Deus. A revelação divina é abstrata e infinita, mas por lingüisticamente "dar significado" – *Bedeutung-Gebendes* –, ela pode ser concretizada pelo homem. A tradição interpretativa tem sua fonte na revelação, mas é necessário tornar a revelação compreensível. A revelação e a tradição formam uma unidade indivisível. Schoeps reduzira o judaísmo a uma fé anistórica porque não conseguiu entender a função essencial da tradição e a impossibilidade da "pura" fé. Sem a tradição, a *Stimme* (voz) da revelação necessariamente perde sua força:

> A voz que percebemos é o meio em que vivemos, e onde não é [o meio], ela se torna oca e assume um caráter espectral em que a palavra de Deus não tem mais [um]

---

71. "Offener Brief", p. 243. Em "Revelation and Tradition", *MI*, p. 296, Scholem utiliza precisamente os mesmos termos, provando assim que sua análise posterior (o ensaio "Revelação e Tradição" foi apresentado originalmente como uma palestra numa das conferências de Eranos em 1962) baseava-se em especulações teológicas anteriores: "Teólogos descreveram a palavra de Deus como 'absolutamente concreta'. Mas o absolutamente concreto é, ao mesmo tempo, o simplesmente irrealizável – é aquilo que de modo algum pode ser posto em prática". A análise da Cabala, feita por Scholem, deve portanto ser lida como uma polêmica contra a teologia barthiana.

efeito, mas ao invés rodeia. [...] O resíduo da voz, como aquilo que no judaísmo é a tradição em seu desenvolvimento criativo, não pode ser separado dela [a voz].

Contra a anistórica e dogmática teologia da crença pregada por Schoeps, Scholem concita a um retorno à consciência histórica. Não a supra-histórica *Erlebnis* de Buber, mas a *Erfahrung* (experiência) histórica concreta deve ser a base para o judaísmo revitalizado. Scholem conclui sua polêmica contra Schoeps com uma frase de Kant: "Eu não sou ortodoxo, mas é evidente para mim que sem a restauração de um 'tão fecundo *bathos* (profundeza) da experiência' – *fruchtbaren bathos der Erfahrung* –, que nasce da reflexão e da transformação das palavras humanas no meio do divino, nenhum projeto seu pode ser realizado". A equivocidade da linguagem humano-divina cria a tradição histórica, cuja autoridade deve ser reconhecida mesmo pelos judeus de uma era secular.

Em sua réplica a Scholem[72], Schoeps declara que ele e Scholem eram talvez representantes de duas tendências opostas na história judaica, que sincreticamente ele rotulava de "crítico-protestante" e "ontológico-católica". Podia a tradição ter algum sentido sem a crença na palavra imediata de Deus? Scholem, embora professasse a fé em Deus, dispunha apenas da tradição, enquanto ele, Schoeps, procurava revitalizar a tradição, retornando à revelação original. Schoeps escreveu: "O senhor não irá encontrar nenhuma resposta aqui através da ciência, *wissenschaftlich*, porque a essa questão [a questão do judaísmo revitalizado] somente a resposta através da existência, *mit der Existenz*, pode ser convincente"[73]. Schoeps resumiu assim, de maneira incisiva, o nó da disputa teológica entre ele e Scholem: a fé *versus* história.

A "Carta Aberta", de Scholem a Schoeps, deve ser lida como um manifesto antiexistencialista e, conquanto ataque especificamente a teologia dialética de Schoeps, ele deve ter tido em mente as outras "anistóricas" teologias existenciais judaicas da época, nomeadamente as de Buber e Rosenzweig. A concepção da linguagem, tal como Rosenzweig a desenvolveu na *Estrela da Redenção*, estava na realidade muito mais próxima da de Scholem do que da de Buber: "A *Offenbarwerden* (manifestação) de que estamos à procura aqui deve ser uma que seja revelação essencial e nada mais. Isso quer dizer, entretanto, que deve ser nada mais senão [...] a autonegação de uma essência pura-

---

72. Schoeps, *Ja-Nein-und Trotzdem*, Mainz, 1974, pp. 45-54. Schoeps publicou aqui, pela primeira vez, a sua réplica a Scholem, de 15 de agosto de 1932. Numa visita subseqüente à Alemanha, Scholem encontrou-se com Schoeps e eles travaram uma desagradável discussão sobre as mesmas questões. Ver o relato de Schoeps a respeito desse encontro, *idem, ibidem*, pp. 54-55.

73. *Idem, ibidem*, p. 47.

mente silenciosa por meio de uma palavra audível"[74]. Rosenzweig, porém, considerava que os judeus eram um povo fora da história, enquanto o cerne da posição de Scholem é que os judeus estão sujeitos às leis da história[75]. A oposição de Rosenzweig à tentativa sionista de "retornar os judeus à história", que enraivecia tanto a Scholem, deve ser encarada como uma conseqüência de sua concepção anistórica do judaísmo. Mais importante ainda, a "anistoricidade" de Rosenzweig conduziu-o a um entendimento diferente da tradição. A revelação no Sinai, se não foi literalmente "outorgante da Lei", foi ao menos um *Gebot* (mandamento) para Rosenzweig[76]. O mandamento do Sinai criou uma tradição legal que o judeu laico considera como dada. A pessoa tem a liberdade de acatar ou rejeitar partes da tradição de conformidade com o progresso pessoal na "senda" da *halakhá*, mas a natureza da tradição é ao mesmo tempo legal e fixada[77].

O modo de Scholem compreender a tradição é bem mais amplo do que o de Rosenzweig: "A tradição como força viva produz em seu desdobramento outro problema. Aquilo que na origem era visto como consistente, unificado e autocontido tornou-se agora diversificado, multíplice e cheio de contradições. É precisamente a riqueza de contradições, de diferentes formas de ver, que é englobada e irrestritamente afirmada pela tradição"[78]. Rosenzweig chamou de "niilista" a postura de Scholem[79], mas penso que ele entendeu mal a diferença entre o

---

74. Rosenzweig, *Der Stern der Erlösung*, Frankfurt, 1921, p. 205. Ver também Buber, *Briefwechsel*, II, pp. 222-223 (Rosenzweig para Buber, 5 de junho de 1925): "O único conteúdo imediato da revelação... é a própria revelação; com *va-yered* ela está essencialmente completa, com *ve-yedaber* a interpretação entra". Scholem cita essa carta com aprovação em "Religious Authority and Mysticism", *KS*, 30n3. Sobre A filosofia da linguagem de Rosenzweig e sua relação com pensadores românticos como Schelling e Baader, ver Else Freund, *Die Existenzphilosophie Franz Rosenzweigs*, Hamburgo, 1959, pp. 132-154.

75. *Stern der Erlösung*, parte 3. Rosenzweig pode ter sido influenciado por Schelling, que considerava os judeus como excluídos da história de um ponto de vista cristão – "ausgeschlossen von der Geschichte". Rosenzweig talvez haja adotado a posição de Schelling, convertendo-a numa virtude: a história deixou de ser o reino em que Deus manifesta a sua providência e, portanto, é somente na "eternidade" que os judeus efetivam o seu diálogo com Deus. Ver Alexander Altmann, "Franz Rosenzweig on History", em seu *Studies in Religious Philosophy and Mysticism*, Londres, 1969, p. 282.

76. Buber, *Briefwechsel*, II, 29 de junho de 1924, 4 de julho de 1924, pp. 197, 199.

77. Para a atitude positiva de Rosenzweig em relação à lei, ver especialmente *Die Bauleute*, Berlim, 1925, que é uma crítica à rejeição da lei por Buber. Rosenzweig argumenta que em sua busca de uma tradição viva, Buber não deveria ignorar a lei, mas deveria convertê-la no principal foco de seu esforço.

78. "Revelation and Tradition", *MI*, p. 290.

79. Rosenzweig escreveu a seu amigo Rudolph Hallo que se sentia desconcertado com a crítica de Scholem ao movimento germano-judaico de juventude: "ich glaube, die Schuld an diesen langen theoretischen Brief... trägt der böse Scholem... Über das was

niilismo e o anarquismo religioso de Scholem. Quando Scholem qualifica a si mesmo de anarquista religioso, ele quer dizer que a tradição histórica, que é a única fonte de nosso conhecimento da revelação, não contém uma voz autorizada. Tudo o que se pode aprender do estudo da história é a *luta* pelos valores absolutos entre as vozes conflitantes da autoridade[80].

Scholem é um anarquista porque acredita que "o caráter obrigatório da Revelação para um corpo coletivo desapareceu. A palavra de Deus já não serve mais de fonte para a definição de possíveis conteúdos de uma tradição religiosa e, assim, de uma possível teologia"[81]. No entanto, nós o vimos afirmar que, mesmo se a crença em Deus é em termos intrínsecos "desprovida de sentido", nem por isso ela é menos "portadora de significação"[82]. Deus permanece como a origem incognoscível da tradição e como garante de sua legitimidade. Mas, como Maimônides, Scholem não crê que seja possível fazer a respeito Dele quaisquer enunciações positivas, dotadas de significado[83]. Embora privado de acesso direto à revelação, ele ainda dispõe das fontes literárias da tradição em relação às quais se pode efetuar declarações porque sua linguagem é garantida por Deus. Scholem não ab-roga a autoridade da tradição, como faria um niilista secular, porém afirma sua mensagem pluralista.

Em oposição quer aos existencialistas judeus quer a seus predecessores racionalistas, Scholem sustenta ser o comentário, e não a teologia, a disciplina correta para entender a tradição judaica:

> A verdade é dada de uma vez por todas, e ela é formulada com precisão. Fundamentalmente, a verdade necessita apenas ser transmitida. A originalidade do *Schriftgelehrter* (exegeta) comporta dois aspectos. Em sua espontaneidade, ele desenvolve e explica aqui-

---

man tut, lasst sich nicht disputieren. Am wenigsten mit einem Nihilisten wie Scholem", *Briefe*, 27 de março de 1922, p. 431. Para uma avaliação idêntica com respeito a Scholem, ver Schoeps, *Ja-Nein-und Trotzdem*, p. 54, que, depois de discutir em pessoa com Scholem, concluiu: "Nur bestätigte sich mir langsam die Ahnung, dass Scholem eigentlich ein Nihilist sei". Para a definição de niilismo religioso em Scholem, ver "Der Nihilismus als Religiose Phänomen", *Eranos Jahrbuch* 43, 1974, pp. 1-4.

80. "Education for Judaism", *Dispersion and Unity* 12, 1971, pp. 211-212.

81. "Jewish Theology", *JJC*, p. 274. Ver também "Reflections on the Possibility of Jewish Mysticism in Our Time", *Ariel* 26, verão de 1970.

82. Para uma das declarações de Scholem a respeito da crença em Deus, ver "With Gershom Scholem", *JJC*, p. 35: "Eu nunca me desliguei de Deus... Não creio que exista algo como a absoluta autonomia do homem, pela qual o homem faz a si mesmo e o mundo cria a si próprio... A fé em Deus – mesmo que não tenha uma expressão positiva em cada uma das gerações – há de revelar-se como uma força".

83. Simon sugere a comparação com Maimônides em "Über einige theologische Sätze". Scholem enuncia claramente a sua objeção aos debates teológicos sobre a essência de Deus em "Jewish Theology", *JJC*, p. 281: "a basicamente estéril e infinda discussão acerca dos assim chamados atributos de Deus".

lo que foi transmitido no Sinai, não importa se isso foi sempre conhecido ou se foi esquecido e teve de ser redescoberto. O esforço do buscador da verdade consiste não em excogitar novas idéias, mas antes subordinar-se à continuidade da tradição da palavra divina e expor o que recebeu dela no contexto de seu tempo. Em outras palavras: não o sistema, porém o comentário é a forma legítima por cujo intermédio a verdade é abordada[84].

Contra a pesquisa empreendida pelo século XIX com o fim de estabelecer uma definição sistemática do judaísmo, Scholem proclama que o processo do comentário é, ele mesmo, o vaso em que a verdade da revelação é carregada. O comentador não é original como um filósofo poderia ser ao derivar, em termos dedutivos, uma definição do judaísmo a partir de princípios *a priori*. Sua originalidade consiste, antes, em deixar as fontes falarem por seu intermédio; a legitimidade de sua nova interpretação está garantida por sua subordinação às fontes da tradição.

A "audaciosa liberdade de interpretação" sugerida por essa teoria deflui do modo de Scholem compreender a dialética entre a Lei escrita e a Lei Oral no judaísmo. O interessante é que ele não cita como sua fonte nenhuma das numerosas análises judaicas da relação, mas o cabalista cristão Molitor:

> Toda formulação escrita é apenas uma representação geral abstrata de uma realidade que carece completamente de toda concretude e dimensão individual da vida real [...]. A palavra falada, assim como a vida e a prática, precisa portanto ser companhia constante e intérprete da palavra escrita, que do contrário permanece um conceito morto e abstrato na mente [...]. Nos tempos modernos, em que a reflexão ameaça engolir a vida toda, em que tudo foi reduzido a conceitos abstratos, mortos, essa antiga e inerente relação recíproca entre a palavra escrita e falada, entre teoria e prática, foi totalmente deslocada[85].

Molitor sugere que a Lei Oral revigora a Lei Escrita dando-lhe uma interpretação concreta: a revelação de Deus só pode tornar-se concreta pela mediação da revelação. A palavra escrita é aqui uma metáfora da revelação, enquanto a palavra falada designa o comentário sobre a revelação. A tradição é chamada oral apenas metaforicamente a fim de sugerir sua liberdade em oposição ao caráter ostensivamente fixo e dogmático do texto escrito. Scholem reconhece que a noção efetiva de "escritura" no judaísmo e, em particular, na Cabala, difere muito desse uso metafórico: "Para os cabalistas, a mística da língua é ao mesmo tempo a mística da escritura. Todo ato de fala [...] é de pronto um ato de escritura e todo escrito é fala potencial"[86].

A noção de uma tradição oral, mesmo quando de fato registrada por escrito, é o modelo scholemiano da liberdade interpretativa. A

---

84. "Revelation and Tradition", *MI*, p. 289.
85. Molitor, *Philosophie der Geschichte*, 1, 4, citado em *MI*, p. 285.
86. "The Name of God", p. 167.

tradição oral adquire sua eficácia precisamente a partir de sua perspectiva destacada sobre a revelação: "A Torá é o meio em que o conhecimento é refletido; ela fica obscura por trazer consigo a essência da tradição, irradiando-se para o puro reino do 'escrito', quer dizer, [do] ensinamento inutilizável. [O ensinamento] só se torna usável lá onde é 'oral', em outras palavras, onde é transmissível"[87]. Por estar expressa na linguagem dos homens, a tradição oral pode ser transmitida, e é utilizável porque pode ser interpretada e comentada. Mas por já se encontrar historicamente distante da revelação, a tradição garante certa liberdade: torna-se a propriedade dos homens que a interpretam consoante suas próprias luzes.

A importância que Scholem atribui à perspectiva histórica salta à vista em sua recusa de traduzir para o hebraico, em 1934, a *Stern der Erlösung* (A Estrela da Redenção), de Rosenzweig[88]. Ele via um laço mágico, e até demoníaco, entre essa obra e o espírito da língua alemã, que tornava o texto incompreensível. *A Estrela da Redenção* só se tornaria traduzível numa futura geração "que não mais se sentirá visada de maneira tão imediata pelos temas mais pertinentes da época presente. [...] Somente quando a beleza encantante de sua linguagem tiver sido desgastada [...], este testemunho perante Deus há de se afirmar na plenitude de seu intento indisfarçado"[89]. A linguagem de uma experiência de Deus requer perspectiva histórica a fim de tornar-se parte de uma tradição transmissível e traduzível.

O intérprete da tradição, vivendo talvez séculos após a revelação original, recebe a revelação por meio da mediação da tradição, uma tradição à qual ele adiciona. A interpretação, para Scholem, é uma atividade criativa que sustenta a tradição sempre crescente, mas tãosomente ao intérprete, que toma sobre seus ombros o fardo da tradição e não tenta o pulo direto para trás até a revelação, é dada a legitimidade[90].

CABALISTA OU HISTORIADOR?

No argumento precedente há uma forte sugestão de que Scholem considera o trabalho do historiador muito similar ao da Cabala. Os

---

87. *Judaica*, III, p. 265.
88. Buber, *Briefwechsel*, III, pp. 367-368 (Scholem para Buber, 27 de fevereiro de 1930).
89. "Rosenzweig's Star of Redemption", *MI*, pp. 323-324. Para uma apresentação mais compreensiva de como Scholem via Rosenzweig, ver "Franz Rosenzweig e seu livro *A Estrela da Redenção*" (hebraico), *Devarim be-Go*, pp. 407-425.
90. Para uma concepção similar da interpretação histórica, cf. Simon Rawidowicz, "On Interpretation", *Studies in Jewish Thought*, Filadélfia, 1974, pp. 45-81.

dois estão empenhados em realizar um comentário distanciado sobre a tradição. Na sua rejeição quer das definições racionalistas quer existencialistas do judaísmo, adota Scholem a teologia da Cabala como modelo para sua própria justificação teológica da historiografia? Estará ele defendendo que o historiador secular é a encarnação moderna do comentador tradicional? Serve a historiografia à mesma função que a tradição oral da Cabala, revigorando uma decaída tradição escrita?

A semelhança entre as formulações do próprio Scholem e as que ele atribui parece por demais frisante para ser apenas uma coincidência. Scholem sente por certo uma forte afinidade com suas fontes. A prova mais notável dessa afinidade é a primeira de suas "Zehn Unhistorische Satze uber Kabbalah" (Dez Proposições Anistóricas sobre a Cabala):

> A filologia de uma disciplina mística como a Cabala tem qualquer coisa de irônico no que diz respeito a ela. Preocupa-se com um véu de bruma, *Nebelschleier*, que, enquanto história da tradição mística, pende em torno do corpo, o espaço do próprio assunto. É uma bruma, todavia, que [a tradição] gera a partir de si mesma.
> Restará ali para o filólogo algo visível da lei da própria coisa ou será que o essencial desaparece na projeção do histórico? A incerteza na resposta a essa questão pertence à natureza do próprio empreendimento filológico e, por conseqüência, contém a expectativa, da qual vive esse trabalho, de alguma coisa de irônico que não pode ser separado dele. Mas será que um tal elemento de ironia não reside até mais no objeto dessa Cabala mesma e não apenas em sua história?
> O cabalista pretende que haja uma tradição cuja verdade possa ser transmitida. É uma pretensão irônica, pois precisamente aquela verdade de que se trata aqui é tudo menos transmissível. Ela pode ser conhecida, mas não transmitida e justamente aquilo que é transmissível nela, ela não o contém mais. A tradição autêntica permanece oculta; apenas a tradição decadente, *verfallende*, encontra por acaso, *verfallt auf*, um objeto e somente na decadência sua grandeza torna-se visível[91].

Scholem faz uso explícito da linguagem cabalística nessa extraordinária formulação pela qual procura descrever seu próprio trabalho como historiador da Cabala[92]. Ele tem a ver com uma disciplina esotérica que só pode converter-se em objeto da historiografia quando já não é mais esotérica, quando "decaiu" em tradição pública. Daí que o historiador da Cabala não possa jamais estar seguro se está lidando com a coisa mesma ou apenas com sua sombra histórica. De maneira semelhante, a Cabala pretende transmitir a essência secreta da revelação; e, no entanto, o caráter oculto dessa verdade é intransmissível. Quando o cabalista descreve o indescritível em linguagem humana, ele tampouco jamais pode estar certo da verdade de suas palavras. Esse relacionamento problemático é reativado em termos modernos na tensão entre Scholem como historiador secular e seu objeto.

---

91. *Judaica*, III, p. 264. Ver o comentário de Jurgen Habermas, "Die verkleidete Tora", *Merkur*, janeiro de 1978, espec. pp. 98-99.
92. Scholem traduz a névoa que representa a *sefirá keter* como *Nebel*, em *Die Geheimnisse der Schöpfung*, Berlim, 1935, p. 45.

Esse texto também nos lembra de pronto no estilo e na substância da carta a Schocken discutida no primeiro capítulo da presente obra. Aqui, igualmente, a fonte da revelação é oculta, sendo acessível tão-somente pela via indireta do comentário. De outra parte, o excerto citado mais acima também nos faz pensar na referência de Scholem a Kafka. O que Scholem julgava haver encontrado em Kafka torna-se agora bastante claro: uma representação ficcional do problema teológico com o qual ele, Scholem, se defrontava enquanto historiador. Tivesse Kafka concebido ou não obras como *O Processo* e *O Castelo* primordialmente como alegorias teológicas, Scholem as interpretaria, ao que parece, a essa luz. O paradoxo que se apresenta ao historiador é o mesmo que se coloca diante das personagens de Kafka: como obter acesso às fontes da revelação, que é intrinsecamente inacessível. Para Scholem, o paradoxo do historiador é, de fato, o problema com que se confronta todo e qualquer judeu, cujo único modo de abordar a revelação é por meio da tradição. Para o judeu secular, como para o cabalista, a revelação permanece oculta.

Ainda assim, a distância mesma entre Scholem e seu objeto sugere que não se pode considerá-lo um cabalista. A teologia anarquista subjacente à sua filosofia da história não é idêntica à posição da Cabala. Os cabalistas não eram anarquistas plenos porque acreditavam na autoridade da Lei judaica normativa. Entretanto, o anarquismo que espreitava *in potentia* em sua teologia poderia tornar-se explícito na historiografia laica, a qual não está jungida a essa autoridade. Mesmo se o historiador moderno crê na existência de Deus, seu pressuposto é que as únicas afirmações dotadas de sentido que ele pode fazer são acerca da tradição histórica pluralista. Scholem vê, portanto, os cabalistas como seus precursores e a teologia cabalista como precursora de seu anarquismo teológico – mas eles não são a mesma coisa. A historiografia moderna é um novo desenvolvimento na história do comentário em que a Cabala foi um estágio anterior. Ao contrário de Buber, Scholem não se identifica plenamente com suas fontes, mas mantém seu distanciamento histórico, um distanciamento que, todavia, é característico de todos os comentadores, seculares ou religiosos. Assim, Scholem pode pretender que o laicismo, tal como encarnado no moderno método histórico, é "parte da dialética do desenvolvimento *dentro* do judaísmo"[93].

A transformação, feita por Scholem, da noção tradicional judaica do comentário em historiografia sugere que ele considera a ciência histórica, não importa quão "secular" ou radical, como a forma moderna do judaísmo. Em Scholem, temos a realização do desejo da *Wissenschaft des Judentums* do século XIX, no sentido de achar um

---

93. "Zionism – Dialectic of Continuity and Rebellion", em *Unease in Zion*, ed. Ehud Ben Ezer, New York, 1974, p. 290.

substituto para a religião na historiografia. De fato, em sua "Carta Aberta" a Schoeps, Scholem salienta que sua própria posição está muito mais próxima do historicismo de Graetz do que da teologia do século XX. Mas, em oposição à *Wissenschaft des Judentums*, ele afirma que uma multiplicidade anárquica de interpretações, e não só o racionalismo, deve caracterizar o judaísmo histórico. Poder-se-ia muito bem responder que tal anarquismo interpretativo já era uma possibilidade implícita no historicismo do século XIX: testemunha-o, por exemplo, a idéia sugestivamente radical de Krochmal, segundo a qual toda época possui o seu próprio e legítimo "modo de investigação", uma frase similar à declaração de Ranke: "todas as eras estão igualmente perto de Deus". Se o modo de interpretar a revelação em cada período é legítimo, o historiador deve tratar todas as épocas com igual consideração. Scholem pode ser encarado como a realização dialética do impulso original da Ciência do Judaísmo, uma vez que a historiografia judaica do século XIX lançou as bases do historicismo anárquico, mas faltou à sua promessa por sucumbir em geral a uma teologia dogmática racionalista. O anarquismo de Scholem provê o historicismo judaico de um fundamento lógico para a sua expressão teológica que ele não alcançara no século XIX.

A INFLUÊNCIA DE BENJAMIN

A posição de Scholem no domínio da linguagem e da teologia é iluminada pelos primeiros escritos de Walter Benjamin. Embora seja difícil, no caso de uma amizade tão estreita, demonstrar em que direção se fez sentir a influência de um sobre o outro, creio que Benjamin desenvolveu suas concepções acerca da linguagem antes de Scholem, que era cinco anos mais jovem do que seu amigo, e pode ser considerado uma das fontes predominantes do pensamento de Scholem nesse campo. Em novembro de 1916, Benjamin prometeu enviar a Scholem o seu ensaio "Über Sprache überhaupt und über die Sprache des Menschen" (Sobre a Linguagem em Geral e a Linguagem dos Homens), cuja teoria lingüística apresenta notável semelhança com aquela que Scholem atribui à Cabala[94]. Tenha ou não Benjamin influenciado efe-

---

94. O ensaio não foi publicado durante a vida de Benjamin, mas incluído em seus póstumos *Schriften*, Frankfurt, 1955, II, pp. 401-420. Uma indicação particularmente interessante da relação de Scholem com Benjamin pode ser discernida no ensaio de Scholem, "Walter Benjamin and His Angel", *JJC*, pp. 198-236. Scholem caracteriza Benjamin como um escritor esotérico e dá uma exegese detalhada de recensões de um "texto cabalmente hermético" intitulado "Angesilaus Santander", que Benjamin escreveu em agosto de 1933, sobre Ibiza. O ensaio deixa o leitor com a inescapável impressão de que Scholem se relaciona com Benjamin como poderia fazê-lo com um escritor cabalista e o submete ao mesmo tipo de "decodificação".

tivamente Scholem nessas questões, ele explicava o seu ponto de vista de maneira muito mais sistemática do que Scholem, e este se achava bem inteirado das formulações de Benjamin[95].

Scholem considerava Benjamin antes de tudo como um metafísico da linguagem, empenhado numa "lingüística de caráter místico"[96]. Ele enfatizou esse aspecto da obra de Benjamin em oposição àqueles que viam nos escritos tardios deste último produtos de um genuíno teórico marxista[97]. Desesperado com o namoro de seu amigo com o marxismo, Scholem escreveu-lhe em 1931: "Você poderia ser uma figura de alta importância na história do pensamento crítico, o legítimo continuador das mais frutuosas e autênticas tradições de Hamann e Humboldt"[98]. Scholem sentia que o marxismo de Benjamin era apenas um jargão superficial que escondia uma sensibilidade religiosa mais profunda. Como muitos outros alemães na década de 1920, Scholem e Benjamin colheram certos acordes no Iluminismo e no romantismo alemães que inspiraram o pensamento de ambos[99]. Scholem via em Benjamin um herdeiro intelectual dos filósofos da linguagem que, como Humboldt, haviam tentado descobrir o "espírito interior" da linguagem comum ao gênero humano ou, como Hamann, tinham lutado para definir a relação mística entre a linguagem humana e a divina[100].

A atitude de Benjamin para com a linguagem era oposta, inconciliavelmente, à de Buber: de fato, a primeira expressão que eu encontrei de sua posição apareceu numa carta que ele escreveu a Buber atacando o uso que este fazia da linguagem[101]. Buber convidara Benja-

---

95. Ver, por exemplo, seu ensaio bibliográfico "Probleme der Sprach-soziologie", 1935, em *Gesammelte Schriften*, Frankfurt, 1972-1974, III, pp. 452-480, e "The Task of the Translator", em *Illuminations*, pp. 69-83.

96. *Walter Benjamin*, p. 66: "mystische Sprachvorstellungen". Cf. também "Walter Benjamin", *JJC*, p. 180.

97. A conflitante literatura sobre Benjamin é agora considerável. Para uma bibliografia parcial, ver Martin Jay, *The Dialectical Imagination*, Boston, 1973, p. 337n127. O ponto de vista de Scholem está expresso em "Walter Benjamin and His Angel", *JJC*, pp. 189-201, *Walter Benjamin*, *op. cit.*, pp. 172-197, e "Two Letters to Walter Benjamin", *op. cit.*, pp. 237-243. Duas obras que tendem a apoiar a posição de Scholem são as de Bernd Witte, *Walter Benjamin – Intellektuelle als Kritiker*, Stuttgart, 1976, e Hans Heinz Holz, "Philosophie als Interpretation", *Alternative* 56/57, outubro-dezembro, 1967.

98. Benjamin, *Briefe*, II, p. 526. Ver também *Briefe*, I, pp. 136-139, *Illuminations*, p. 76, e *Walter Benjamin*, p. 53.

99. Um exemplo típico do renovado interesse no romantismo é o influente estudo de Fritz Strich, *Deutsche Klassik und Romantik*, Munique, 1922.

100. Para a filosofia da linguagem de Humboldt, ver o seu *Über die Verschiedenheit des menschlichen Sprachbaus und ihrem Einfluss auf die geistige Entwicklung des Menschengeschlechts*, 1830-1835, em *Werke*, Darmstadt, 1963, vol. 3. Com respeito a Hamman, ver seus *Sämtliche Werke*, ed. Nadler, Viena, 1949-1957, II, p. 199, e sobre Hamman, Martin Seils, *Wirklichkeit und Wort bei J.G. Hamman*, Stuttgart, 1961.

101. *Briefe*, I, pp. 125-128, julho de 1916, não consta uma data precisa.

min a escrever para a sua nova revista, *Der Jude*. Como Scholem, Benjamin julgou repugnante o tom pró-guerra dessa publicação e, em particular, o editorial de Buber "Die Lösung" (A Solução). Em julho de 1916, recusou o convite de Buber numa carta de cujo conteúdo Scholem fora inteirado[102]. Além de protestar que não havia ainda elaborado suficientemente sua posição em face do judaísmo a ponto de estar em condições de escrever sobre um tópico judaico, Benjamin criticava a postura belicista de *Der Jude* e, em particular, a ligação entre o apoio de Buber à guerra e o seu uso da linguagem. A primeira declaração de Benjamin no tocante à linguagem era, portanto, um resultado de sua oposição à guerra, assim como esta incitou Scholem a desenvolver sua própria posição contra Buber.

Benjamin acusou Buber de escrever propaganda política: Buber colocara a linguagem a serviço da ação militar e ela perdera, por isso, sua independência. Na propaganda de guerra, especificava Benjamin, as palavras não tinham autonomia própria, mas tornavam-se servidoras obedientes da ação, a "preparação dos motivos da ação". Buber sustentava que as experiências últimas são inefáveis. Benjamin, evidentemente, entendeu estar Buber sugerindo que a essência da ação também é inefável: a linguagem, quando muito, prepara as motivações da ação excitando as emoções, mas não tem relacionamento essencial com a ação mesma. Benjamin argumentava que, nos escritos de Buber, a linguagem convertera-se em "atos empobrecidos e fracos".

Benjamin acreditava que a linguagem é em si mesma uma forma poderosa de ação: "Eu não creio que a palavra esteja em algum ponto mais afastado do divino – *Göttlichen* – do que está a ação 'real' ". Ele afirma, contra Buber, que não há esfera de experiência que seja inefável: a verdadeira tarefa da linguagem é "a eliminação absolutamente cristalina do indizível – *Unsagbare* – na linguagem. Somente quando essa esfera do que não tem palavra, em seu puro poder inefável, é aberta, podem as centelhas mágicas saltar entre a palavra e [...] o ato. [...] Apenas o direcionamento intensivo das palavras para o âmago do mais íntimo silêncio conseguirá verdadeira ação". Contra a depreciação mística da linguagem efetuada por Buber, Benjamin propõe uma teoria mágica em que a linguagem ela mesma se torna ação: falar é fazer.

A nova teoria da linguagem formulada por Benjamin deve igualmente ser compreendida como uma crítica pacifista à *Erlebnismystik* buberiana do tempo de guerra. Empregando ironicamente uma das expressões místicas favoritas de Buber, a "realização do correto Absoluto" – *Verwirklichung des richtigen Absoluten*. Benjamin subenten-

---

102. A primeira carta de Benjamin a Buber acusando a recepção do convite que aparece em Buber, *Briefwechsel*, I, pp. 439-440, maio de 1916. Para a comunicação de Scholem com Buber a respeito da projetada colaboração de Benjamin, ver *idem*, p. 441, 25 de junho de 1916.

dia que a glorificação da ação acima das palavras na propaganda em favor da guerra era a conseqüência da *Erlebnismystik* (mística da vivência). Para Benjamin, se a linguagem fosse concebida como uma forma legítima de ação, ela teria sido utilizada contra a guerra; em seu período marxista dos anos de 1930, ele veria a linguagem como uma das únicas armas remanescentes contra o fascismo.

A crítica benjaminiana da teoria da linguagem de Buber constituía parte de sua rejeição geral da *Lebensphilosophie* (filosofia da vida). Como Ernst Cassirer notou, os "filósofos da vida" sustentavam que a vida "parece ter sido dada tão-só em sua pura imediatidade. [...] O conteúdo original da vida não pode ser apreendido em qualquer forma de representação, mas apenas na intuição pura"[103]. Para Benjamin, era precisamente por meio da linguagem que a essência da vida podia ser captada. Ele também investia com vigor contra a teoria nominalista da linguagem como sendo "um jogo arbitrário". Numa polêmica contra a teoria da linguagem das ciências positivistas, escreveu a Hugo Hofmannsthal em termos que poderiam ser dirigidos contra Buber:

> A convicção que me guia em minhas tentativas literárias [...] [é] que cada verdade tem o seu domicílio, seu palácio ancestral na linguagem, que esse palácio foi edificado com o mais velho *logoi* e que, para uma verdade assim fundada, as concepções das ciências hão de permanecer inferiores por tanto tempo quanto elas errarem aqui e ali na área da linguagem como nômades [...] na convicção do caráter sígnico da linguagem, que produz a irresponsável arbitrariedade de sua terminologia[104].

Para Benjamin, a linguagem é a "essência do mundo", e aqueles que a consideram uma coleção arbitrária de signos são "espiritualmente tolos"[105].

Em oposição à teoria sígnica da linguagem, Benjamin desenvolveu uma concepção "cabalística" da linguagem como algo simbólico, o que explica a afinidade dele com os poetas simbolistas do fim do século XIX, tais como Mallarmé[106]. As palavras têm ao mesmo tempo uma

---

103. Cassirer, *Philosophy of Symbolic Forms*, New Haven, 1955, I, p. 15.
104. *Briefe*, I, p. 329, trad. na introdução de Hannah Arendt às *Illuminations*, p. 47. Ver também "Das Zeichen bezieht sich niemals", Benjamin Archive MS 790, citado em Rudolf Tiedemann, *Studien zur Philosophie Walter Benjamins*, Frankfurt, 1973, p. 45. Cf. também *Ursprung des deutschen Trauerspiels*, Frankfurt, 1972, p. 55. Em "Das Zeichen", ele afirma: "o signo nunca se refere – *beziehst sich* – ao objeto porque nenhuma intenção reside nele; o objeto só é atingível [através da] intenção". Em sua "Tarefa do Tradutor", ele desenvolve uma distinção entre "intenção" e "modo de intenção", em que "modo de intenção" é o significado convencional culturalmente vinculado a uma palavra que precisa ser removida a fim de se descobrir a essência do objeto "intencionado". Ver *Illuminations*, p. 74. Para a relação de Benjamin com a fenomenlogia, cf. Tiedemann, p. 43.
105. *Briefe*, I, p. 197.
106. "The Task of the Translator", p. 77.

função comunicativa e simbólica. Ao nível da comunicação entre pessoas, as palavras estão impregnadas de significados convencionais, mas também podem simbolizar uma essência inefável: "A linguagem é em todos os casos não apenas a comunicação do comunicável, porém igualmente o símbolo do incomunicável"[107]. Seguindo uma antiga distinção que ele tomou de Goethe e que Scholem adotou, Benjamin concebia os símbolos como os opostos das alegorias[108]. A alegorização parte de um conceito geral e depois busca uma representação física específica, mas arbitrária, da idéia geral. A alegoria, portanto, corresponde ao signo arbitrário das ciências. A conexão entre a alegoria e o conceito alegorizado nunca é imediatamente aparente e requer explicação. Os símbolos, de outro lado, "estabelecem uma conexão que é percebida sensivelmente em sua imediatidade e não requer interpretação"[109]. Uma vez que a crença nos símbolos minguou no mundo moderno, a tarefa da filosofia, que Benjamin opunha à ciência, é "restabelecer o caráter simbólico da palavra, em que a idéia chega ao entendimento de si mesma em sua primazia"[110]. A linguagem é uma das principais ferramentas cognitivas com que o homem dá forma inteligível a caóticas percepções sensíveis. Benjamin via na linguagem um instrumento pelo qual o mundo numenal poderia ser recapturado atrás da cortina das percepções fenomenais e dos significados convencionais[111].

Benjamin acrescentava uma dimensão teológica à sua filosofia idealista da linguagem. Num ensaio de juventude, "Über Sprache überhaupt und über die Sprache des Menschens" (Sobre a Lingua-

---

107. "Über Sprache überhaupt und über die Sprache des Menschen", *Schriften*, II, p. 405.

108. *Ursprung des deutschen Trauerspiels*, p. 176: "Es ist ein grosser Unterschied, ob der Dichter zum Allgemeinen das Besondere sucht oder im Besondern das Allgemeine schaut. Aus jener Art entsteht Allegorie, wo das Besondere nur als Beispiel, als Exampel des Allgemeinen gilt; die letztere aber ist eigentlich die Natur der Poesie: sie spricht ein Besonderes aus, ohne ans Allgemeine zu denken oder darauf hinzuweisen". A passagem é de Goethe, *Sämtliche Werke*, XXXVIII, p. 261.

109. Arendt, "Introduction", *Illuminations*, p. 13. Arendt argumenta que a doutrina benjaminiana da transferência lingüística era uma metáfora para a dualidade marxista entre infra-estrutura e superestrutura. Ela pretende, portanto, que Benjamin tentava fundir o seu marxismo num idioma poético.

110. *Ursprung des deutschen Trauerspiels*, p. 18.

111. A idéia de que a linguagem é um corpo de símbolos mais do que um conjunto de símbolos arbitrários e que o homem utiliza a linguagem para dar forma às percepções sensíveis sugere a afinidade intelectual de Benjamin com os neokantianos, particularmente com Cassirer. Ver sua *Philosophy of Symbolic Forms*, vol. 1. Não há provas de que Benjamin jamais tenha lido Cassirer, embora conhecesse Rickert, a quem chamou de seu "mestre mais influente", *Briefe*, II, p. 857. Em *Ursprung*, p. 32, ele critica os neokantianos por sua pura metafísica despida de experiência histórica.

gem em Geral e a Linguagem dos Homens), ele trata da questão de como a linguagem divina pode tornar-se humana. A palavra de Deus é equivalente à existência, mas Deus não poderia ter criado o mundo chamando-o à existência por meio de palavras concretas, porquanto a linguagem de Deus, por definição, é indiferenciada e infinita. A linguagem divina parece incomensurável com a humana e, portanto, uma relação lingüística imediata entre Deus e o mundo, a "palavra imediata de Deus", como Buber o formula, é impossível. A criação e, de fato, toda interação entre Deus e o mundo deve ser mediada pelo homem. Deus é a "fonte" da linguagem, porém é o homem que nomeia os objetos e, assim fazendo, "faz vir o mundo perante Deus". Pelo processo de nominação, o homem concretiza a linguagem divina e a torna humana. Quando o homem nomina, ele repete o ato primordial de Adão e restabelece a "fagulha mágica" entre a linguagem e os objetos, à qual Benjamin fez referência pela primeira vez em sua carta a Buber. A fagulha mágica perde-se quando a linguagem se converte em mero instrumento convencional da comunicação humana, mas em cada geração o homem tem a capacidade de recobrar a criatividade edênica na linguagem.

A noção de uma divina linguagem de nomes subjacente à linguagem convencional é muito próxima da teoria da Cabala, tal como interpretada por Scholem, com respeito ao nome divino como destituído de significado, mas outorgante de significação. Para Benjamin, as palavras estão carregadas de significados convencionais, mas os nomes são "o análogo do conhecimento do objeto no objeto ele mesmo. [...] O nome é superessencial; ele significa a relação do objeto com sua essência"[112]. Benjamin distinguia entre uma "pura linguagem" feita somente de nomes e uma linguagem gravada de significações convencionais, mas ele afirmava que nenhuma língua particular pode ser pura, uma vez que cada língua está ligada a suas próprias convenções. Somente a totalidade das línguas constitui a pura linguagem[113]. A tradução é, portanto, um dos melhores meios de livrar os homens das convenções de sua língua específica: "A tarefa do tradutor é libertar em sua própria língua aquela pura linguagem que se encontra sob a fala – *spell* – de outra, soltar a linguagem aprisionada numa obra na sua recriação dessa obra"[114].

---

112. "Das Zeichen bezieht sich", Tiedemann, p. 45. Ver também a Segunda recensão de "Agesilaus Santander", publicada por Scholem em "Walter Benjamin und sein Engel", *Zur Aktualität Walter Benjamin*, Frankfurt, 1972, p. 100: "Entretanto, esse nome não é de nenhum modo um enriquecimento daquilo que é nomeado", e Scholem comenta, p. 115: "Para Benjamin, o nome é projetado em uma imagem, em vez da concepção comum pela qual uma imagem é objeto de aproximação de um nome inscrito".
113. *Illuminations*, p. 74. Ver também "Das Zeichen": "Der Namen ist ihnen (Gegenstand) nicht rein; sondern an ein Zeichen gebunden".
114. *Illuminations*, p. 80.

A tradução não só recaptura a pura linguagem, mas também enriquece o vocabulário de uma língua particular inspirando-se nas metáforas da outra[115]. Como Humboldt[116], Benjamin acreditava que a linguagem não é um dado, porém uma "atividade" em que o homem está constantemente criando novas formas: a linguagem não pára jamais de crescer. A divina *Ursprache*, ou préstina linguagem primordial, nunca poderia ser plenamente recuperada, pois a linguagem nunca permanece parada. O mítico Adão nomeou os objetos e criou a linguagem *ex nihilo*, mas nós herdamos nossa linguagem do passado. Quando tentamos recuperar a pura linguagem de sob as camadas de acreções convencionais, nós também aditamos à linguagem, criando novas palavras e reinterpretando as antigas. O trabalho filosófico de interpretar a linguagem a fim de purificá-la é efetivamente criativo, porquanto acrescenta novos estratos à pura linguagem. O conceito de uma *Ursprache* constituía portanto apenas uma hipótese abstrata para Benjamin, visto que nunca poderia ser isolada sem transformá-la. Uma vez que o homem concretiza a linguagem divina, ele altera irreversivelmente a relação não mediada entre Deus e o mundo, ao mediar entre eles. Embora toda tradução e crítica literária autêntica tentem recapturar a centelha mágica entre palavra e objeto que caracteriza a linguagem divina, a meta permanece um absoluto utópico de que é possível aproximar-se mas nunca alcançar.

Para Benjamin, a linguagem divina, representada pela revelação bíblica[117], era uma garantia de que a linguagem humana comum não é meramente convencional e de que ela tem sua fonte no mundo numenal. O mundo fenomenal todo é como um texto esotérico que exige interpretação. O nosso esforço para compreender a essência desse mundo é garantido pela hipótese de uma divina linguagem de nomes que é equivalente à "coisa em si". Sem essa crença teológica em Deus como fonte da linguagem e na linguagem como instrumento mediador entre a mente e a realidade essencial, a obra de interpretação não tem nenhum sentido.

Eu sugeri que Benjamin encarava a interpretação, da qual a tradução é um caso especial, como um processo criativo. O conjunto de todas as interpretações constitui a sempre crescente tradição lingüística. Como Scholem, Benjamin estava profundamente preocupado com a categoria da tradição e com a possibilidade de recuperar a tradição num mundo laico[118]. Numa carta a Scholem, em 1917[119], ele criticou o

---

115. *Idem*, pp. 74-75.

116. "Man muss die Sprach nicht sowohl wie ein todtes Erzeugtes, sondern weit mehr eine Erzeugung ansehen", *Werke*, sec. 8, p. 55, citado em Noam Chomsky, *Current Issues in Linguistic Theory*, Haia, 1964.

117. *Illuminations*, p. 82.

118. Ele admirava particularmente os românticos por essa razão: "Denn freilich ist die Romantik, die letzte Bewegung, die noch ein mal die Tradition hinüberrettete Ihr... Versuch galt der unsinning orgiastischen Eröffnung aller geheimen Quellen der Tradition", *Briefe*, I, p. 138, carta para Scholem, de junho de 1917.

119. *Briefe*, I, pp. 144-146, 6 de setembro de 1917.

ensaio de Scholem sobre a educação *Blau-Weiss* em que seu amigo pregava a educação pelo exemplo. Benjamin o instou a considerar a tradição como a verdadeira base para a pedagogia. Ensinar pelo exemplo torna o aluno passivo e o faz dependente do professor. Quando aluno e professor estão ambos empenhados na apropriação da tradição por meio da interpretação criativa, cria-se uma comunidade de estudo:

> Estou convencido de que a tradição é o meio em que o aluno é continuamente transformado em professor. [...] Quem não aprendeu não pode educar. [...] A educação – *Unterricht* – é o único ponto de livre unificação entre a velha e a nova geração, como ondas que lançam suas espumas umas sobre as outras. Cada erro cometido na educação, em última análise, remete de volta (à idéia) de que aqueles que vêm depois de nós dependem de nós. Eles dependem de nós apenas na medida em que dependem de Deus e da linguagem em que nós mesmos devemos submergir nossa vontade em alguma comunidade – *Gemeinsamkeit* – com nosso filhos.

Uma tradição radicada na linguagem, que se origina ela própria na linguagem de Deus, é a fonte comum a todas as gerações. Essa tradição, qual o mundo como um todo, não se encontra além de um observador passivo para quem ela é dada por meio da educação ou da percepção sensível. Ao contrário, a tradição é apropriada pelo aluno ao interpretá-la, e a educação consiste na comunidade de intérpretes de diferentes gerações.

Nas concepções do próprio Scholem sobre a educação, expressas muitos anos mais tarde numa discussão com educadores israelenses[120], há um eco do conceito de Benjamin no tocante a um diálogo aberto com a tradição. A educação, insiste Scholem, não deve refletir um só ponto de vista dogmático, mas expor o aluno à toda a riqueza contraditória da tradição:

> Se eu fosse chamado para ensinar, tentaria mostrar que a história judaica foi uma luta por grandes idéias, e a questão é em que medida devemos ser influenciados pelo grau de êxito alcançado nessa luta por valores que foram formulados e definidos na tradição. [...] Ao mesmo tempo, eu examinaria com os meus alunos os malogros na história, aspectos que têm a ver com a violência, a crueldade e a hipocrisia.

Em sua pedagogia, assim como em sua historiografia e teologia, Scholem acredita que, a menos que encaremos a tradição como uma constelação pluralista de forças para a qual cada geração contribui, o judaísmo perderá a sua vitalidade.

Benjamin e Scholem concordam que a capacidade da linguagem para simbolizar o inefável garante que a tradição é o meio que liga o homem à fonte divina da criação e revelação. Para ambos, a tradição

---

120. "Education for Judaism", *Dispersion and Unity*, p. 212.

consiste de comentário criativo num esforço para restabelecer a conexão essencial entre o homem e a fonte da linguagem. Sua afirmação metafísica da linguagem e da tradição histórica diverge de modo radical do misticismo anistórico de Buber e, creio eu, constitui importante resposta à crise da teologia judaica no século XX.

SCHOLEM E A CRISE DA TEOLOGIA JUDAICA

Gershon Weiler, em seu artigo consagrado à "Teologia de Gershom Scholem"[121], argumenta que Scholem não define o que pretende quando diz que acredita em Deus. A fim de efetuar declarações com algum significado a respeito da fé em Deus, Scholem deveria ter-se reportado ao problema maimonidiano dos atributos divinos, que ele, ao contrário, parece evitar. Weiler sustenta que Scholem caiu na mesma dificuldade lógica que "os modernos teólogos protestantes, os existencialistas e até Buber. [...] Todos eles falam como se houvesse alguma [essência] oculta que é revelada somente na experiência, mas continuam a usar o nome de 'Deus' "[122]. Weiler apresenta apenas duas alternativas teológicas: ou a teologia "experiencial" de Buber, a qual logicamente não tem sentido, ou o racionalismo maimonidiano.

Eu penso que Scholem, em companhia de Walter Benjamin, cartografou um terceiro curso teológico. Ele não aceita a concepção buberiana da revelação como experiência. De outro lado, embora acolhendo a relutância de Maimônides em predicar quaisquer atributos positivos a Deus, ele não está interessado na teologia racional. Com Benjamin, Scholem considera Deus como origem e garante do processo de interpretação que denomina tradição. A tradição que ele, como historiador moderno comenta, é ela mesma testemunha do ímpeto original da divina revelação; no entanto, não permite formular quaisquer enunciados com alguma significação a respeito da própria revelação ou de sua divina fonte. Os únicos enunciados significativos que se pode fazer versam sobre a tradição, a província dos historiadores e comentadores mais do que dos teólogos. A teologia de Scholem é, portanto, um argumento antiteológico em favor da historiografia, porém uma historiografia concebida como mais uma contribuição interpretativa para uma tradição em perpétuo crescimento.

Será que Scholem merece um lugar na história da teologia judaica no século XX? Sugeri, no início deste capítulo, que a crise da teologia

---

121. Gershon Weiler, "On the Theology of Gershom Scholem", *Keshet* 71, 1976, pp. 121-128. As intrerpretações errôneas que Weiler faz de Scholem decorrem em parte do fato de ele usar unicamente a "Telogia Judaica em Nosso Tempo", e ignorar outros ensaios.

122. *Idem, ibidem*, p. 124.

judaica, encarnada no pensamento de Hermann Cohen, representou uma divisor de águas nas especulações teológicas. Considera-se normalmente que o fracasso da teologia racional levou ao existencialismo de Rosenzweig e Buber. A rejeição explícita dos dois pensadores sugere que a posição do próprio Scholem pode constituir uma resposta alternativa à crise da teologia.

Cohen foi o ponto de partida explícito das reflexões de Buber e Rosenzweig. No capítulo precedente, vimos que o jovem Scholem conhecia muito bem o pensamento de Cohen e, embora criticasse os seus contemporâneos por não apreciarem o filósofo de Marburgo, Cohen representava para ele a tentativa dogmática de expurgar da história judaica o mito e o panteísmo. Scholem encetou sua carreira em oposição consciente ao racionalismo de Cohen. Mas é significativo que justamente quando o pensamento de Cohen, em sua última fase, começou a apontar para o existencialismo, também indicasse a direção oposta que o próprio Scholem seguiria em sua rejeição do existencialismo: o estudo histórico do judaísmo. Seria, sem dúvida, errôneo pretender que Scholem "emprestou" qualquer de suas idéias das concepções de Cohen, mas sua posição pode ser julgada em retrospecto como, dialeticamente, tanto uma continuação quanto uma refutação da teologia racional de Cohen.

Em sua *Die Religion der Vernunft* (Religião da Razão), Cohen enuncia dois conceitos de Deus. Um é o de um Deus pessoal com quem o indivíduo sofredor pode entrar em diálogo, e o outro é uma reafirmação de seu antigo conceito de Deus como um princípio metodológico abstrato. Embora o novo conceito se tornasse uma fonte frutuosa para Buber e Rosenzweig, é impressionante verificar quão de perto o conceito de Deus metodológico se assemelha à posição teológica de Scholem. Nos capítulos sobre "A Unicidade de Deus", "A Criação" e "A Revelação", Cohen argumenta que a unicidade de Deus é o exato oposto do mundo pluralista, sem ser, no entanto, a negação do mundo[123]. Em vez disso, Deus é concebido como um *Ursprungsprinzip* (princípio originador), quer dizer, um princípio que está na origem de outros princípios dialeticamente opostos[124]. A revelação é também um processo similar no qual "o eterno, que está distante de toda experiência sensível e, portanto, de toda experiência histórica, constitui o alicerce e a garantia do próprio espírito da história nacional"[125]. Deus é a origem e o garante da permanência do mundo e da

---

123. *Die Religion der Vernunft*, p. 68, trad. inglesa, por Simon Kaplan, *The Religion of Reason out of the Sources of Judaism*, New York, 1972, p. 59.

124. *Idem, ibidem*, p. 79, inglês, p. 69. O melhor tratamento dispensado ao *Ursprungsprinzip* é o de Hugo Bergmann, "O Princípio do Início na Filosofia de Hermann Cohen" (hebraico), *Kneset* 8, 1944, pp. 143-153, e *Hogai ha-Dor*, Jerusalém, 1935, pp. 194 ss.

125. *Religion of Reason*, p. 84.

tradição histórica. Reconhecemos imediatamente que, a despeito da diferença na terminologia, o conceito dialético de Deus proposto por Cohen é muito semelhante à idéia apresentada por Scholem, de que Deus é despido de significação, mas é outorgante da significação. Como Scholem, Cohen considera a tradição um corpo de interpretações exegéticas cujo modelo é a Lei Oral: "A Lei Oral é espontânea, como o 'fruto dos lábios', enquanto a tradição escrita está gravada em tabuinhas de bronze. [A Lei Oral é também] não um produto imediatamente acabado, mas aberto, que sempre continua a ser produzido"[126]. A tradição contém uma grande variedade de princípios e interpretações que, Cohen o admite de pronto, amiúde parecem contradizer uns aos outros[127]. Essa noção de uma tradição pluralista, aberta em sua causa final, é muito parecida com o conceito de tradição em Scholem.

Há também notável semelhança entre Scholem e Cohen no que tange à questão do relacionamento do intérprete moderno com a tradição. Em uma seção bastante densa e enigmática da introdução à *Die Religion der Vernunft*, Cohen declara que o método exegético da Lei Oral tradicional não é "dedução lógico-formal"[128]. Em outras palavras, o exegeta bíblico não deduz meramente sua interpretação do texto bíblico. Ao contrário, ele descobre o seu próprio pensamento no texto por meio de um processo de interação entre ele próprio como pensador e sua *Quelle* (fonte):

> Primeiro, o pensamento é pensamento, quer ocorra na *Hagadá* como um pensamento moral no estilo imaginativo da poesia, ou na *Halakhá* como uma lei para a qual, como para todos os outros pensamentos, encontrar-se-á em seguida a sanção na Bíblia. [...] Por outro lado, seria quase inconcebível que a memória do erudito talmúdico pudesse encontrar, no grande tesouro de palavras bíblicas e em sua estrutura sintática, a analogia exatamente apropriada para o caso que se apresenta. [...] A lógica confere seriedade à imaginação, porque a imaginação é sustentada e secundada pela severa objetividade do problema[129].

Essa filosofia exegética, em que a originalidade interpretativa e a mensagem objetiva do texto são harmonizadas, não é apenas o método da tradição judaica – é o método do próprio Cohen. Ele também argumenta que a natureza do judaísmo só pode ser determinada por uma interação dinâmica entre o filósofo moderno e as fontes históricas[130]. Em outras palavras, para Cohen, o intérprete moderno da tradição opera com a mesma lógica e princípios de interpretação que se

---

126. *Idem, ibidem*, p. 28.
127. *Die Religion der Vernunft*, p. 36, inglês, p. 31.
128. *Idem, ibidem*, p. 33, inglês, p. 29.
129. *Idem, ibidem*.
130. *Idem, ibidem*, p. 3, inglês, p. 3: "Es kann nimmermehr gelingen, aus den literarischen Quellen einen einheitlichen Begriff des Judentums zu entwickeln, wenn dieser nicht selbst... als der ideale Vorwurf vorgenommen wird".

pode encontrar na própria tradição. O filósofo da história continua, portanto, o trabalho de interpretação e torna-se parte da tradição. De maneira análoga, Scholem sustenta que o método histórico secular já está antecipado pela tradição mesma. Ele "descobre" um possível precursor de sua própria teologia nas fontes que estuda. Visto que sua filosofia exegética não é estranha à tradição, ele, como historiador moderno, dá prosseguimento ao trabalho do comentário.

Apesar dessas notáveis similaridades, há uma diferença fundamental entre Cohen e Scholem. Cohen pretende que as aparentes contradições entre as diferentes interpretações no seio da tradição constituam uma ilusão. Todas essas interpretações são na realidade unidas pelo conceito de razão, e é tarefa da filosofia do judaísmo descobrir nas fontes essa razão unificadora[131]. Scholem rejeita a idéia de que um conceito filosófico pode impor a unidade a uma tradição intrinsecamente pluralista. As contradições no seio da tradição não constituem uma ilusão, porém uma conseqüência essencial de um desdobramento infinito dos infinitos significados da revelação. A única definição possível de judaísmo é a totalidade de princípios contraditórios que fazem a história judaica. Como não há uma essência filosófica *a priori* do judaísmo, mas apenas uma pluralidade de fontes históricas, a historiografia, e não a filosofia, é a disciplina própria ao judeu moderno. Enquanto Cohen descobriu seus precursores na tradição filosófica, Scholem descobre os seus nos comentários pluralistas da Cabala.

Embora Cohen tenha definido o judaísmo como somente uma religião da razão, sua afirmação de que a tradição é pluralista preparou o terreno para a subversão de seu próprio racionalismo. Levando a noção de uma tradição pluralista à sua conclusão lógica, Scholem subverteu o racionalismo filosófico de Cohen e respondeu à crise da teologia judaica de um modo original. O judaísmo só pode ser compreendido com base na totalidade das fontes judaicas, uma totalidade que só é apreensível pelo estudo histórico dessas fontes elas mesmas.

Cumpre acentuar que Scholem nunca sistematizou as sugestões teológicas discutidas no presente capítulo. O próprio fato de termos sido forçados a perguntar em que lugar ele fala com voz própria e em que lugar fala como historiador da Cabala, impede-nos de chamá-lo de "teólogo". Além disso, as idéias aqui delineadas, talvez porque não foram sistematicamente desenvolvidas, estejão certamente expostas à crítica. No mundo laico, há um embate em curso a fim de definir a significação do judaísmo. Conquanto uma teologia pluralista ou anar-

---

131. *Idem, ibidem*, p. 39, inglês, p. 34: "So hat uns das Prinzip der Vernunft zur Einheit von Religion und Sittenlehre geführt. Und wenn anders die Quellen des Judentums die Religion der Vernunft zur Enthüllung bringen, so wird dadurch auch der Begriff der Vernunft in seiner Religion dem Judentum seine wahrhafte Einheit stiften".

quista possa oferecer atrações para os que não podem ou não querem aceitar uma "essência" ortodoxa e dogmática do judaísmo, ela deixa de responder a muitas questões relevantes. Uma filosofia anarquista do judaísmo parece evitar, por definição, qualquer elemento normativo: ela conduz, no caso de Scholem, ao estudo da história mais do que a uma prescrição de como o judeu deve viver. Muito embora isso possa ter sido uma solução pessoal para Scholem como historiador, em que sentido é possível generalizá-la e aplicá-la a outros? Será que os estudos históricos de Scholem acerca de movimentos negligenciados e omitidos no passado judaico nos subministram uma chave para a compreensão do que pertence legitimamente à dialética judaica de hoje, ou apenas aumentam a dificuldade da tarefa?

Se as reflexões teológicas de Scholem, tais como as que se encontram entre as linhas de sua obra histórica, hão de proporcionar ou não um ímpeto coerente ao pensamento judaico moderno depende menos do próprio Scholem do que daqueles que estão preocupados essencialmente com tais questões. Talvez não se deva esperar outra coisa de um historiador fiel às suas fontes, senão fornecer indicações fecundas mais do que uma filosofia sistemática. No entanto, ao sugerir o possível nexo entre misticismo e modernidade, Scholem abriu nossas perspectivas tanto sobre o nosso passado quanto sobre o nosso presente.

Epílogo:
Entre o Misticismo e a Modernidade

O grande feito de Gershom Scholem como historiador foi a sua criação, quase a uma só mão, de um novo campo de estudos universitários: a história do misticismo judaico. Por meio de diligentes pesquisas filológicas, identificou a inteira tradição textual da Cabala e deu-lhe ordem e coerência. Alcançando um delicado equilíbrio entre a fidelidade ao texto e o uso da linguagem moderna, tornou essa tradição esotérica surpreendentemente compreensível. Em parte, o êxito de Scholem foi produto da extraordinária interação entre preocupações acadêmicas e metafísicas. Suas pesquisas filológicas adquirem vitalidade e urgência em função dos impulsos teológicos que se acham por trás delas, jamais, no entanto, à custa dos padrões científicos. A obra de Scholem é uma prova viva de que a boa investigação acadêmica não precisa ser atalhada pela preocupação com problemas mais gerais; ao contrário, as duas estão ligadas inextricavelmente.

Scholem formou uma escola de discípulos, sobretudo em Israel, os quais estenderam sua obra a quase todas as áreas e períodos da pesquisa cabalística. Em muitos casos, foram levados a rever ou até a contradizer seus achados, mas nas questões que aventaram e nos métodos que empregaram, a sombra de Scholem é inescapável. Talvez seu maior legado a seus estudantes seja o preciso método filológico. Em suas mãos, esse modo de estudar textos cobrou vida a partir das implícitas preocupações metafísicas que o motivavam. É quiçá inevitável que, faltos de tais indagações, alguns de seus alunos hajam convertido o estudo da Cabala numa disciplina acadêmica inteiramente seca, não diferente de qualquer outra. A quase total legitimidade que a Cabala ora desfruta na universidade é um tributo ao feito de Scholem, realização que, no entanto, como todas as revoluções bem-sucedidas, tem seu preço: a perda do gume polêmico e da urgência teológica da obra do próprio Scholem.

De fato, muitas das dificuldades inerentes à historiografia de Scholem emergem até de forma mais aguda na obra de seus discípulos. A insistência de Scholem na importância central das idéias no desenvolvimento da história judaica negligencia o papel de fatores sociais e econômicos. O método filológico por ele empregado exige com freqüência remontar às tradições textuais até a exclusão do contexto histórico. Assim, em sua obra mesma, porém ainda mais na de sua escola, as idéias da Cabala parecem ter uma vida própria, prestando pouca atenção à realidade social dos místicos que as desenvolveram. Além disso, a arremetida da historiografia scholemiana é na direção de uma história "interna dos judeus": o embate dialético entre racionalismo e mito, lei e antinomismo – mais do que a influência de eventos externos – teria produzido as principais correntes da história judaica. Portanto, embora bem-versado no que diz respeito aos contextos europeus e meso-orientais em que o misticismo judeu se desenvolveu, raras vezes anotou Scholem qualquer dimensão comparativa, pois julgava, e isso se vê com clareza, que a história judaica se desdobra primordialmente como resultado de eventos internos. A perspectiva "nacionalista" encontrou expressão institucional na Universidade Hebraica de Jerusalém que ele ajudou a fundar, pois o estudo da história e do pensamento judeus ocorrem aí em departamentos separados da história "geral" e da filosofia "geral". A segregação institucional da história judaica, mui amiúde, é o resultado, bem como de vez em quando a causa, de uma crença de que os judeus viveram num mundo selado. Embora a própria obra de Scholem possa ser às vezes criticada por esse prisma, ele próprio foi produto de uma educação clássica cosmopolita. Mesmo ao adotar conscientemente uma certa concepção interna da história judaica, ele o fez com base numa profunda síntese entre pensamento judaico e europeu. Ele talvez tenha de fato representado a última geração de judeus a abordar as fontes judaicas com esse plano de fundo cultural.

É ponto de vista do presente livro que a contribuição de Scholem se estende além do aspecto acadêmico. Sou do parecer de que sua teologia deve ser considerada importante na história da teologia judaica moderna. De modo análogo, a filosofia da história que enforma seus estudos históricos tem muito a dizer sobre algumas questões cruciais da agenda judaica. Na mocidade, Scholem rejeitava resolutamente a possibilidade de vida judaica na Dispersão, mas, ao mesmo tempo, advogava um retorno às fontes produzido em larga medida pelo judaísmo da Diáspora. Sua posição precisa ser entendida no contexto de um dos debates centrais no movimento sionista, desde os anos de 1890.

Como deve o sionismo relacionar-se com o *Galut*? A posição mais extrema, representada por intelectuais, de Berdichevsky aos canaanitas, conclamava à completa *shlilat há-galut* (negação do Exílio) e da tradição judaica nele entretecida. Apesar de seu próprio ataque inflexível à vida judaica na Alemanha, Scholem nunca se juntou ao campo dos que negavam o papel da Diáspora. Na qualidade de sionista cultural, inspirado por Ahad Ha-am, encarava o sionismo em primeiro lugar como uma solução revolucionária para o problema cultural e espiritual do judaísmo num mundo secular. A renovação da comunidade judaica na terra de Israel tem de ser acompanhada de uma revivescência do judaísmo, o qual, por sua vez, poderia fazer sentir o seu impacto na diluída cultura judaica da Diáspora. A bem dizer, sem a construção efetiva de uma comunidade física de judeus em Israel, nenhuma revivescência seria possível, mas o estabelecimento no país deveria constituir ele mesmo apenas um meio para um fim mais amplo. Como educador e pesquisador, Scholem concebia a sua obra pessoal como uma contribuição a esse ideal de renovação cultural.

Scholem nunca negou o exílio porque sua rebelião contra a vida judaica na Diáspora foi acompanhada de um retorno às fontes da história judaica. A cultura do *Galut*, que para muitos sionistas trazia apenas sentimentos de embaraço, era para ele parte da rica tapeçaria da tradição judaica. Vimos que Scholem se opôs incansavelmente àqueles que, no movimento sionista, como o *Blau-Weiss*, edificaram sua ideologia sem conhecimento da tradição histórica, ou ainda àqueles, como os revisionistas, em quem percebia laicos intentos apocalípticos para cortar todos os laços com a história judaica. Ele sustentava que o desejo legítimo e necessário de revolucionar a existência judaica não pode ser baseado na destruição da tradição. A emigração para a Palestina, insistiu ele muitas vezes, quando jovem, deve ser acompanhada de um retorno às fontes da tradição.

Para Scholem, esse retorno à tradição não significa adoção da ortodoxia. O sionismo representava uma revolução precisamente porque exigia um retorno ao judaísmo numa nova base. O sionismo de Scholem e sua decisão, como historiador, de estudar as fontes judaicas, cada uma delas intimamente ligada à outra, partiam de sua solução pessoal ao problema do judaísmo numa era secular, uma solução nutrida por seu profundo desejo quer de rebelião quer de continuidade.

Scholem mantém que se Israel deve preservar seu laço vital com a tradição, mesmo enquanto a revoluciona, não pode dar-se ao luxo de virar as costas para o *Galut*, que representa a fonte de grande parte dessa tradição. Uma vez que o sionismo deve "tomar a responsabilidade" pela totalidade da vida judaica, cumpre-lhe também fazê-lo pela Diáspora:

> O retorno a Sião – que é idêntico à dissolução no Levante – terá conseqüências incalculáveis na formação de nosso futuro, se não se tentar evitar a fecunda tensão entre

as forças que encontram expressão nesse retorno chegando a uma decisão unilateral e demasiado fácil em favor de uma dessas forças. Isso vale também para uma orientação dirigida a uma preservação intocada da tradição, assim como também vale para uma orientação que esteja procurando nos cortar do vínculo das raízes dessa tradição. [...] Sem os impulsos vindos da nova vida em Israel, o judaísmo da Diáspora cairá em decadência. Mas Israel, também, necessita da conexão consciente e da relação com o conjunto [do judaísmo], pois, em última análise, é para servi-lo e para transformá-lo que Israel foi criado[1].

Nessas linhas, escritas em 1969, Scholem reconhece que a Diáspora continuará a desempenhar um papel significativo na vida judaica, uma posição que talvez não estaria tão disposto a adotar na juventude. Mas é uma posição no fim de contas consistente com sua experiência na Palestina dos anos de 1920 e 1930, e com as conclusões de seus estudos de mística e messianismo. Na medida em que o sionismo não representa o fim da história judaica, porém apenas uma nova etapa em seu desenvolvimento contínuo, a luta pluralista na tradição deve persistir: as legítimas diferenças entre Israel e a Diáspora podem ser convertidas em frutuosa interação que infundirá nova vitalidade ao judaísmo. A posição de Scholem sugere que, no diálogo entre Israel e a Diáspora, nenhum dos lados deve pretender um monopólio. Nas questões contemporâneas, como na história, o pluralismo é a chave para a sobrevivência do judaísmo.

A relação dialética entre continuidade e rebelião era talvez mais fácil para um judeu alemão no início do século XX do que para muitos jovens judeus da Europa Oriental, que também se volveram para o sionismo no mesmo período. A revolta dos judeus do Leste europeu tinha necessariamente de ser total, pois, tendo crescido num ambiente ortodoxo, eles adotaram o sionismo como uma rejeição tanto da existência do *Galut* quanto do modo de vida ortodoxo de seus pais. Embora Scholem houvesse sofrido profunda influência no contato com os judeus da Europa Oriental, a sua revolta pessoal teve uma origem diferente e seguiu um rumo diverso. Vindo de um meio assimilado, sua revolta também significou retorno. Na carreira de Scholem, por individual que seja, podemos observar a interação criativa e a tensão entre o judaísmo europeu ocidental e oriental, uma relação que também desempenhou um papel significativo na evolução do movimento sionista.

Como judeu alemão, Scholem reteve maior número de laços com sua terra natal do que os seus contemporâneos da Europa Oriental. Enquanto estes encontravam poucas virtudes redentoras nas culturas do Leste europeu, ele nunca se separou da cultura alemã, mesmo quando passou a rejeitar a Alemanha como tal. Embora tivesse passado a escrever em hebraico desde os anos de 1920, não renunciou à sua língua materna. Muitas de suas mais importantes reflexões sobre a natureza

---

1. "Israel and the Diaspora", *JJC*, p. 258.

da Cabala foram primeiro apresentadas sob a forma de conferências em alemão e publicadas nesse idioma. A sua autobiografia, *De Berlim a Jerusalém*, está repleta de idiotismos do dialeto berlinense, oferecendo assim testemunho de seu continuado apego à língua alemã de sua mocidade. Mas esse apego não é mera nostalgia de tempos passados. Se a tradução da Bíblia para o alemão, efetuada por Buber e Rosenzweig, foi "a pedra tumular de uma relação que se extinguiu em indizível horror"[2], a própria escritura de Scholem destina-se a mostrar ao público leitor alemão um judaísmo que ainda está bem vivo. Só agora, depois que a história da antiga comunidade judaica na Alemanha chegou ao fim, puderam os alemães começar a entender a verdadeira natureza do judaísmo. De um modo peculiar, Scholem e muitos outros judeus alemães emigrados vêem a si mesmos como a encarnação daquilo que a Alemanha poderia ter sido; somente em solo estrangeiro poderia a autêntica cultura alemã florescer e, ironicamente, nas mãos daqueles que a Alemanha mais rejeitara.

Não foi sem uma pungente significação que Scholem passou o outono anterior à sua morte, em 20 de fevereiro de 1982, em Berlim. Muito embora tenha voltado à Alemanha em muitas visitas curtas, desde a sua emigração em 1923, essa foi sua primeira permanência mais prolongada na cidade de sua juventude. Foi como se ele, que se revoltara contra a Alemanha, e que, em *De Berlim a Jerusalém*, expressara tão apaixonadamente o seu credo sionista, tivesse de empreender a viagem de volta, de Jerusalém para Berlim, ao término de sua vida.

Se o sionismo de Scholem representa uma terceira via entre a ortodoxia e a total negação da Diáspora, também aponta para uma nova direção no relacionamento entre judeus e não-judeus. Na esteira do Holocausto, os judeus vêm sentindo a ineludível necessidade de reavaliar essa relação histórica. As respostas que têm sido propostas a tal dilema cobrem o espectro inteiro de opiniões. Em um extremo, há os que, a exemplo da ala nacionalista do movimento sionista, rejeitam qualquer diálogo com o mundo não-judeu, confessando que Israel está eternamente destinado a ser "uma nação que reside só". De outro lado, há os que, atuando quase como se a destruição do judaísmo europeu fosse um incidente tangencial, ainda buscam a plena assimilação judaica nos termos do século XIX.

Desde 1922, quando denunciou as "tendências fascistas" no *Blau-Weiss*, e depois, desde o fim do decênio de 1920, quando atacou o "chauvinismo" dos revisionistas, Scholem se opôs ao nacionalismo extremo ao qual o sionismo sempre fora suscetível. Ele não advoga em favor dos que gostariam de cortar os laços de Israel com o mundo ocidental, assim como rejeita os que desejariam romper com a tradição judaica. De outro lado, ele escreveu amargamente contra os proponen-

---

2. "At the Completion of Buber's Translation of the Bible", *MI*, p. 318.

tes de uma fácil reconciliação com o mundo não-judeu, simbolizado em seu extremo pela Alemanha: "Eu nego que jamais tenha havido um [...] diálogo germano-judaico em qualquer sentido genuíno como fenômeno histórico. Para um diálogo, são precisos dois interlocutores que ouvem um ao outro, que estão prontos a perceber quem o outro é e responder-lhe"[3]. Os próprios termos da emancipação impediam um diálogo autêntico, pois o preço que a Alemanha pré-nazista cobrou dos judeus para admiti-los na sociedade foi que abandonassem a sua identidade. Tentar, após o Holocausto, "renovar" um diálogo que nunca existiu é impossível, declara Scholem, e criar um novo diálogo seria uma tarefa extraordinariamente difícil e delicada em que ambos os lados teriam de superar velhos estereótipos sem trair o fardo da história.

Contra os dois extremos, que são o isolamento nacional e o diálogo fácil, Scholem sugere, fazendo eco a Max Brod, um "amor distante". Enquanto o amor dos judeus da época moderna pela Alemanha – e pela Europa em geral – permaneceu sempre não correspondido enquanto Israel viveu na Diáspora, talvez uma nova relação possa ser estabelecida na esteira do sionismo, que já conseguiu realizar de algum modo a separação geográfica entre judeus e europeus. Assim como a nova autoconfiança que o sionismo infundiu aos judeus poderia tornar possível uma historiografia despida de apologia, do mesmo modo a revivescência judaica em Israel pode lançar as bases de um genuíno relacionamento entre os judeus e as nações do mundo. Em nenhum sentido, porém, essa relação resulta, ao ver de Scholem, de uma "normalização" do povo judeu, pois isso seria nada mais do que uma encarnação nacionalista do velho pecado da assimilação. O povo judeu deve endereçar-se ao mundo não-judeu com confiança em sua própria identidade e tradição, mas sem cortar seu contato com as culturas não-judaicas, em cujo meio viveu por tantas gerações. Se Scholem conseguiu tornar-se um dos principais porta-vozes do judaísmo no século XX, isso talvez tenha muito a ver com o fato de que ele não procurou deliberadamente um público não-judaico. Em vez de tentar criar um diálogo direto com o mundo ocidental, ele expressou o seu amor distante de maneira indireta, escrevendo, sem compromisso ou apologética, acerca da história judaica em todas as suas obscuras e esotéricas facetas.

Talvez seja surpreendente, e até paradoxal, que um historiador a lidar com o mais arcano dos assuntos – o misticismo – tenha se convertido em um dos representantes universalmente reconhecidos do moderno judaísmo. No entanto, numa época radicalmente alienada das tradições religiosas, a busca da espiritualidade encontra porta-vozes

---

3. "Against the Myth of a German-Jewish Dialogue", *JJC*, pp. 61-62, trad. baseada no original em *Judaica*, II, pp. 7-8. Ver também "Once More: The German-Jewish Dialogue", *JJC*, pp. 65-70, e "Jews and Germans", *JJC*, pp. 71-92.

inesperados. O método da contra-história, segundo o qual as forças vitais da religião nunca desaparecem, pode ser o único meio de lançarmos pontes para um passado que se tornou estranho. Não é talvez mera coincidência que tantos contemporâneos de Scholem, como Martin Buber e Walter Benjamin, construíssem contra-histórias em sua procura de um caminho de volta para a tradição. Nessas tentativas há a mesma mistura de fontes tradicionais e conceitos modernos. Colhidos entre uma cultura moderna que recusavam, mesmo quando exprimiam sua recusa na própria linguagem dessa cultura, e uma alternativa utópica – fosse ela o sionismo ou o marxismo –, todos eles tateavam em busca de uma síntese viável entre religião e secularismo.

Por seus estudos de mística judaica, julgava Scholem haver criado um lugar para a tradição – concebida de uma nova maneira – num mundo secular. Escrevendo sobre Franz Rosenzweig, ele notou no seu ensaio:

> O Deus que foi banido do [interior do] homem pela psicologia e do mundo pela sociologia, não queria mais sentar nos céus e por isso entregou o assento do atributo da justiça ao materialismo dialético e o assento do atributo da mercê à psicanálise. Ele se contraiu até que dele nada restou revelado. [...] Mas será que a sua última contração é realmente a revelação? Talvez o desaparecimento de Deus num ponto da nadidade tenha um propósito superior, e somente num mundo totalmente esvaziado de sua presença o reino dele será revelado?[4]

O malogro das ciências seculares – marxismo e psicanálise – pode constituir-se ele próprio num signo da dialética oculta do divino. Somente agora, com a plena consciência da crise do laicismo, pode o potencial criativo da tradição ser desenterrado dos escombros de centúrias. O estudo do esotérico misticismo judaico é, quiçá, a melhor preparação para a pesquisa contemporânea da centelha religiosa que está doravante tão bem-escondida. Apresentando o misticismo judeu num idioma moderno e acessível, muito embora preservando a entonação arcaica e forânea de sua voz, Scholem nos colocou em contato com forças ao mesmo tempo estranhas e, no entanto, paradoxalmente familiares.

---

4. *Devarim be-Go*, p. 414. Ver também "With Gershom Scholem", *JJC*, pp. 25-26. Em "Reflexões sobre a Possibilidade de um Misticismo Judaico em Nosso Tempo" (hebraico), *Amot* 2, 1964, pp. 11-19. Scholem diz que "Deus aparecerá como não-Deus. Todas as coisas divinas e simbólicas podem também se apresentar na veste de um misticismo ateísta".

Bibliografia Selecionada

OBRAS DE GERSHOM SCHOLEM

Nota: Uma bibliografia completa da obra de Scholem, de 1915 a 1978, foi publicada pela Magnes Press da Universidade Hebraica, Jerusalém (1978). Segue uma lista parcial dos livros e artigos usados mais freqüentemente neste estudo.

"Abschied – Offener Brief an Herrn Dr. Siegfried Bernfeld und gegen die Leser dieser Zeitschrift." *Jerubbaal 1* (1918-1919), pp. 125-130.
Die Blauweisse Brille. N. 1-3 (1915-1916).
Das Buch Bahir. Leipzig, 1923.
Devarim be-Go – Pirke Morashah u-Tehia. 2 vols., 2ª ed., Tel Aviv, 1976.
"Foi Moisés de Leon que Escreveu o Livro do Zohar?" (hebraico). *Mada'ai ha-Yahadut* 1(1926), pp. 16-29,
"Education for Judaism." *Dispersion and Unity* 12 (1971), pp. 205-214.
"Erklärung." *Die Jüdische Rundschau* 97 (8 de dezembro de 1922), p. 638.
Die Geheimnisse der Schöpfung. Ein Kapitel aus dem Sohar. Berlim, 1935.
Jewish Gnosticism, Merkabah Mysticism and Talmudic Tradition. 2ª ed., Nova Iorque, 1965.
Judaica. 3 vols., Frankfurt, 1968-1973.
"Jüdische Jugendbewegung." *Der Jüde* 1 (1916), pp. 822-825.
"Jugendbewegung, Jugendarbeit und Blau-Weiss." *Blau-Weiss Blätter (Führerzeitung)* 1 (1917), pp. 26-30.
Leket Margaliot. Tel Aviv, 1941.
"Lyrik der Kabbala?" *Der Jüde* 6 (1921-1922), pp. 55-69.

Major Trends in Jewish Mysticism. 3ª ed., Nova Iorque, 1961. (Trad. bras. *As Grandes Correntes da Mística Judaica*, São Paulo, Perspectiva, 3ª ed. rev., 1995).
Mehkarim u-Mekorot le-Toldot ha-Shabta'ut ve-Gilguleha. Jerusalém, 1974.
The Messianic Idea in Judaism and Other Essays on Jewish Spirituality. Nova Iorque, 1971.
"The Name of God and the Linguistic Theory of the Kabbala." *Diogenes* 79 (1972), pp. 59-80, e 80 (1972), pp. 164-194.
"Offener Brief an den Verfasser der Schrift 'Jüdischer Glaube in dieser Zeit'". *Bayerische Israelitische Gemeindezeitung*, 15 de agosto de 1932, pp. 241-244.
On Jews Judaism in Crisis, ed. Werner J. Dannhauser. Nova Iorque, 1976.
On the Kabbala and Its Symbolism, trad. R. Mannheim. Nova Iorque, 1969, (Trad. bras., *A Cabala e seu Simbolismo*, São Paulo, Perspetiva, 1978).
Pirke Yisod be-Havanat ha-Kabbala u-Semaleha. Jerusalém, 1976.
Sabbatai Sevi. The Mystical Messiah, 1626-1676. Edição em inglês revista, trad. R. J. Z. Werbiowsky. Princeton, 1973.
"Três Pecados do Brit Shalom" (hebraico). *Davar*, 24 de novembro de 1929, p. 2.
Über einige Grandbegriffe des Judentums. Frankfurt, 1970.
"Über die jüngste Sohar-Anthologie". *Der Jüde* 5 (1920-1921), pp. 363-369.
Ursprung und Anfänge der Kabbala. Berlim, 1962.
Von Berlin nach Jerusalem. Frankfurt, 1977. Tradução para o inglês, *From Berlin to Jerusalem*, Nova Iorque, 1980 (Trad. bras., *De Berlim a Jerusalém*, São Paulo, Perspectiva. 1991).
Von der mystischen Gestalt der Gottheit. Frankfurt, 1973.
Walter Benjamin – Die Geschichte einer Freundschaft. Frankfurt, 1975. Tradução para o inglês, *Walter Benjamin – The Story of a Friendship*, Filadélfia, 1982 (Trad. bras., *Walter Benjamin: A História de uma Amizade*, São Paulo, Perspectiva, 1989).
"Wohnt Gott im Herzen eines Atheisten?" *Der Spiegel*, 7 de julho de 1975, pp. 110-115.
"Zur Frage der Entstehung der Kabbala." *Korrespondenzblatt* 9 (1928), pp. 4-26.

OBRAS GERAIS

Nota: Para uma bibliografia completa de trabalhos sobre a Cabala até 1927, veja a *Bibliography Kabbaliística* de Scholem. *Die jüdische Mystik (Gnosis, Kabala, Sabbatianismus, Frankismus, Chassidismus) behandelnde Bücher und Aufsätze von Reuchlin bis zur Gegenwart* (Berlim, 1933).

AHAD HA-AM. *Selected Essays of Ahad Ha-am,* trad. Leon Simon, Nova Iorque, 1962.
AHIMEIER, Abba. *Brit ha-Biryonim.* Tel Aviv, 1972.
ALTER, Robert. "The Achievement of Gershom Scholem". *Commentary* 55 (Abril de 1973), pp. 69-73.

_____. *After the Tradition*. Nova Iorque, 1971.
ALTMANN, Alexander. "Leo Baeck and the Jewish Mystical Tradition". *Leo Baeck Memorial Lecture* 17. Londres, 1973.
_____. *Studies in Religious Philosophy and Mysticism*. Londres, 1969.
_____. "Theology in Twentieth Century German Jewry". *LBIY* 1 (1956), pp. 193-217.
_____. "Zur Auseinandersetzang mit der dialektischen Theologie". *MGWJ* 79, n.s. 43 (1935), pp. 345-361.
ANZ, Wilhelm. *Zur Frage nach dem Ursprung des Gnostizismus*. Leipzig, 1897.
BAECK, Leo. *Aus Drei Jahrtausenden*. Tübingen, 1958.
BAER, F. Y. "Claramento da Situação de Nossos Estudos Históricos" (hebraico). *Sefer Magnes*. Jerusalém, 1938.
_____. "A Função do Misticismo na História Judaica" (hebraico). *Zion* 7 (1942), pp. 55-64.
_____. "O Plano de Fundo Histótico da Raya Mehemna" (hebraico). *Zion* 5 (1939), pp. 1-44.
_____. "Tendências Sociais e Religiosas no Sefer Hasidim (O Livro dos Piedosos)" (hebraico). *Zion* 1 (1935), pp. 1-50.
_____. *Yisrael ba-Amim*. Jerusalém, 1955.
BARON, Salo. *History and Jewish Historians*. Filadélfia, 1964.
BEN DAVID, Lazarus. "Uber den Glauben der Juden an einen Künftigen Messias". *Zeitschrift für die Wissenschaft des Judentums* 2 (1822), pp. 200-225.
BEN EZER, Ehud, ed., *Unease in Zion*. Nova Iorque, 1974.
BENJAMIN, Walter. *Briefe*, ed. T. W. Adorno e G. Scholem. 2 vols., Frankfurt, 1966.
_____. *Gesammelte Schriften*, ed. R. Tiedemann e H. Schweppenhäuser. 3 vols., Frankfurt, 1972-1974.
_____. *Illuminations*. Trad. Harry Zohn, ed. Hannah Arendt. Nova Iorque, 1969.
_____. *Schriften*. ed. T. W. Adorno e G. Scholem. 2 vols. Frankfurt, 1955.
_____. *Ursprung des deutschen Trauerspiels*. Frankfurt, 1972.
BERGMANN, S. H. *Hogai ha-Dor*. Jerusalém, 1935.
_____. "The Principle of Beginning in the Philosophy of Hermann Cohen" (hebraico). *Keneset* 8 (1944), pp. 143-153.
_____. *Toldot ha-Filosofia ha-Hadasha*. Jerusalém, 1970.
BIN GORION (Berdichevsky), Micha Yosef, *Kol Kitve Bin Gorion*. 2 vols., Tel Aviv, 1965.
_____. *Me-Ozar ha-Aggada*. Berlim, 1914.
_____. *Sinai v'Gerizim*. Tradução hebraica, Tel Aviv, 1962.
BLOCH, Ernst. *Atheism in Christianity*, trad. J. T. Swann. Nova Iorque, 1972.
BOECKH, August. *On Interpretation and Criticism*, trad. J. P. Pritchard. Norman, Oklahoma, 1968.
BUBER, Martin. *Briefwechsel aus sieben Jahrzehnten*, ed. G. Schaeder. 3 vols., Heidelberg, 1972-1975.
_____. *Ekstatische Konfessionen*. Jena, 1909.
_____. *Die Geschichte des Rabbi Nachman*. Frankfurt, 1906. (Trad. bras., *As Histórias do Rabi Nakhman*, São Paulo, Perspectiva, 2000).
_____. *Der Grosse Maggid und seine Nachfolge*. Frankfurt, 1922.

_____. *Hasidism and Modern Man*, trad. M. Friedman. Nova Iorque, 1958.
_____. *I and Thou*, trad. W. Kaufmann. Nova Iorque, 1970.
_____. *Die Jüdische Bewegung*. 2 vols., Berlim, 1916-1920.
_____. *Die Legende des Baal Schem*. Frankfurt, 1908. (Trad. bras., *A Lenda do Baal Shem*, São Paulo, Perspectiva, 2003).
_____. *On the Bible*, trad. Olga Marx. Nova Iorque, 1968.
_____. *On Judaism*, trad. Eva Jospe. Nova Iorque, 1967.
_____. *The Origin and Meaning of Hasidism*, trad. M. Friedman. Nova Iorque, 1960.
_____. *Paths in Utopia*, trad. R. F. C. Hull. Nova Iorque, 1958.
_____. *Die Schrift and ihre Verdeatschung*. Berlim, 1936.
_____. "Teoria do Hassidismo" (hebraico). *Amot* 2 (1963-64).
_____. *Werke*. 3 vols., Munique, 1962.
BULTHAUP, Peter, ed., *Materialien zu Benjamins Thesen "Uber den Begriff der Geschichte"*. Frankfurt, 1975.
CAIN, S. "Gershom Scholem on Jewish Mysticism". *Midstream* 17 (dezembro de 1970), pp. 35-51.
CALVARY, Moses. "Feldbriefe". *Die Jüdische Rundschau*, (26 de novembro de 1914), p. 7.
CASSIRER, Ernst. *The Philosophy of Symbolic Forms*. 3 vols., New Haven, 1955.
CHOMSKY, Noam. *Current Issues in Linguistic Theory*. The Hague, 1964.
COHEN, Arthur A. *The Natural and the Supernatural Jew*. Nova Iorque, 1964.
COHEN, Gerson D. "German Jewry as Mirror of Modernity". *LBIY* 20 (1975), pp. ix-xxxi.
COHEN, Geula. *Woman of Violence*, trad. Hillel Halkin. Nova Iorque, 1966.
COHEN, Hermann. *Ethik des reinen Willens*. 2ª ed., Berlim, 1907.
_____. *Jüdische Schriften*, ed. Bruno Strauss. 3 vols., Berlim, 1924.
_____. *Logik der reinen Erkenntnis*. Berlim, 1902.
_____. *Reason and Hope*, trad. e ed. Eva Jospe. Nova Iorque, 1971.
_____. *Die Religion der Vernunft aus den Quellen des Judentums*. Frankfurt, 1919. Tradução para o inglês de Simon Kaplan, Nova Iorque, 1972.
COLLINGWOOD, R. G. *The Idea of History*. Nova Iorque, 1956.
DANTO, Arthur. *Analytical Philosophy of History*. Londres, 1965.
_____. *Nietzsche as Philosopher*. Nova Iorque, 1965.
DAVIES, W. D. "From Schweitzer to Scholem – Reflections on Sabbatai Sevi". *Journal of Biblical Literature* 95 (1976), pp. 529-558.
DELITZSCH, Friedrich. *Babel and Bible,* trad. C. Johns. Nova Iorque-Londres, 1903.
DINUR, Ben-Zion. *Be-Mifne ha-Dorot*. Jerusalém, 1974.
_____. *Israel and the Diaspora*. Filadélfia, 1969.
DUBNOW, Simon. *Nationalism and History*, ed. K. Pinson. Filadélfia. 1958.
EMDEN, Jacob. *Holi Ketem*. Altona, 1775.
_____. *Mitpahat Sefarim*. Lvov, 1870; Jerusalém, 1970.
_____. *Sefer Shimush*. Amsterdã, 1762.
FISHMAN, Samuel. "Aspects of Berdichevsky's Historiography". Diss., University of California, Los Angeles, 1968.
_____. "Berdichevsky on the Meaning of History". *Judaism* 21 (1972). pp. 104-109.

FLOHR, Paul. "From Kulturmystik to Dialogue – The Formation of Martin Buber's Philosophy of I and Thou". Diss., Brandeis University, 1973.
FREUD, Sigmund. *Character and Culture,* ed. P. Rieff. Nova Iorque, 1963.
FREUND, Else. *Die Existenzphilosophie Franz Rosenzweigs.* Hamburgo, 1959.
GEIGER, Abraham. *Nachgelassene Schriften,* ed. L. Geiger. 2 vols., Breslau, 1875-1878.
GLATZER, Nahum. "The Beginnings of Modern Jewish Studies". In *Studies in Jewish Intellectual History,* pp. 27-45, ed. A. Altmann. Cambridge, 1964.
_____. *Franz Rosenzweig.* Nova Iorque, 1961.
GRAETZ, Heinrich. *Frank und die Frankisten.* Breslau, 1868.
_____. *Geschichte der Juden.* 11 vols. 2ª ed., Leipzig, 1866.
_____. *Gnosticismus und Judentum.* Krotoschin, 1846.
_____. *The History of the Jews.* trad. Bella Lowy. 5 vols. Londres, 1904.
_____. "Die Konstruktion der jüdischen Geschichte". *Zeitschrift für die religiosen Interessen des Judentums* 3 (1846), pp. 81-97, 121-132, 361-368.
_____. "Die mystische Literatur in der gäonischen Epoche". *MGWJ* 8 (1859), pp. 67-78, 103-118, 140-153.
_____. *The Structure of Jewish History*, trad. I. Schorsch. Nova Iorque, 1975.
GOMBRICH, E. H. *Aby Warburg – An Intellectual Biography.* Londres, 1970.
GROSS, Walter. "Zionist Students' Movement". *LBIY* 4 (1959), pp. 143-165.
GUTTMANN, Julius. *Philosophies of Judaism.* Nova Iorque, 1973. (Trad. bras., *A Filosofia de Judaísmo,* São Paulo, Perspectiva, 2003).
_____. "Rabbi Nachman Krochmal" (hebraico). *Keneset* 6 (1941), 259-287.
HABERMAS, Jürgen. "Die verkleidete Tora. Rede zum 80. Geburtstag van Gershom Scholem". *Merkur,* janeiro de 1978, pp. 96-104.
HALKIN, Simon. *Modern Hebrew Literature.* Nova Iorque, 1950.
HATTIS, Susan Lee. *The Bi-national Idea in Palestine During Mandatory Times.* Haifa, 1970.
HERLITZ, Georg. "Three Jewish Historians – Jost, Graerz and Täubler". *LBIY* 9 (1964), pp. 69-90.
HODGES, H. A. *The Philosophy of Wilhelm Dilthey.* Londres, 1952.
HOFFER, Willie. "Siegfried Bernfeld and Jerubbaal". *LBIY* 10 (1965), pp. 150-167.
HOLZ, Hans Heinz. "Philosophie als Interpretation". *Alternative* 56/57 (1967).
HORODEZKY, S. A. *Hasidut ve-ha-Hasidim.* Berlim, 1922.
HUGHES, H. Stuart. *Consciousness and Society.* Nova Iorque, 1958.
HURWICZ, E. "Shai Ish-Hurwitz and the Berlin He-Atid". *LBIY* 12 (1967), pp. 85-102.
HURWITZ, Shai, ed. *He-Atid.* I-VI (1908-1924).
_____. *Me-Ayin u-Le'ayin?* Berlim, 1914.
JAY, Martin. *The Dialectical Imagination.* Boston, 1973.
_____. "Politics of Translation – Siegfried Kracaner and Walter Benjamin on the Buber-Rosenzweig Bible". *LBIY* 21 (1976), pp. 3-24.
JELLINEK, Adolf. *Auswahl kabbalistischer Mystik.* Leipzig, 1853.
JOEL, D. H. *Die Religionsphilosophie des Sohar.* Leipzig, 1849.
JONAS, Hans. *Gnosis und spätantiker Geist.* Göttingen, 1934.
_____. *The Gnostic Religion.* Boston, 1963.
JONES, Rufus. *Studies in Mystical Religion.* Londres, 1909.

JUNG, C. G. *Dreams*, trad. R. F. C. Hull. Princeton, 1974.

KAUFMANN, W. *Cola ve-Nekhar*. 2 vols., Tel Aviv, 1961.

KATZ, Jacob. "Sobre a Questão do Vínculo entre Sabataísmo, Iluminismo e Reforma" (hebraico). *Studies in Honor of Alexander Altmann*. Forthcoming.

KESHET, Yeshurun. *M. Y. Berdichevsky*. Jerusalém, 1958.

Ketavim – Lohamei Hereit Yisrael. 2 vols., Tel Aviv, 1959.

KLAUSNER, Joseph. *The Messianic Idea in Israel*, trad. W. Stinespring. Nova Iorque, 1955.

KLAUSNER-ESHKOL, A. *Hashyatat Nietzsche ve-Schopenhauer al M. Y. Bin Gorion*. Tel Aviv, 1954.

KOCHAN, Lionel. *The Jew and His History*. Nova Iorque, 1977.

KROCHMAL, Nachman. *Kitve Rabbi Nachman Krochmal*, ed. S. Rawidowicz. Berlim, 1924; Waltham, 1960.

KURZWEIL, Baruch. *Ba-Ma'avak al Arkhai ha Yahadut*. Tel Aviv, 1969.

_____. *Sifrutenu ha-Hadasha – Hemshekh O Mahapekhah?* Jerusalém, 1971.

KUTSCHERA, F. V. *Sprachphilosophie*. Munique, 1971.

LACHOVER, F. "O Revelado e o Oculto nas Doutrinas de Nachman Krochmal" (hebraico). *Keneset* 6 (1941), pp. 296-332.

LAQUEUR, Walter. "The German Youth Movement and the Jewish Question". *LBIY* 6 (1961), pp 193-206.

_____. *A History of Zionism*. Nova Iorque, 1972

_____. *Young Germany*. Nova Iorque, 1962.

LEW, Marcel. "Hebräische Sprache und Hebräische Literatur". *Die Jüdische Studenten* 19 (1921-1922), pp. 221-225.

LIEBESCHÜTZ, Hans. *Das allegorische Weltbild der Heiligen Hildegard von Bingen*. Leipzig, 1930.

_____. "Judaism and History of Religion in Leo Baeck's Work". *LBIY* 2 (1957), pp. 8-21.

_____. *Von Simmel zu Rosenzweig*. Tübingen, 1970.

_____. "Wissenschaft des Judentums und Historismus bei Abraham Geiger". In *Essays Presented to Leo Bacck*, pp. 75-94. Londres, 1954.

LINK-SALINGER, Ruth. *Gustav Landaner – Philosopher of Utopia*. Indianápolis, 1977.

LÖWITH, Karl. *From Hegel to Nietzsche*, trad. D. Green. Nova Iorque, 1967.

_____. *Meaning in History*. Chicago, 1949.

LUCAS, Noah. *The Modern History of Israel*. Nova Iorque, 1975.

LUNN, Eugene. *Prophet of Community – The Romantic Socialism of Gustav Landauer*. Berkeley-Los Angeles, 1973.

MANNHEIM, Karl. *Idealogy and Utopia*, trad. L. Wirth e E. Shilis. Nova Iorque, 1936.

MARCUS, Ahron. *Hartmanns inductive Philosophie im Chassidismus*. Vienna, 1888.

MARGALIT, Elkanah. *Hashomer ha-Tzair*. Tel Aviv, 1971.

MARGULIES, Heinrich. "Der Krieg der Zurückbleibenden". *Die Jüdische Rundschau*, (5 de fevereiro de 1915), pp. 46-47.

MAUTHNER, Fritz. *Beiträge zur Kritik der Sprache*, 3 vols., Leipzig, 1923.

_____. *Wörterbuch der Philosophie*. 3 vols. 2ª ed., Leipzig, 1923-1924.

MEYER, Michael. "Abraham Geiger's Historical Judaism". In *New Perspectives on Abraham Geiger*, pp. 3-17. Cincinnati, 1975.

_____. *Ideas of Jewish History*. Nova Iorque. 1974.

_____. *Origins of the Modern Jew*. Detroit, 1967.

MISCH, Georg. *Lebensphilosophie und Phenomenologie*. 2ª ed., Leipzig e Berlim, 1931.

MOLITOR, Franz Josef. *Die Philosophie der Geschichte oder über die Tradition*. 2 vols., Münster, 1834-1857.

MOSES, Siegfried. "Salman Schocken – His Economic and Zionist Activities", *LBIY* 5 (1960), 73-104.

MOSSE, George. *The Crisis of German Idealogy*. Nova Iorque, 1964.

_____. *Germans and Jews*. Nova Iorque, 1970,

NASH, Staniey. "Shay Hurwitz – A Pioneering Polemicist for Truth". *Judaism* 22 (1973), pp. 322-327.

NEANDER, August. *Genetische Entwicklung der vornehmsten gnostischen Systeme*. Berlim, 1818.

NEUMANN, Erich. *The Origins and History of Consciousness*, trad. R. F. C. Hull. Princeton, 1954.

NEUMARK, David. *Geschichte der jüdischen Philosaphie des Mittelalters*. 2 vols., Berlim, 1907.

NIETZSCHE, Friedrich. *Anti-Christ*, trad. R. J. Hollingdale. Baltimore, 1968.

_____. *Beyond Good and Evil*, trad. W. Kaufmann. Nova Iorque, 1966.

_____. *The Use and Abuse of History*, trad. Adrian Collins. Indianápolis, 1967.

OPPENHEIMER, Franz. "Alte und Neue Makkabäer". *Jüdische Rundschau*, 28 de agosto de 1914.

OTTO, Rudolf. *The Holy. An Inquiry into the Non-rational Factor in the Idea of the Divine and Its Relation to the Rational*, trad. J. W. Harvey. 2ª ed., Londres, 1952.

OVERBECK, Franz. *Christentam und Kultur*. Basel, 1919.

PERIMUTTER, Moses. *Yonathan Eybeschutz ve Yahso el ha-Shabta'ut*. Tel Aviv, 1947.

POPPELL, Steven. "Salman Schacken and the Schacken Verlag". *LBIY* 17 (1972), pp. 93-117.

_____. *Zionism in Germany*. Filadélfia, 1977.

RAWIDOWICZ, Simon. *Studies in Jewish Thought*. Filadélfia, 1974.

REINHARZ, Jehuda. *Fatherland or Promised Land*. Ann Arbor, 1975.

REISSNER, Hanns. "Der Berliner Wissenschaftzirkel". *Leo Baeck Institut Bulletin* 6 (1963), pp. 101-112.

ROSENZWEIG, Franz. *Briefe*, ed. Edith Rosenzweig. Berlim, 1935.

_____. *On Jewish Learning*, trad. N. Glatzer. Nova Iorque, 1965,

_____. *Der Stern der Erlösung*. Frankfurt, 1921.

ROSMARIN, T. W. *Religion of Reason: Hermann Cohen's System of Religious Philosophy*. Nova Iorque, 1936.

ROTENSTREICH, Nathan. "Absolute and Change in the Thought of Krochmal" (hebraico). *Keneset* 6 (1941), pp. 333-345.

_____. "Graetz e a Filosofia da História" (hebraico). *Zion* 8 (1942), pp. 51-59.

_____. *Ha-Mahskava ha-Yehudit ba-Et ha-Hadasha*. Tel Aviv, 1966.

_____. "O Conceito de História de Krochmalis" (hebraico). *Zion* 7 (1942), pp. 29-47.

SASPORTAS, Jacob. *Zizat Novel Zvi*, ed. I. Tishby. Jerusalém, 1954.

SCHELLING, F., *Einleitung in die Philosophie der Mythologie*. In *Sämtliche Werke*, pt. 22, vol. 11. Stuttgart e Augsburg, 1856.
SCHOEPS, Hans Joachim. *Bereit für Deutschland*. Berlim. 1970.
_____. *Ja-Nein-und Trotzdem*. Mainz, 1974.
_____. *Jüdischer Glaube in dieser Zeit*. Berlim, 1934.
_____. ed., *Steinheim zum Gedenken*. Leiden, 1966.
SCHORSCH, Ismar. "From Wolfenbüttel to Wissenschaft: The Divergent Paths of Isaak Markus Jost and Leopold Zunz". *LBIY* 22 (1977), pp. 109-128.
_____. "The Philosophy of History of Nachman Krochmal." *Judaism* 10 (1961), pp. 237-245.
SCHWEID, Eliezer. "A Filosofia de Nachman Krochmal e sua Relação com a Filosofia de Maimônides, da Cabala e da Filosofia Moderna" (hebraico). *Iyyun* 20 (1969), pp. 29-59.
SCHWEITZER, Albert. *The Quest for the Historical Jesus*. Nova Iorque, 1968.
SEEBERG, Erich. *Gottfried Arnold*. Meerane in Sachsen, 1923. Reeditado Darmstadt, 1964.
SEILS, Martin. *Wirklichkeit und Wort bei J. G. Hamann*. Stuttgart, 1961.
SHAND, James. "Doves among the Eagles – German Pacifists and Their Government during World War I". *Journal of Contemporary History* 10 (1975), pp. 95-108.
SHATZ, Rivka. *Ha-Has idu t ki-Mistika*. Tel Aviv, 1968.
SHATZKER, Haim. "A Atitude Judaica-alemã da Juventude Judio-alemã na Época da Primeira Guerra Mundial" (hebraico). In *Mehkarim B'Toldot Am Yisrael ve-Eretz Yisrael*, II, pp. 187-215. Tel Aviv, 1972.
_____. "Tenuat ha-Noar ha-Yehudit". Diss., Hebrew University, Jerusalém, 1970.
SHAVIT, Ya'akov. "A Ideologia do Anti-semitismo Israelense" (hebraico). M. A. thesis, Tel Aviv University, 1972.
_____. "A Relação entre Idéia e Poética na Poesia de Yonatan Ratosh" (hebraico). *Ha-Sifrat* 17 (Fall 1974), pp. 66-91.
SHAZAR (Rubaschoff), Zalman. *Al Tilei Bet Frank*. Berlim, 1922-1923.
_____. *Ore Dorot*. Jerusalem, 1971.
SHOCHAT, Azriel. *Im Hilufei ha-Tekufot*. Jerusalém, 1960.
SIMON, Erust. "Das dunkle Licht, Gershom Scholems *Judaica III*". *Mitteilungsblatt des Irgun Olej Merkaz Europa*, 5 de abril de 1974, pp. 5-6.
_____. "Uber einige theologische Sätze von Gershom Scholem." *Mitteilungsblatt des Irgun Olej Merkaz Europa*, 8 de dezembro de 1972, 3ss., e 15 de dezembro de 1970, 4ss.
STEINER, George. *After Babel*. Nova Iorque, 1975.
_____. "Inner Lights". *The New Yorker*, 22 de outubro de 1973, pp. 152-174.
STEINHEIM, Solomon Ludwig. *Die Glaubenslebre der Synagogue*. Leipzig, 1856.
_____. *Die Offenbarung nach der Lehre der Synagogue*. Frankfurt, 1835.
STERN, Selma. "Eugen Täubler and the Wissenschaft des Judentums". *LBIY* 3 (1958), pp. 40-59.
STRAUSS, Leo. *Persecution and the Art of Writing*. Glencoe, III., 1952.
TAL, Uriel. "Theologische Debatte um das 'Wesen' des Judentums". In *Juden im wilhelminischen Deutschland 1890-1914*, pp. 599-633, ed. Werner Mosse. Tübingen, 1976.
TAUBES, Jacob. "Krochmal and Modern Historicism". *Judaism* 12 (1963), pp. 150-165.

TIEDEMANN, Rudolf. *Studien zur Philosophie Walter Benjamins.* Frankfurt, 1973.
TISHBY, Isaiah. "A Idéia Messiânica no Advento do Hassidismo" (hebraico). *Zion* 32 (1967), pp. 1-45.
_____. *Mishnat ha-Zohar.* Jerusalém, 1971.
_____. *Netive Emunah u-Minut.* Ramat Gan, 1964.
TRAMER, Hans. "Gershom Scholem zum 75. Geburtstag". *Mitteilungsblatt des Irgun Otej Merkaz Europa,* 8 de dezembro de 1972, p. 3.
TROELTSCH, Ernst. "Die Krise des Historismus." *Neue Rundschau* 33 (1922), pp. 572-590.
UCKO, Sinai. "Geistesgeschichtliche Grundlagen der Wissenschaft des Judentums". In *Wissenschaft des Judentums im deutschen Sprachbereich.* I, pp. 315-353. Tubingen, 1967.
UNDERHILL, Evelyn. *Mysticism. A Study in the Nature and Development of Man's Spiritual Consciousness.* Londres, 1926.
URBACH, E. E. "Traditions Concerning Mystical Doctrines in the Period of the Tannaim" (hebraico). In *Sefer Ha-Yovel Li-Khvad Gershom Scholem,* pp. 1-29. Jerusalém, 1968.
WEILER, Gershon. *Mauthner's Critique of Language.* Cambridge, 1970.
_____. "Sobre a Teologia de Gershom Scholem" (hebraico). *Keshet* 71 (1976), pp. 121-128.
WEISS, J. G. "Via Passiva in Early Hasidism". *Journal of Jewish Studies* 11 (1969), pp. 137-157.
WERBLOWSKY, R. J. Z. *Joseph Karo, Lawyer and Mystic.* Londres, 1962.
_____. "Philo and the Zohar". *Journal of Jewish Studies* 10 (1959), pp. 25-45, 113-137.
_____. "Reflexões sobre o Sabatai Zevi de Gershom Scholem" (hebraico). *Molad* 15 (novembro de 1957), pp. 539-547.
WIENER, Max, ed., *Abraham Geiger and Liberal Judaism.* Filadélfia, 1962.
_____. "The Ideology of the Founders of Jewish Scientific Research". *YIVO Annual of Social Science* 5 (1950), pp. 184-196.
_____. *Die jüdische Religion im Zeitalter der Emanzipation.* Tradução hebraica Y. Amir. Jerusalém, 1974.
WIESELTIER, Leon "Etwas uber die jüdische Historik Leopold Zunz and the Inception of Modern Jewish Historiography". *Sciences philologiques et traditions culturelles nationales aux XlXe siècle,* ed. H. Wissman. Paris, 1978.
_____. "The Revolt of Gershom Scholem" e "Gershom Scholem and the Fate of the Jews". *New York Review of Books* 31 de março de 1977, pp. 23-26, e 14 de abril de 1977, pp. 27-30.
WOLF, Immanuel, "Uber den Begriff einer Wissenschaft des Judentums". *Zeitschrift fur die Wissenschaft des Judentums* 1 (1822), pp. 1-24.
YERUSHALMI, Y. H. *From Spanish Court to Italian Ghetto – Isaac Cardoso.* Nova Iorque, 1971.
ZEITLIN, Hillel. *Be-Fardes ha-Hasidut ve-ha-Kabbala.* Tel Aviv, 1965.
ZUNZ, Leopold. *Gesammelte Schriften.* 3 vols., Berlim, 1875.
ZWEIG, Stefan. *The World of Yesterday.* Edimburgo, 1943.

Índice Remissivo

A

Aarão de Bagdá – 62
Abuláfia, Abraão – 144
Agnon, Shmuel Iosef – 3, 22, 25-26, 114
Agudat Israel – 3
Ahad Ha-am – 17, 122-130, 175
Ahimeir, Abba – 116-117
Alunos de Scholem – 171-172
Anabatistas – 85, 99
Anarquismo: de Scholem – 17-18, 38, 106, 110, 112, 149-157, 171-72; e a Cabala – 67; e messianismo – 80, 86
Anz, F.W.H. – 58
Apocalipticismo – 80, 84-89, 89-101, 102, 103-104, 105-107, 112, 131; e Sionismo – 117, 120, 128, 175. *Ver também* Messianismo; Sabataísmo
Arendt, Hannah – 51
Azriel de Gerona – 64-66

B

Baader, Franz von – 31, 75
Baal Shem Tov., Israel – 3, 136
Babakov, A. – 119
Baeck, Leo – 45, 132
Bahir, Sefer ha-. *Ver Sefer ha-Bahir*
Band, Arnold, *Nostalgia and Nightmare* – 26
Bar Hiyya, Abraão – 63
Barol, Moses – 3
Barth, Karl – 150, 152
Bauch, Bruno – 140-141
Ben David, Abraão (*Rabad*) – 50
Ben David, Lazarus – 81
Ben Iokhai, Schimon – 40
Benjamin, Walter: Contra-história e filosofia da história – XIX, 179; e Buber – 15, 160-162, 168; e Scholem – 26-28, 32, 120; filosofia da linguagem – 49, 133-134, 141-142, 160-168
Bentwich, Norman – 118-119
Berdichevsky, Micha Iosef – 26, 36, 37, 38, 71, 84, 123-124, 175
Bergmann, Samuel Hugo – 28-29, 30, 33
Bergson, Henri – XVI
Bernfeld, Siegfried, *Jerubbaal* – 15

Bialik, Chaim Nachman – XVII-XVIII, 40-41, 61
Blau-Weiss – 5, 8, 13, 18-23, 26, 28, 141, 166-167, 175, 177
Blau Weiss Blätter – 5
Blauweisse Brille, Die – 13-15
Bleichrode, Isaac – 3
Bloch, Ernst – 85
Bousset, Wilhelm – 73
Brauer, Erich – 13, 15
Breuer, Isaac – 119
Brit Shalom – 114-116, 118-120, 129
Brod, Max – 178
Brooke, Rupert – 8
Buber, Martin: relação com Scholem – XIII, 3, 5-17, 25, 27-30, 36-38, 70-71, 102-107, 133-134, 153, 168; Sionismo – 5-11, 16-17, 85, 103, 109-110, 115; teologia – 5-8, 15-16, 21, 28-29, 38, 45-46, 133-144, 162-163, 168, 169; e a Primeira Guerra Mundial – 6, 8-11, 13, 15, 16, 162; e Walter Benjamin – 15, 160-162, 168; e Hassidismo – 25, 28-29, 102-107, 136; e Nietzsche – 36-38; filosofia da história – 38, 151, 159, 179; filosofia da linguagem – 133-140, 144-147, 161-163; tradução da Bíblia – 138, 142-143, 147, 177
Büchler, A. – 59
Burla, Iehudá – 115-116, 126

C

Cabala: interpretações modernas da – 13, 14-15, 38-46, 98, 136, 143, 151-152, 171-172, 173-174; decisão de Scholem de estudar a – XIV-XV, XIX-XX, 27-33, 112, 131, 140-141, 144, 156-159; Cabala cristã – 36; origens da – 36, 38-46; Cabala do século XIII – 43-46, 50, 60-67, 105, 144; e gnosticismo e mito – 49-64, 67-74, 75-78, 102; e filosofia – 49-53, 96-97; Cabala luriânica – 51-52, 66, 91-96, 105; teologia da – 55, 69, 147-150; definição da – 60, 70-71; e Sabataísmo – 88-93, e secularismo moderno e Sionismo – 127; filosofia da linguagem e teoria exegética – 143-147, 163-165. *Ver também* Sabataísmo; Messianismo; Graetz
Calvary, Moses – 8, 20
Calvinismo – 99
Cardozo, Abraão Miguel – 67-68, 89, 94-95, 112
Cardozo, Isaac – 95
Cassirer, Ernst – 75-76, 163
Cohen, Hermann: e a Primeira Guerra Mundial – 10; no Sionismo – 10, 83-84; e Scholem – 19-20, 101, 127-128, 132-134, 168-172; Calaba e mito – 31-32, 76; teologia – 50-51, 158-172; messianismo – 83-84, 87-88, 101, 103, 127-128; filosofia da história – 101
Cordovero, Moisés – 146
Contra-história: definição – XVIII-XX, de Berdichevsky – 36-38; de Buber – 36-38, 71, 179; de Scholem – 36-38, 179; de Schoep – 150-151; de Benjamin – 179

D

Davar – 115
Delitzsch, Friedrich – 72
Dilthey Wilhelm – 7
Dinur, Ben Zion – 84, 102-105, 109
Doar ha-Yom – 119
Dobruschka, Moses (Junius Frey) – 98
Dönmeh, seita dos – 96
Dubnov, Schimon – 36, 53, 102

E

Eibeschütz, Jonatã – 88
Eisler, Robert – 72
Eliasberg, Alexander – 141-142
Emden, Jacob – 39, 98, 100

F

Filo Judaeus – 60
Flohr, Paul – 6
Franck, Adolf – 40

Frank, Jacob, e frankismo – 25, 37, 68, 74, 96, 99, 112
Frankfurt Lehrhaus – 21
Freud, Sigmund – 38, 76-78
Frey, Junius. *Ver* Dobruschka, Moisés
Friedländer, Moritz – 59

G

Geiger, Abraão – 36, 39, 82
Geistesgeschichte – XV, XVII, 36, 53
Gnosticismo: e a Cabala – 56-71, 72-74, 79-80, 105; definição – 72-74; Buber no – 102-105
Goethe, Johann Wolfgang von – XVI, 164
Goldberg, Oskar – 94-95
Goodenough, Erwin – 60-61
Gordon, I.L. – 81, 82
Graetz, Heinrich: na Cabala e gnosticismo – XIV, 36, 39-44, 52, 57, 82, 140; filosofia da história – 3, 53, 70, 160
Greenberg, Uri Zvi – 117

H

Ha-Aretz – 114
Haase, Hugo – 11
Halakhá – 33, 46-48, 61, 86, 96-97, 106, 133
Halevi, Iehudá – 151
Hallo, Rudolf – 21, 33-34
Hamann, Johann Georg – 161
Hantke, Arthur – 12
Harnack, Adolf von – 45, 73, 85
Hascalá – 93-101, 109, 126, 94
Hassidismo asquenazita – 62
Hassidismo: interpretações do – XVI, 3, 26, 101-107, 136; controvérsia Buber-Scholem – 21, 25, 29, 101-107; e gnosticismo – 56, 74; e messianismo – 101-107, 109, 125-126, 128, 130
Hegel, G.W.F. – XIX, 66
Heidegger, Martin – 73
Hekhalot, literatura da – 57
Herzl, Theodor – 1-2, 16, 109, 122
Hirschfeld, E.J. – 98, 100

Historiografia, Judaica. *Ver* Wissenschaft des Judentums
Hofmannsthal, Hugo – 163
Hölderlin, Johann Christian Friedrich – 141
Holl, K. – 85
Holocausto – 112, 121, 178
Hommel, Fritz – 27, 72
Horin, Aarão – 97-98, 100
Horodezky, S.A. – 26
Humboldt, Wilhelm von – 141, 161, 166
Hume, David – 134-135
Hurwitz, Shai Isn – 37, 38-39, 84, 100, 106, 109

I

Ibn Ezra, Abraão – 63
Ibn Gabbai, Meier – 147-148
Ibn Gabirol, Scholomon – 63-64
Ichud – 119
Iehudá Arie Mi-Modena – 39
Iluminismo, Judeu. *Ver* Hascalá
Irgun Zvai Leumi – 116-117
Irracionalismo – XV-XVI, XVII, XIX, 28, 38-39, 46, 48, 53, 71, 76, 79, 101
Isaac, o Cego – 61

J

Jabotinsky, Vladimir – 18, 113, 116, 121
Jellinek, Adolf – 39, 41, 61
Joel, D.H. – XIV, 36, 37, 64
Jonas de Gerona – 50
Jonas, Hans – 73-74
Judaísmo Reformado – 96-98
Jude, Der – 9, 161-162
Jüdische Rundschau, Die – 4, 10, 12, 22
Jüdische Volksheim, Das – 24-25
Jung, Carl Gustav – 76-78
Jung Judá – 5-13

K

Kafka, Franz – 25, 31, 32, 159
Kahn, Mawrik – 21
Kalonímidas, família dos – 62
Kant, Immanuel – 153

Karaísmo – 152
Karo, Joseph – 48
Katz, Jacob – 100
Kibutz Beit Zera – 5
Kierkegaard Soren – 151
Klausner, Iossef – 84, 117-118
Kohn, Hans – 9
Krochmal, Nachman – 36, 37, 62, 63, 66-67, 71, 82, 160
Kunisi, al – 62-63
Kurzweil, Baruch – 88, 110-112, 123, 128-129

L

Landauer, Gustav – 17-18
Landauer, M.H. – 39
Lehi – 117
Lehmann, Siegfried – 25
Leon, Moisés de – 39, 41-43, 52
Lew, Marcel – 19
Liebschütz, Hans – 74
Liebknecht, Karl – 11
Luria, David – 40
Luria, Isaac – 51, 66, 91, 93-96
Luriânica, Cabala. *Ver* Cabala
Luxemburgo, Rosa – 11

M

Magnes, Judah L. – 113, 118
Maimônides, Moisés – 31, 41, 42-43, 47, 50, 52, 55, 65, 86, 92, 155, 168
Mallarmé, Stéphane – 163
Mann, Thomas – 23
Mannheim, Karl – 85-86, 103
Marcus, Ahron – 38
Margulies, Heinrich – 10, 12, 21
Marxismo – 17, 118, 161, 163, 164, 179
Mauthner, Fritz, 97, 135, 141
Mehlzahagi, Eljakim, 40
Merkabá, misticismo da, 57-63
Messianismo: definição, XIII, 80-81; e Sionismo, 23, 109-112, 116-123, 125-130; e Hascalá, 81-82; e a *Wissenschaft des Judentums*, 81-84; em Cohen, 83-84; e apocaliptismo, 82-88, 125-126; em Buber, 85, 102-103; e a Cabala, 89-91, 101; e Sabataísmo, 92-93; e Hassidismo, 101- 107; neutralização do, 103-107. *Ver também* Cabala; Sabataísmo; Apocaliptismo
Midrash ha-Ne'elam, 42-43
Molitor, Franz Josef, 31-32, 36, 46, 156
Moore, George Foot, 60
Moses, Walter, 22
Motins de 1929 (no Muro das Lamentações) – 119-153
Movimento Canaanita – 111, 115, 124, 129, 175
Movimento masônico – 98
Münzer, Thomas, 85

N

Nachman of Bratzlav – 3, 28, 136-137, 139
Natã de Gaza – 87, 92, 110
Neander, August – 63
Neoplatonismo – 63-66
Neumann, Erich – 77
Neumark, David – 36, 37, 52, 61, 70
Nietzsche, Friedrich – XVI, XVIII, 36-38, 71, 123, 139
Niilismo – 30, 32, 38, 67, 68, 79, 96, 99, 101, 106-107, 110-111, 154-155
Nordau, Max – 9, 122

O

Oppenheim, Hans – 20, 22
Orígenes – 58
Ostjuden – 24-26, 142, 150
Otto, Rudolf – 134
Overbeck, Franz – 85

P

Palestina – 3-5, 16-19, 21-22, 26-27, 33, 112-123, 127, 175, 176
Pietismo – 85, 99-100
Prager, Joseph – 22
Primeira Guerra Mundial: oposição de Scholem à – 10-19, 27. *Ver também* Buber; Sionismo

R

Ranke, Leopold – 160
Ratosh, Yonatan – 124
Raia Mehemna – 42
Raza Rabba – 62-63
Revisionismo, Partido Revisionista –
   17, 18, 23, 113, 116-124, 129, 175, 177
Ritschl, Albrecht – 85
Rosenzweig, Franz – 21-24, 33-34, 132, 139-142, 153-155, 157, 169, 177, 179
Rotenstreich, Nathan – 32, 94
Rubaschoff, Zalman (Shazar) – 25, 37, 89

S

Saadia Gaon – 31, 55
Sabatai Zevi, Sabataísmo: e a Hascalá – XVI, 92-96; em Rubaschoff – 25; em Hurwitz – 37; e a Wissenschaft des Judentums – 37; em Emden – 39; história e teologia da – 51-52, 67-69, 70, 74, 79-80, 88-93, 105-107, 125-126; em Krochmal – 63, 67; em Graetz – 82, em Buber – 102; e Sionismo – 109-112, 116, 126, 128-129. *Ver também* Cabala; Messianismo
Sanhedrin, Le Grand – 81
Schelling, Friedrich Wilhelm Joseph von – 66, 75, 154
Schocken, Zalman – 30-31, 33, 114, 131, 159
Schoeps, Hans Joachim – 124, 128, 148- ,160
Scholem, Arthur – 1, 2
Scholem, Erich – 2
Scholem, Reinhold – 2
Scholem, Werner – 2, 11, 12, 17, 23, 129
Schweitzer, Albert – 85
Secularismo – XX, 6, 97-101, 110-111, 128-129, 150-151, 155, 158-160, 175, 179. *Ver também* Hascalá
Seeberg, Erich – 85
Sefer ha-Bahir – 27, 41, 61-63, 69-70
Sefer há-Temuná – 89
Sefer Yetzirá – 145
Seidmann, Jankew – 28
Selig, Gottfried – 100
Shazar, Zalman. *Ver* Rubaschoff
Shiur Komá – 57-59, 62
Simmel, Georg – 7, 29
Simon, Ernst – 3, 16, 142
Sionismo, Sionista: relação de Scholem com – XV, XVII-XVIII, 2-4, 11-23, 33, 104, 109-130, 174-179; movimentos juvenis – 2, 3-5, 13, 17-24; e Buber – 5-11, 15-17, 105; e a Primeira Guerra Mundial – 8-11; e Cohen – 10, 19-20, 83-84, 103; e messianismo – 84-85, 109-110, 115-116, 127-128, 151-152, 154; Congresso de 1931 – 120
Socinianos – 99
Steiner, George – 127
Steinheim, Salomon Ludwig – 151-152
Steinschneider, Moritz – XIX
Stern, Abrabam – 117
Stern gang. *Ver Lehi*
Stern, ignatz – 40

T

Tikkune ha-Zohar – 42-43
Tishby, Isaiah – 88, 102-104
Tsoref, Heshel – 104

U

Universidade Hebraica, Instituto de Estudos Judaicos – XIII, XVIII, 32, 33

V

Va'ad Leumi – 119

W

Wandervogel – 4-5, 8, 18
Weber, Max – 99
Weiler, Gershon – 168
Weiss, Johannes – 85
Weizmann, Chaim – 116, 120
Welt, Die – 4
Weltsch, Robert – 28-29
Werblowsky, R.J. Zvi – 88, 110

Wiener, Meir – 29-30, 143
Wissenschaft des Judentums:
definição – XIV-XV, 35-36; relação de Scholem com – XIV-XVIII, 36-37, 53, 77; filosofia da história e relação com irracionalismo – XV-XIX, 36-37, 45, 143, 159-160; em Buber – 28; datação do *Zohar* – 39; e messianismo – 81-84

Wissenschaft vom Judentum – XV

Y

Yellin, David – 119

Z

Zeitlin, Hillel – 40, 44, 104
Zohar – 28, 39-46, 61, 64, 69-70
Zunz, Leopold – XIX, 36, 39

COLEÇÃO ESTUDOS

1. *Introdução à Cibernética*, W. Ross Ashby.
2. *Mimesis*, Erich Auerbach.
3. *A Criação Científica*, Abraham Moles.
4. *Homo Ludens*, Johan Huizinga.
5. *A Lingüística Estrutural*, Giulio C. Lepschy.
6. *A Estrutura Ausente*, Umberto Eco.
7. *Comportamento*, Donald Broadbent.
8. *Nordeste 1817*, Carlos Guilherme Mota.
9. *Cristãos-Novos na Bahia*, Anita Novinsky.
10. *A Inteligência Humana*, H. J. Butcher.
11. *João Caetano*, Décio de Almeida Prado.
12. *As Grandes Correntes da Mística Judaica*, Gershom G. Scholem.
13. *Vida e Valores do Povo Judeu*, Cecil Roth e outros.
14. *A Lógica da Criação Literária*, Käte Hamburger.
15. *Sociodinâmica da Cultura*, Abraham Moles.
16. *Gramatologia*, Jacques Derrida.
17. *Estampagem e Aprendizagem Inicial*, W. Sluckin.
18. *Estudos Afro-Brasileiros*, Roger Bastide.
19. *Morfologia do Macunaíma*, Haroldo de Campos.
20. *A Economia das Trocas Simbólicas*, Pierre Bourdieu.
21. *A Realidade Figurativa*, Pierre Francastel.
22. *Humberto Mauro*, Cataguases, Cinearte, Paulo Emílio Salles Gomes.
23. *História e Historiografia do Povo Judeu*, Salo W. Baron.
24. *Fernando Pessoa ou o Poetodrama*, José Augusto Seabra.
25. *As Formas do Conteúdo*, Umberto Eco.
26. *Filosofia da Nova Música*, Theodor Adorno.
27. *Por uma Arquitetura*, Le Corbusier.
28. *Percepção e Experiência*, M. D. Vernon.
29. *Filosofia do Estilo*, G. G. Granger.
30. *A Tradição do Novo*, Harold Rosenberg.
31. *Introdução à Gramática Gerativa*, Nicolas Ruwet.
32. *Sociologia da Cultura*, Karl Mannheim.

33. *Tarsila sua Obra e seu Tempo* (2 vols.), Aracy Amaral.
34. *O Mito Ariano*, Léon Poliakov.
35. *Lógica do Sentido*, Gilles Delleuze.
36. *Mestres do Teatro I*, John Gassner.
37. *O Regionalismo Gaúcho*, Joseph L. Love.
38. *Sociedade, Mudança e Política*, Hélio Jaguaribe.
39. *Desenvolvimento Político*, Hélio Jaguaribe.
40. *Crises e Alternativas da América Latina*, Hélio Jaguaribe.
41. *De Geração a Geração*, S. N. Eisenstadt.
42. *Política Econômica e Desenvolvimento do Brasil*, Nathanael H. Leff.
43. *Prolegômenos a uma Teoria da Linguagem*, Louis Hjelmslev.
44. *Sentimento e Forma*, Susanne K. Langer.
45. *A Política e o Conhecimento Sociológico*, F. G. Castles.
46. *Semiótica*, Charles S. Peirce.
47. *Ensaios de Sociologia*, Marcel Mauss.
48. *Mestres do Teatro II*, John Gassner.
49. *Uma Poética para Antonio Machado*, Ricardo Gullón.
50. *Burocracia e Sociedade no Brasil Colonial*, Stuart B. Schwartz.
51. *A Visão Existenciadora*, Evaldo Coutinho.
52. *América Latina em sua Literatura*, Unesco.
53. *Os Nuer*, E. E. Evans-Pritchard.
54. *Introdução à Textologia*, Roger Laufer.
55. *O Lugar de Todos os Lugares*, Evaldo Coutinho.
56. *Sociedade Israelense*, S. N. Eisenstadt.
57. *Das Arcadas do Bacharelismo*, Alberto Venancio Filho.
58. *Artaud e o Teatro*, Alain Virmaux.
59. *O Espaço da Arquitetura*, Evaldo Coutinho.
60. *Antropologia Aplicada*, Roger Bastide.
61. *História da Loucura*, Michel Foucault.
62. *Improvisação para o Teatro*, Viola Spolin.
63. *De Cristo aos Judeus da Corte*, Léon Poliakov.
64. *De Maomé aos Marranos*, Léon Poliakov.
65. *De Voltaire a Wagner*, Léon Poliakov.
66. *A Europa Suicida*, Léon Poliakov.
67. *O Urbanismo*, Françoise Choay.
68. *Pedagogia Institucional*, A. Vasquez e F. Oury.
69. *Pessoa e Personagem*, Michel Zeraffa.
70. *O Convívio Alegórico*, Evaldo Coutinho.
71. *O Convênio do Café*, Celso Lafer.
72. *A Linguagem*, Edward Sapir.
73. *Tratado Geral de Semiótica*, Umberto Eco.
74. *Ser e Estar em Nós*, Evaldo Coutinho.
75. *Estrutura da Teoria Psicanalítica*, David Rapaport.
76. *Jogo, Teatro & Pensamento*, Richard Courtney.
77. *Teoria Crítica I*, Max Horkheimer.
78. *A Subordinação ao Nosso Existir*, Evaldo Coutinho.
79. *A Estratégia dos Signos*, Lucrécia D'Aléssio Ferrara.
80. *Teatro: Leste & Oeste*, Leonard C. Pronko.
81. *Freud: a Trama dos Conceitos*, Renato Mezan.
82. *Vanguarda e Cosmopolitismo*, Jorge Schwartz.
83. *O Livro dIsso*, Georg Groddeck.
84. *A Testemunha Participante*, Evaldo Coutinho.
85. *Como se Faz uma Tese*, Umberto Eco.

86. *Uma Atriz: Cacilda Becker*, Nanci Fernandes e Maria Thereza Vargas (org.).
87. *Jesus e Israel*, Jules Isaac.
88. *A Regra e o Modelo*, Françoise Choay.
89. *Lector in Fabula*, Umberto Eco.
90. *TBC: Crônica de um Sonho*, Alberto Guzik.
91. *Os Processos Criativos de Robert Wilson*, Luiz Roberto Galizia.
92. *Poética em Ação*, Roman Jakobson.
93. *Tradução Intersemiótica*, Julio Plaza.
94. *Futurismo: uma Poética da Modernidade*, Annateresa Fabris.
95. *Melanie Klein I*, Jean-Michel Petot.
96. *Melanie Klein II*, Jean-Michel Petot.
97. *A Artisticidade do Ser*, Evaldo Coutinho.
98. *Nelson Rodrigues: Dramaturgia e Encenaçes*, Sábato Magaldi.
99. *O Homem e seu Isso*, Georg Groddeck.
100. *José de Alencar e o Teatro*, João Roberto Faria.
101. *Fernando de Azevedo: Educação e Transformação*, Maria Luiza Penna.
102. *Dilthey: um Conceito de Vida e uma Pedagogia*, Maria Nazaré de Camargo Pacheco Amaral.
103. *Sobre o Trabalho do Ator*, Mauro Meiches e Silvia Fernandes.
104. *Zumbi, Tiradentes*, Cláudia de Arruda Campos.
105. *Um Outro Mundo: a Infância*, Marie-José Chombart de Lauwe.
106. *Tempo e Religião*, Walter I. Rehfeld.
107. *Arthur Azevedo: a Palavra e o Riso*, Antonio Martins.
108. *Arte, Privilégio e Distinção*, José Carlos Durand.
109. *A Imagem Inconsciente do Corpo*, Françoise Dolto.
110. *Acoplagem no Espaço*, Oswaldino Marques.
111. *O Texto no Teatro*, Sábato Magaldi.
112. *Portinari, Pintor Social*, Annateresa Fabris.
113. *Teatro da Militância*, Silvana Garcia.
114. *A Religião de Israel*, Yehezkel Kaufmann.
115. *Que é Literatura Comparada?*, Brunel, Pichois, Rousseau.
116. *A Revolução Psicanalítica*, Marthe Robert.
117. *Brecht: um Jogo de Aprendizagem*, Ingrid Dormien Koudela.
118. *Arquitetura Pós-Industrial*, Raffaele Raja.
119. *O Ator no Século XX*, Odette Aslan.
120. *Estudos Psicanalíticos sobre Psicossomática*, Georg Groddeck.
121. *O Signo de Três*, Umberto Eco e Thomas A. Sebeok.
122. *Zeami: Cena e Pensamento Nô*, Sakae M. Giroux.
123. *Cidades do Amanhã*, Peter Hall.
124. *A Causalidade Diabólica I*, Léon Poliakov.
125. *A Causalidade Diabólica II*, Léon Poliakov.
126. *A Imagem no Ensino da Arte*, Ana Mae Barbosa.
127. *Um Teatro da Mulher*, Elza Cunha de Vicenzo.
128. *Fala Gestual*, Ana Claudia de Oliveira.
129. *O Livro de São Cipriano: uma Legenda de Massas*, Jerusa Pires Ferreira.
130. *Kósmos Noetós*, Ivo Assad Ibri.
131. *Concerto Barroco às peras do Judeu*, Francisco Maciel Silveira.
132. *Sérgio Milliet, Crítico de Arte*, Lisbeth Rebollo Gonçalves.
133. *Os Teatros Bunraku e Kabuki: Uma Visada Barroca*, Darci Kusano.
134. *O diche e seu Significado*, Benjamin Harshav.
135. *O Limite da Interpretação*, Umberto Eco.
136. *O Teatro Realista no Brasil: 1855-1865*, João Roberto Faria.
137. *A República de Hemingway*, Giselle Beiguelman-Messina.

138. *O Futurismo Paulista*, Annateresa Fabris.
139. *Em Espelho Crítico*, Robert Alter.
140. *Antunes Filho e a Dimensão Utópica*, Sebastião Milaré.
141. *Sabatai Tzvi: O Messias Místico I, II, III*, Gershom Scholem.
142. *História e Narração em Walter Benjamin*, Jeanne Marie Gagnebin.
143. *A Política e o Romance*, Irwing Howe.
144. *Os Direitos Humanos como Tema Global*, J. A. Lindgren.
145. *O Truque e a Alma*, Angelo Maria Ripellino.
146. *Os Espirituais Franciscanos*, Nachman Falbel.
147. *A Imagem Autônoma*, Evaldo Coutinho.
148. *A Procura da Lucidez em Artaud*, Vera Lúcia Gonçalves Felício.
149. *Memória e Invenção: Gerald Thomas em Cena*, Sílvia Fernandes Telesi.
150. *Nos Jardins de Burle Marx*, Jacques Leenhardt.
151. *O* Inspetor Geral *de Gógol/Meyerhold*, Arlete Cavalière.
152. *O Teatro de Heiner Müller*, Ruth Röhl.
153. *Psicanálise, Estética e Ética do Desejo*, Maria Inês França.
154. *Cabala: Novas Perspectivas*, Moshe Idel.
155. *Falando de Shakespeare*, Barbara Heliodora.
156. *Imigrantes Judeus / Escritores Brasileiros*, Regina Igel.
157. *A Morte Social dos Rios*, Mauro Leonel.
158. *Barroco e Modernidade*, Irlemar Chiampi.
159. *Moderna Dramaturgia Brasileira*, Sábato Magaldi.
160. *O Tempo Não-Reconciliado*, Peter Pál Pelbart.
161. *O Significado da Pintura Abstrata*, Mauricio Mattos Puls
162. Work in Progress *na Cena Contemporânea*, Renato Cohen
163. *Mito e Tragédia na Grécia Antiga*, Jean-Pierre Vernant e Pierre Vidal-Naquet
164. *A Teoria Geral dos Signos*, Elisabeth Walther
165. *Lasar Segall: Expressionismo e Judaísmo*, Cláudia Valladão Mattos
166. *Escritos Psicanalíticos sobre Literatura e Arte*, Georg Groddeck
167. *Norbert Elias, a Política e a História*, Alain Garrigou e Bernard Lacroix
168. *A Cultura Grega e a Origem do Pensamento Europeu*, Bruno Snell
169. *O Freudismo – Esboço Crítico*, M. M. Bakhtin
170. *Stanislávski, Meierhold & Cia.*, J. Guinsburg
171. *O Anti-Semitismo na Era Vargas*, Maria Luiza Tucci Carneiro
172. *Apresentação do Teatro Brasileiro Moderno*, Décio de Almeida Prado
173. *Imagináios Urbanos*, Armando Silva Tellez
174. *Psicanálise em Nova Chave*, Isaias Melsohn
175. *Da Cena em Cena*, J. Guinsburg
176. *Jesus*, David Flusser
177. *O Ator Compositor*, Matteo Bonfitto
178. *Freud e Édipo*, Peter L. Rudnytsky
179. *Avicena: A Viagem da Alma*, Rosalie Helena de Souza Pereira
180. *Em Guarda Contra o "Perigo Vermelho"*, Rodrigo Sá Motta
181. *A Casa Subjetiva*, Ludmila de Lima Brandão
182. *Ruggero Jacobbi*, Berenice Raulino
183. *Presenças do Outro*, Eric Landowski
184. *O Papel do Corpo no Corpo do Ator*, Sônia Machado Azevedo
185. *O Teatro em Progresso*, Décio de Almeida Prado
186. *Édipo em Tebas*, Bernard Knox
187. *Arquitetura e Judaísmo: Mendelsohn*, Bruno Zevi
188. *Uma Arquitetura da Indiferença*, Annie Dymetman
189. *A Casa de Adão no Paraíso*, Joseph Rykwert
190. *Pós-Brasília: Rumos da Arquitetura Brasileira*, Maria Alice Junqueira Bastos

191. *Entre Passos e Rastros*, Berta Waldman
192. *Depois do Espetáculo*, Sábato Magaldi
193. *Franz Kafka: Um Judaísmo na Ponte do Impossível*, Enrique Mandelbaum
194. *Em Busca da Brasilidade*, Claudia Braga
195. *O Fragmento e a Síntese*, Jorge Anthonio e Silva
196. *A Análise dos Espetáculos*, Patrice Pavis
197. *Preconceito Racial: Portugal e Brasil-Colônia*, Maria Luiza Tucci Carneiro
198. *Nas Sendas do Judaísmo*, Walter I. Rehfeld
199. *O Terceiro Olho*, Francisco Elinaldo Teixeira
200. *Maimônides, O Mestre*, Rabino Samy Pinto
201. *A Síntese Histórica e a Escola dos Anais*, Aaron Guriêvitch
202. *Cabala e Contra-História*, David Biale
203. *A Sombra de Ulisses*, Piero Boitani
204. *Samuel Beckett: Escritor Plural*, Célia Berrettini

IMPRESSÃO E ACABAMENTO
Bartira Gráfica e Editora Ltda.